CAMPUS SUR

CURSO DE ESPAÑOL

A1-A2

difusión

CAMPUS SUR

A1-A2

CURSO DE ESPAÑOL

LIBRO DEL ALUMNO

Francisco Rosales Varo
Teresa Moreno
Ana Martínez Lara
Pilar Salamanca
Kris Buyse
Matilde Martínez
Núria Murillo
Pablo Garrido

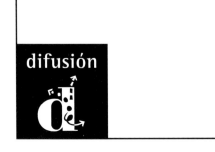

difusión

CRÉDITOS

Francisco Rosales Varo
COLUMBIA UNIVERSITY. NUEVA YORK

Teresa Moreno
LUDWIG-MAXIMILIANS-UNIVERSITÄT. MÚNICH

Ana Martínez Lara
UNIVERSIDAD POLITÉCNICA DE MADRID

Pilar Salamanca
UNIVERSIDAD DE LENGUAS APLICADAS - SDI MÚNICH

Kris Buyse
KU LEUVEN

Matilde Martínez
FORMADORA DE ELE Y MIEMBRO DE G.R.E.I.P. (UAB)

Núria Murillo
EDITORIAL DIFUSIÓN

Pablo Garrido
EDITORIAL DIFUSIÓN

Revisión pedagógica
Agustín Garmendia, Pablo Garrido, Núria Murillo

Coordinación editorial y redacción
Pablo Garrido, Núria Murillo, Clara Serfaty, Sara Zucconi

Diseño y maquetación
Pedro Ponciano, Laurianne Lopez

Corrección
Sara Alba, Agnès Berja, Lídia Franquesa, Cálamo&Cran

Agradecimientos
Emilia Conejo, Dimitris Xygalatas, Paula Lorente, Amor Aguaded, Bàrbara Cuenca, Carmelo Fernández Loya, Fundación Aldauri, Carmen Ramos, REAS Red Redes, María José Ruiz Frutos, Universidad Nebrija, Meritxell Uriel, John Coogan, Brian Brennan, Audrey Avanzi, Barbara Ceruti, Anja Burkhardt, Sara Zucconi, Marc Fernández Gómez, Javier Pérez Zapatero

El vídeo "El lenguaje gestual" de la unidad 9 está basado en "Gestos y lenguaje no verbal en la clase de ELE" de Paula Lorente, Amor Aguaded, Bàrbara Cuenca y Meritxell Uriel.
Casa África ha colaborado con Difusión autorizando la inclusión del vídeo "Informar sobre África" en este manual.

© Los autores y Difusión, S.L. Barcelona 2019
ISBN: 978-84-17249-86-1
Impreso en España por Imprenta Mundo

difusión
Centro de
Investigación y
Publicaciones
de Idiomas, S. L.

C/ Trafalgar, 10, entlo. 1ª
08010 Barcelona
Tel. (+34) 93 268 03 00
Fax (+34) 93 310 33 40
editorial@difusion.com

www.difusion.com

MIXTO
Papel procedente de
fuentes responsables
FSC® C125125

CAMPUS SUR A1-A2 Y CAMPUS.DIFUSION.COM

Para reforzar la experiencia de aprendizaje, **CAMPUS SUR A1-A2** cuenta con numerosas extensiones digitales. Entra en **campus.difusión.com** o descárgate* la aplicación de Campus Difusión y accede a todos los recursos complementarios del manual: **transcripciones**, **audios**, **vídeos**, **textos complementarios**, **textos mapeados**, **actividades extra**, etc.

Versión digital premium
CAMPUS SUR A1-A2 cuenta con una versión digital interactiva accesible desde la web o la aplicación de Campus Difusión para los usuarios con cuenta premium.

campus difusión

* Disponibles en

CAMPUS SUR A1-A2 es el primer volumen del manual Campus Sur en su edición no compacta. Cubre, en 10 unidades, los niveles A1 y A2.

A1
UNIDADES 1-4

A2
UNIDADES 5-10

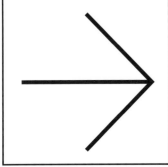

CAMPUS SUR A1-A2 Y LA CLASE INVERTIDA. El contexto universitario suele exigir que parte del proceso de aprendizaje de los y las estudiantes se lleve a cabo fuera del aula. La propuesta de Campus Sur tiene en cuenta los principios de la **clase invertida** y ofrece la posibilidad de que los alumnos y las alumnas vayan a clase después de haber realizado investigaciones sobre un tema, hayan comprendido documentos (textos escritos, vídeos, audios...) o hayan reflexionado sobre cuestiones gramaticales, léxicas, etc. El propósito es aprovechar las a veces escasas horas presenciales para **potenciar el trabajo en colaboración y la interacción significativa**, esenciales en el aprendizaje de una lengua extranjera.

Estas propuestas de trabajo previo individual están señaladas con el icono 🏠 PREPÁRATE, aunque los y las docentes podrán siempre determinar en qué casos aplicar este modelo.

🏠 PREPÁRATE ―――――――

A. ¿Qué países o regiones del mundo hispano relacionas con estas imágenes?

1 una playa

2 una biblioteca

6 un abanico

7 un tren de alta velocidad

11 una montaña con nieve

12 un campo de golf

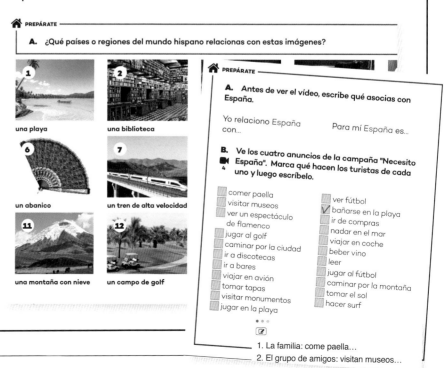

🏠 PREPÁRATE ―――――――

A. Antes de ver el vídeo, escribe qué asocias con España.

Yo relaciono España con...

Para mí España es...

B. Ve los cuatro anuncios de la campaña "Necesito España". Marca qué hacen los turistas de cada uno y luego escríbelo.

☐ comer paella
☐ visitar museos
☐ ver un espectáculo de flamenco
☐ jugar al golf
☐ caminar por la ciudad
☐ ir a discotecas
☐ ir a bares
☐ viajar en avión
☐ tomar tapas
☐ visitar monumentos
☐ jugar en la playa

☐ ver fútbol
☑ bañarse en la playa
☐ ir de compras
☐ nadar en el mar
☐ viajar en coche
☐ beber vino
☐ leer
☐ jugar al fútbol
☐ caminar por la montaña
☐ tomar el sol
☐ hacer surf

1. La familia: come paella...
2. El grupo de amigos: visitan museos...

¿CÓMO SON LAS UNIDADES?

DOCUMENTOS PARA EMPEZAR

Una doble página con documentos breves (imágenes, infografías, citas, textos escritos, vídeos...) y actividades para activar conocimientos de los y las estudiantes e introducir el tema de la unidad.

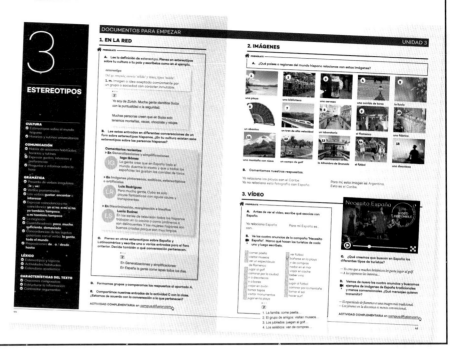

DOCUMENTOS PARA DESCUBRIR

Para contextualizar los contenidos lingüísticos y temáticos de la unidad, en esta doble página se incluyen, principalmente, textos escritos y orales de una mayor extensión acompañados de actividades de comprensión y conexión con el mundo de los y las estudiantes.

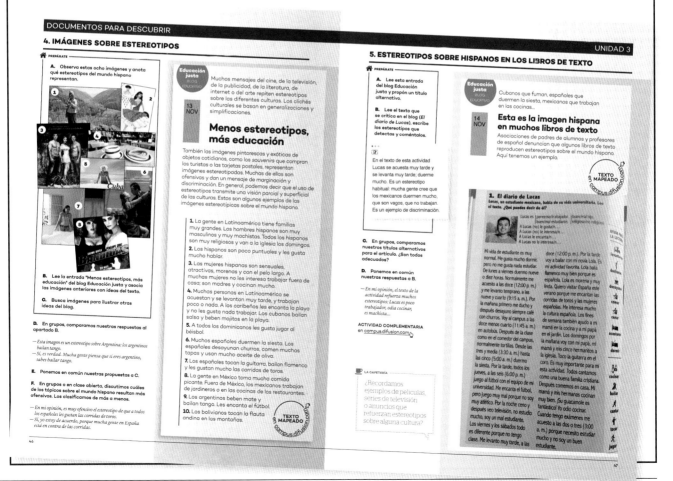

¿CÓMO SON LAS UNIDADES?

SISTEMA FORMAL

Sección dedicada a la observación y práctica de fenómenos gramaticales, léxicos y discursivos.

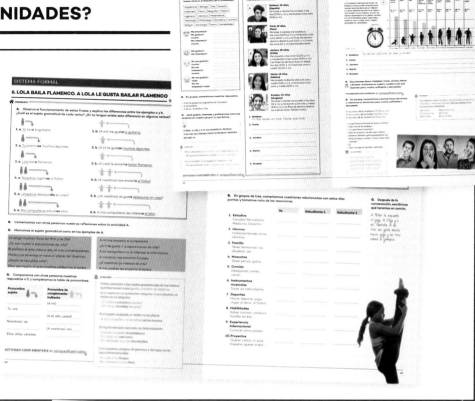

TAREAS

Para cerrar la unidad, se proponen dos tareas en las que el alumno tiene la oportunidad de crear productos lingüísticos más complejos movilizando los recursos aprendidos en la unidad a través de la investigación, el trabajo colectivo o individual y la creación de presentaciones en diferentes formatos.

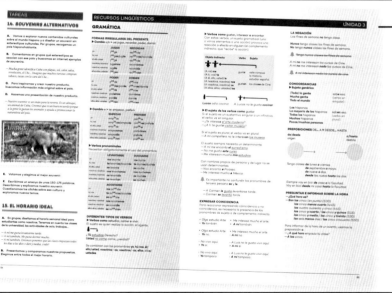

RECURSOS LINGÜÍSTICOS

Explicación y conceptualización de los contenidos lingüísticos de la unidad: gramática, léxico y características del texto.

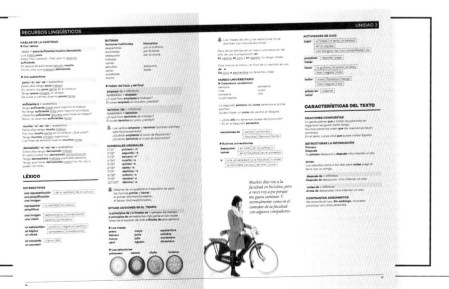

Y vamos a encontrar algunos elementos para ayudarnos

Andamiajes
Estructuras lingüísticas destinadas a ayudar en las producciones orales y escritas. Se presentan subrayadas en amarillo.

Las siete de la mañana.(07:00 a. m.)
Las cuatro de la tarde. (04:00 p. m.)
Las diez de la noche. (10:00 p. m.)

Muestras de lengua (orales y escritas)
Ejemplos de lo que se puede decir o escribir en determinadas actividades.

—En mi opinión, el texto de la actividad refuerza muchos estereotipos: Lucas es poco trabajador, odia cocinar, es machista...

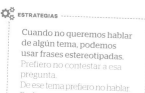
Tomar helados, pasear por la playa...

Cuadros de estrategias
Estrategias de aprendizaje tanto de comprensión, como de escritura, memorización, ampliación del léxico, etc.

⚙ ESTRATEGIAS
Cuando no queremos hablar de algún tema, podemos usar frases estereotipadas.
Prefiero no contestar a esa pregunta.
De ese tema prefiero no hablar.
Prefiero no hablar de mi vida personal.

Cuadros de atención
Breves explicaciones de contenidos lingüísticos que aparecen puntualmente en una actividad.

🔔 ATENCIÓN
Los verbos como llamarse, despertarse, levantarse, ducharse, lavarse o acostarse llevan siempre los pronombres reflexivos.

me llamo   nos duchamos
te despiertas   os laváis
se levanta   se acuestan

Cafetería
Propuestas para que los y las estudiantes conversen y hablen de su mundo en relación con los temas de la unidad.

☕ LA CAFETERÍA
¿Creemos que los estudiantes de nuestra universidad duermen suficiente? ¿Por qué?

E indicaciones para saber cuándo usar los recursos campus.difusion.com

ACTIVIDAD COMPLEMENTARIA
en campus.difusion.com

TRANSCRIPCIÓN MAPEADA
en campus.difusion.com

TEXTO MAPEADO en campus.difusion.com

VÍDEO DISPONIBLE en campus.difusion.com

Transcripciones y textos mapeados
Se trata de una propuesta en la que, mediante un código de colores, se resaltan determinados recursos lingüísticos: combinaciones léxicas frecuentes, nombres y verbos con preposición, marcadores y conectores.

ANEXOS

- **Proyectos** propone nuevas tareas para realizar cada dos unidades.

- **Textos del mundo universitario** presenta textos relacionados con el ámbito académico o laboral para que los y las estudiantes se familiaricen con las técnicas implicadas en su producción.

- **Complemento de comprensión auditiva** con actividades suplementarias.

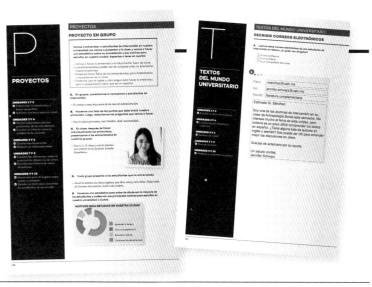

9

- ✓ Puntuación
- ✓ Los conectores **y** y **pero**

- ✓ Textos escritos:
  - El blog de una estudiante
  - Citas (palabras del español)
  - Artículo (Lo más conocido del mundo hispano)

- ✓ Documentos audiovisuales:
  - El alfabeto (audio)

- ✓ Hacer un alfabeto con palabras del español
- ✓ Hacer un póster de asociaciones con la lengua española

- ✓ Conectores básicos: **y (e)**, **pero**, **por eso**, **también**

- ✓ Textos escritos:
  - Fichas de datos personales
  - Artículo (personas del mundo hispano)
  - Infografía (el mundo en 100 personas)
  - Perfil de una hispana en Estados Unidos
  - Resumen de una encuesta sobre los jóvenes españoles

- ✓ Documentos audiovisuales:
  - América Latina y el Caribe en números (audio)
  - Pronunciación de algunas letras (audio)
  - Jóvenes indígenas (vídeo)
  - Presentaciones de *youtubers* (vídeo)

- ✓ Crear material informativo sobre nuestro país
- ✓ Hacer un póster o *collage* sobre gente con perfil multicultural

---

- ✓ Reglas de acentuación

- ✓ Textos escritos:
  - Citas (hablar otro idioma)
  - Infografía (los idiomas más hablados)
  - Artículo (aprender español)
  - Anuncios de intercambios lingüísticos
  - Árbol genealógico
  - Artículo (Jorge Drexler)
  - Infografía (los mexicanos en su tiempo libre)

- ✓ Documentos audiovisuales:
  - Llamadas telefónicas (audio)
  - ¿Por qué es importante saber más de un idioma? (vídeo)

- ✓ Presentar a una familia famosa
- ✓ Hacer una infografía (nuestras razones y nuestros planes en relación con nuestros estudios)

- ✓ Oraciones compuestas
- ✓ Estructurar la información
- ✓ Contrastar argumentos

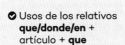

- ✓ Textos escritos:
  - Definición de la palabra **estereotipo**
  - Comentarios en un foro y entradas de blog
  - Testimonios sobre las horas de sueño
  - Gráfico (Cuánto debemos dormir)

- ✓ Documentos audiovisuales:
  - Testimonios sobre las horas de sueño (audio)
  - Necesito España (vídeo)

- ✓ Diseñar un *souvenir* sin estereotipos culturales
- ✓ Diseñar el horario ideal para estudiantes universitarios

- ✓ Usos de los relativos **que/donde/en** + artículo + **que**

- ✓ Textos escritos:
  - Infografía (Patrimonio en peligro)
  - Artículo (lugares declarados Patrimonio de la Humanidad)
  - Test cultural sobre La Giralda y el Teide
  - Mapa de la Universidad Autónoma de Madrid (UAM)

- ✓ Documentos audiovisuales:
  - Lugares favoritos en España (audio)

- ✓ Hacer una presentación sobre un lugar candidato a Patrimonio de la Humanidad
- ✓ Diseñar un examen sobre un país de América Latina

CULTURA	COMUNICACIÓN	GRAMÁTICA	LÉXICO

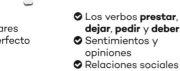

☑ Conectores para estructurar secuencias: **en primer lugar, en segundo lugar, por último...**

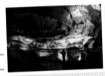

☑ Textos escritos:
• Viñeta humorística
• Infografía (el primer empleo)
• Ofertas de empleo
• Artículo (las experiencias en el extranjero)
• Testimonios de estudiantes (talentos)
• Perfil de Luis von Ahn
• Testimonios de seleccionadores de candidatos

☑ Documentos audiovisuales:
• Testimonios de estudiantes sobre sus experiencias en el extranjero (audio)
• Un videocurrículum (vídeo)

☑ Presentar datos sobre diferentes mercados laborales
☑ Preparar una candidatura para un trabajo

☑ Conectores causales: **porque, como, por eso**
☑ Conectores consecutivos: **así que, de manera que**

☑ Textos escritos:
• Fragmentos de canciones
• Infografía (El plan perfecto en Barcelona)
• Artículo (Contacto entre culturas)
• Comentarios en un foro (restaurantes)
• Infografía (el senderismo)
• Biografía de un cocinero español
• Historias de viajeros

☑ Documentos audiovisuales:
• Mensajes de voz (audio)
• Las migraciones en el mundo (vídeo)

☑ Presentar una propuesta de viaje de estudios a un lugar de habla hispana
☑ Hacer una presentación sobre los movimientos migratorios de nuestro país o de algún país de habla hispana

---

☑ Conectores adversativos: **aunque, a pesar de que, y eso que** y **sin embargo**

☑ Textos escritos:
• Artículo (La generación del milenio)
• Descripciones de la vida en distintos periodos históricos
• Viñetas humorísticas sobre la vida hoy en día
• Testimonios de jóvenes
• Biografía de Maruja Mallo
• Comentarios sobre una fotografía
• Infografía (un programa intergeneracional)

☑ Documentos audiovisuales:
• Testimonios sobre cómo era la vida antes (audio)
• Adolescentes, 2015 (vídeo)

☑ Hacer una presentación sobre la vida antes de un hecho histórico
☑ Crear una presentación escrita sobre una obra y su contexto

---

☑ Marcadores para relatar
☑ Reaccionar a lo que nos cuentan otros

☑ Textos escritos:
• Tuits en la red
• Artículo (amor y nuevas tecnologías)
• Testimonios de personas que cuentan cómo tuvieron hijos
• Noticia (una petición de matrimonio)
• Sinopsis de la película *Las razones de mis amigos*
• Testimonios sobre reuniones familiares

☑ Documentos audiovisuales:
• Ventajas o inconvenientes de las aplicaciones para ligar (audio)
• Cómo conoció a alguien especial (audio)
• YO TB TQ (vídeo)

☑ Transformar una anécdota en diálogo y representarlo en clase
☑ Crear "la línea del tiempo de las redes sociales"

☑ Mecanismos de cohesión textual

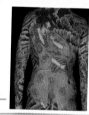

☑ Textos escritos:
• Citas de diseñadores
• Viñeta humorística (el mundo de la moda)
• Artículo (Cómo (no) vestirse para una entrevista de trabajo)
• Decálogo para ir de compras
• Carteles de prohibiciones
• Artículo (qué dicen los tatuajes de las personas)
• Viñetas de un cómic

☑ Documentos audiovisuales:
• La moda también es yoga (vídeo)
• El lenguaje gestual (vídeo)

☑ Hacer una presentación sobre una tribu urbana
☑ Organizar un mercadillo sostenible en clase

☑ Textos que analizan y comentan gráficos

☑ Textos escritos:
• Infografía (la salud de los jóvenes)
• Artículo (La cocina peruana)
• Mensajes del Ministerio de Salud argentino
• Receta de la sopa castellana
• El óvalo de la alimentación
• Explicación sobre la denominación de origen
• El menú de un restaurante

☑ Documentos audiovisuales:
• Acentos tónicos (audio)
• Horchata de arroz rica y sencilla (vídeo)

☑ Preparar un menú típicamente hispano
☑ Adaptar un plato del mundo hispano y presentarlo

O

PALABRAS

CULTURA
- ✓ El mundo hispano
- ✓ Palabras del español

COMUNICACIÓN
- ✓ Presentarse
- ✓ Afirmar y negar
- ✓ Hablar del significado de las palabras
- ✓ Expresar si conocemos algo
- ✓ Identificar un lugar
- ✓ Expresar gustos e intereses

GRAMÁTICA
- ✓ El alfabeto
- ✓ Artículos definidos (**el**, **la**, **los**, **las**) e indefinidos (**un**, **una**)
- ✓ Los verbos **ser** y **llamarse** (**me llamo**)
- ✓ El verbo **gustar** (**me gusta** y **me gustaría**)

LÉXICO
- ✓ Los colores
- ✓ Países del mundo hispano
- ✓ Los días de la semana
- ✓ Preguntas útiles en clase
- ✓ Saludos

CARACTERÍSTICAS DEL TEXTO
- ✓ Puntuación
- ✓ Los conectores **y** y **pero**

1. EN LA RED

Nos presentamos siguiendo el modelo de Carla.

Me llamo Mark.
Soy Mark.
Soy estudiante de Ciencias Políticas / Ingeniería Industrial / Traducción...
Estudio Ciencias Políticas / Ingeniería Industrial / Traducción...

EL BLOG DE *Carla*   HOME SOBRE MÍ BLOG CONTACTO

¡HOLA!
Me llamo Carla y soy estudiante de Antropología.

2. IMÁGENES

A. Miramos las imágenes. ¿Conocemos estos lugares?

—*Esto es la Isla de Pascua, en Chile.*

B. Buscamos una foto de un lugar de un país de habla hispana para presentarla en clase.

C. Presentamos a los demás los lugares que hemos buscado.

—*Esto es la Pampa, en Argentina.*

3. CITAS

A. ¿Conoces a estas personas? Marca cuáles conoces.

B. Lee sus palabras favoritas. ¿Sabes qué significan? Anótalo.

1

Espíritu
—— ISABEL ALLENDE

2

Querer
—— ELENA OCHOA

3

Verdad
—— RICARDO DARÍN

4

Madre
—— EUGENIA SILVA

5

Libertad
—— MARIO VARGAS LLOSA

6

Solidaridad
—— DIEGO FORLÁN

 **ESTRATEGIAS**

Puedes deducir el significado de algunas palabras gracias a su parecido con las de otro idioma.

C. Comentamos nuestras respuestas a A y B.

Conozco a Mario Vargas Llosa, pero no conozco a Elena Ochoa.
Conozco la palabra **madre**. Significa *mother*.

D. ¿Cuál es nuestra palabra favorita de nuestra lengua? ¿Qué significa?

Mi palabra favorita es *awesome*. Significa...

☕ LA CAFETERÍA

¿Qué palabras del español conocemos?

4. PALABRAS QUE ME DEFINEN

A. Lee cómo se presenta Ana, una de las autoras de este libro, en un mural digital. Marca las palabras que entiendes por el contexto y busca en el diccionario las que no entiendes.

B. Comentamos en grupos el significado de las palabras de A.

Para recordar el género de los sustantivos, puede ser útil anotarlos en una libreta con los artículos.

C. Ahora nos presentamos. Decimos nuestro nombre y tres palabras que nos definen.

— *Yo soy Manfred. Mis palabras son azul, Heidelberg y violín.*

UN LUGAR:
EL PARQUE NACIONAL DE AIGÜESTORTES

UN LIBRO:
PEDRO PÁRAMO, DE JUAN RULFO

UNA CANCIÓN:
ÓLEO DE MUJER CON SOMBRERO, DE SILVIO RODRÍGUEZ

UN OBJETO:
UNA GOMA

UN DÍA DE LA SEMANA:
EL JUEVES

UN COLOR:
EL VIOLETA

UNA PERSONA FAMOSA:
ICÍAR BOLLAÍN

UNA PELÍCULA:
AMANECE QUE NO ES POCO, DE JOSÉ LUIS CUERDA

UNA PALABRA:
GUAY

UN PLATO:
EL SALMOREJO

5. EL MUNDO HISPANO

A. Según esta revista, esto es lo más conocido del mundo hispano. ¿Hay algo nuevo para ti? Márcalo y busca información en internet.

B. Hablamos con las demás personas de lo que ya conocemos y nos gusta y de lo que nos gustaría conocer.

Me gusta el ceviche / la Alhambra.
Me gustaría ver *Amores perros* / el Perito Moreno...
Me gustaría leer *Cien años de soledad*...
Me gustaría probar la paella / el mole poblano...
Me gustaría conocer el Machu Picchu...

C. En grupos, escribimos otras cosas del mundo hispano que conocemos.

— *Los alfajores, los tacos, las cataratas del Iguazú...*

— ¿Cómo se escribe la palabra alfajores?
— a, ele, efe, a, jota, o, erre, e, ese.

— ¿Cómo se pronuncia paella?

Me gustan los tacos / las cataratas del Iguazú.

LO MÁS CONOCIDO DEL MUNDO HISPANO

Platos

el asado

el ceviche

la paella

Lugares

el Perito Moreno

el Machu Picchu

la Alhambra de Granada

Libros

Don Quijote de la Mancha, Miguel de Cervantes

Cien años de soledad, Gabriel García Márquez

La casa de los espíritus, Isabel Allende

Películas

Amores perros, Alejandro González Iñárritu

Todo sobre mi madre, Pedro Almodóvar

Diarios de motocicleta, Walter Salles

6. NUESTRO ALFABETO

A. Escucha el alfabeto y repite. ¿Qué letras no se pronuncian como en tu idioma? ¿Qué sonidos no son familiares para ti?

1

B. En grupos, vamos a hacer un alfabeto con palabras del español. Decimos las palabras que conocemos y elegimos una para cada letra.

—¡A!
—Amor...
—Amigo...

A: amigo
B: billete
C: casa

C. Miramos los alfabetos de las demás personas. ¿Entendemos el significado de todas las palabras?

¿Qué significa billete?
¿Billete es masculino o femenino?

D. Elegimos nuestra palabra favorita y la decimos a los demás.

7. EL ESPAÑOL ES EL AMARILLO

🏠 PREPÁRATE

A. ¿Qué es el español para ti? Anota tus ideas.

- Un color
- Un lugar
- Una persona famosa
- Un libro
- Una película
- Una canción
- Una palabra
- Un objeto
- Un plato
- Un deporte
- Una fruta
- Una prenda de ropa
- ...

B. Ahora haz un póster de tus asociaciones con el español.

C. Mostramos nuestro póster a los demás y lo presentamos.

Para mí el español es el amarillo, Mallorca...

 ATENCIÓN

Delante de ciudades, regiones y países no usamos ningún artículo. A veces se puede poner artículo delante de algunos países: el Perú, la Argentina.

GRAMÁTICA

EL ALFABETO

A, a	a	Ñ, ñ	eñe
B, b	be	O, o	o
C, c	ce	P, p	pe
D, d	de	Q, q	cu
E, e	e	R, r	erre
F, f	efe	S, s	ese
G, g	ge	T, t	te
H, h	hache	U, u	u
I, i	i	V, v	uve
J, j	jota	W, w	uve doble
K, k	ka	X, x	equis
L, l	ele	Y, y	i griega
M, m	eme	Z, z	zeta
N, n	ene		

🔔 Cuando nos referimos a una letra, usamos el artículo **la**: **la a** (= la letra **a**).

PRESENTARSE
Me llamo Axel.
Soy Axel.

EL VERBO SER

	SER
yo	**soy**
tú, vos	**eres/sos**
él, ella, usted	**es**
nosotros/-as	**somos**
vosotros/-as	**sois**
ellos, ellas, ustedes	**son**

Yo **soy** Rachel. **Soy** estudiante de Informática.

IDENTIFICAR UN LUGAR
Esto **es** el Machu Picchu.

AFIRMAR Y NEGAR
—¿Esto es la Sagrada Familia?
—**Sí**.

—¿La palabra madre significa woman?
—**No**, significa mother.

ARTÍCULOS DEFINIDOS E INDEFINIDOS
En español hay artículos definidos e indefinidos. Las formas varían según el género y el número del sustantivo al que acompañan.

EL ARTÍCULO DEFINIDO

	masculino	femenino
singular	**el** rojo	**la** Sagrada Familia
plural	**los** alfajores	**las** palabras

Lo usamos cuando nuestro interlocutor ya sabe a qué nos referimos.
Esto es **el** Machu Picchu. (el único que existe)
Mi palabra preferida es **la** palabra sí. (ya sabemos de qué hablamos)

EL ARTÍCULO INDEFINIDO

	masculino	femenino
singular	**un** libro	**una** película

Lo usamos cuando el interlocutor no sabe necesariamente a qué nos referimos.
*Para mí el español es **una** playa.* (no sabemos qué playa)

EXPRESAR GUSTOS E INTERESES
▶**Gustos**
Me gusta *Buenos Aires.*
Me gusta *el ceviche.*

▶**Intereses**
Me gustaría *conocer Perú.*
Me gustaría *ver la película* Mi vida sin mí.
Me gustaría *visitar la Alhambra.*

EXPRESAR SI CONOCEMOS ALGO
Conozco *Barcelona.*
No conozco a *Vargas Llosa.*

PREGUNTAS PARA LA GESTIÓN DE LA CLASE
—¿**Qué significa** (la palabra) verdad?
—True.

—¿**Cómo se escribe** (la palabra) alfajores?
—**a, ele, efe, a, jota, o, erre, e, ese.**

¿**Cómo se pronuncia** (la palabra) rojo?

—¿Negro **es masculino o femenino**?
—Es masculino: el negro.

¿Película **es masculino o femenino**?

LÉXICO

SALUDOS
Hola
Buenas
Buenos días
Buenas tardes

DÍAS DE LA SEMANA
(el) lunes
(el) martes
(el) miércoles
(el) jueves
(el) viernes
(el) sábado
(el) domingo

LOS COLORES

- (el) negro
- (el) blanco
- (el) amarillo
- (el) rojo
- (el) azul
- (el) verde
- (el) marrón
- (el) rosa
- (el) violeta/morado
- (el) naranja

PAÍSES DE HABLA HISPANA

En África
Guinea Ecuatorial

En América del Norte
México

En América Central
Costa Rica
Cuba
El Salvador
Guatemala
Honduras
Nicaragua
Panamá
Puerto Rico
República Dominicana

En América del Sur
Argentina
Bolivia
Chile
Colombia
Ecuador
Paraguay
Perú
Uruguay
Venezuela

En Europa
España

CARACTERÍSTICAS DEL TEXTO

PUNTUACIÓN
▶**Uso de la coma para enumerar**
Para mí, el español es el amarillo, una playa, un perro y la letra eñe.

▶**Mayúscula después de punto**
Soy Olivier. **E***studio Filología Hispánica.*

▶**Mayúscula después de interrogación y exclamación**
¿Cómo te llamas? **Y***o soy Carla.*
¡Hola! **S***oy Carla.*

LOS CONECTORES Y **Y** PERO

y
Coordina palabras o frases al mismo nivel.
Soy Olivier **y** *estudio Filología Hispánica.*

pero
Introduce una idea presentada como opuesta.
Conozco a Mario Vargas Llosa, **pero** *no conozco a Ricardo Darín.*

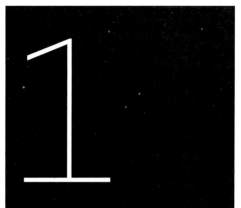

IDENTIDADES

CULTURA
- ✓ Identidades hispanas
- ✓ Personalidades del mundo hispano
- ✓ Nombres y apellidos

COMUNICACIÓN
- ✓ Uso de **tú** y **usted**
- ✓ Uso de **vosotros/-as** y **ustedes**
- ✓ Dar y pedir información personal básica
- ✓ Hacer preguntas: **qué, quién, cómo, de dónde, dónde, cuántos**

GRAMÁTICA
- ✓ Verbos regulares en presente de indicativo
- ✓ Verbos irregulares básicos en presente de indicativo
- ✓ Pronombres de sujeto
- ✓ El artículo (definido e indefinido)
- ✓ Sustantivos: género y número
- ✓ Adjetivos: género, número y posición
- ✓ Sonidos

LÉXICO
- ✓ Información personal
- ✓ Gentilicios y profesiones

CARACTERÍSTICAS DEL TEXTO
- ✓ Conectores: **y (e)**, **pero**, **por eso**, **también**

1. IMÁGENES

🏠 PREPÁRATE

A. Mira estas fotografías de algunas personas hispanohablantes destacadas. Relaciona las fotos con la descripción. Si lo necesitas, consulta en internet.

JORGE MARIO BERGOGLIO

GUSTAVO DUDAMEL RAMÍREZ

ALEJANDRO GONZÁLEZ IÑÁRRITU

PENÉLOPE CRUZ

CHRISTIANA FIGUERES

MICHELLE BACHELET

1. Actriz española
2. Director de orquesta venezolano
3. Primer papa latinoamericano (argentino): Francisco
4. Política chilena, dos veces presidenta de Chile
5. Director de cine mexicano
6. Política costarricense, secretaria de la ONU para el cambio climático

B. ¿Conoces otras personalidades destacadas del mundo hispano? Busca fotos en internet para presentarlas en clase.

C. En parejas, comparamos nuestras respuestas a B.

Esta es Andrea Echeverri, una cantante colombiana muy famosa buena...

Este es Alfonso Cuarón, un...

🔔 ATENCIÓN

Usamos el artículo indefinido para identificar a una persona cuando, por ejemplo, respondemos a la pregunta "¿Quién es Ana de Armas?"
Ana de Armas es **una** actriz cubana famosa.

No usamos el artículo si solo informamos de su profesión.
Ana de Armas es ø actriz.

🔔 ATENCIÓN

un   una
actor   actriz

ACTIVIDAD COMPLEMENTARIA en campus.difusion.com 👆

2. EN LA RED

 PREPÁRATE

A. Observa estas fichas de una escuela primaria colombiana. ¿Cuántos apellidos tienen estos alumnos? ¿Entiendes de dónde viene cada uno de los apellidos?

B. Comentamos con otras personas cuántos apellidos tiene la gente en nuestra cultura o en otras que conocemos.

—*En mi país la gente normalmente tiene solo un apellido.*

ACTIVIDAD COMPLEMENTARIA en  campus.difusion.com

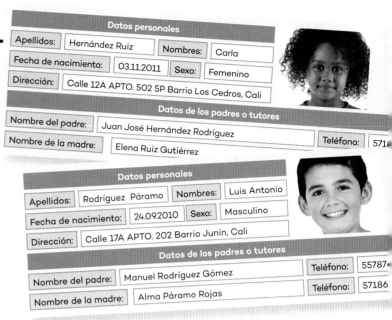

Datos personales			
Apellidos: Hernández Ruiz		Nombres: Carla	
Fecha de nacimiento: 03.11.2011		Sexo: Femenino	
Dirección: Calle 12A APTO. 502 5P Barrio Los Cedros, Cali			

Datos de los padres o tutores	
Nombre del padre: Juan José Hernández Rodríguez	
Nombre de la madre: Elena Ruiz Gutiérrez	Teléfono: 571

Datos personales			
Apellidos: Rodríguez Páramo		Nombres: Luis Antonio	
Fecha de nacimiento: 24.09.2010		Sexo: Masculino	
Dirección: Calle 17A APTO. 202 Barrio Junín, Cali			

Datos de los padres o tutores	
Nombre del padre: Manuel Rodríguez Gómez	Teléfono: 55787
Nombre de la madre: Alma Páramo Rojas	Teléfono: 57186

☕ **LA CAFETERÍA**

¿Qué apellidos son comunes en nuestro país?

¿Sabemos qué significa nuestro nombre o apellido?

3. VÍDEO

 PREPÁRATE

A. Ve el vídeo y contesta a estas 🎥 preguntas.
1

1. ¿Cómo se llama el protagonista? (nombre y apellidos)
2. ¿De dónde es?
3. ¿Qué lenguas habla en el vídeo?
4. ¿Qué estudia?

B. Comparamos nuestras respuestas.

C. Entrevistamos a dos compañeros para obtener algunos datos.

¿Cómo te llamas?
Me llamo Barbara.

¿De dónde eres?
Soy de Alemania.
Soy alemana.

¿Qué lenguas hablas?
Hablo alemán/inglés/francés/ruso...

¿Qué estudias?
Estudio Historia/Biología/Medicina...

ACTIVIDAD COMPLEMENTARIA en campus.difusion.com

Jóvenes indígenas

VÍDEO DISPONIBLE en campus.difusion.com

🔔 **ATENCIÓN**

Me llamo Ana.
Mi nombre es Ana y **mi apellido es** López.

4. DIVERSIDAD DE IDENTIDADES

🏠 PREPÁRATE

A. Lee el texto y completa las frases con el nombre de las personas que aparecen en él.

- ....*Aldo*.... y ....*Inti*.... viven fuera de sus países de origen.
- ....*Aldo*.... y ....*Domingo*.... escriben.
- ....*Aldo*...., ...*Lía*...., ...*Domingo*.... y ....*Sara*.... cantan.
- ....*Lía*.... y ....*Inti*.... son sudamericanos.

B. ¿Qué artistas de tu país trabajan a favor de un colectivo o hacen crítica social a través de la música, el arte urbano o el cine? Elige a una persona y escribe una breve descripción.

Es un pintor francés / una pintora francesa...
Vive en Alemania...
Es uno de los artistas más representativos de...
    una de las artistas más famosas de...
Hace música/fotografías...
Escribe poesía/libros...
En sus libros/canciones... habla sobre...

⚙️ ESTRATEGIAS

Usamos los conocimientos que tenemos de otras lenguas para hacer conexiones e identificar palabras similares.

C. Comparamos nuestras soluciones del apartado A.

D. En grupos, leemos nuestras descripciones de B y elegimos al artista más interesante para presentar ante toda la clase.

— *Yo os presento a Banksy. Es un artista urbano muy famoso. Es inglés...*

E. Hacemos la presentación.

ACTIVIDAD COMPLEMENTARIA
en campus.difusion.com👆

DIVERSIDAD HISPANOHABLANTE

Estas son algunas de las personas creativas, talentosas y críticas que trabajan a favor del reconocimiento de la diversidad cultural en los países de habla hispana.

Aldo Villegas, Bocafloja
¿Quién es?
Un artista de *hip hop* mexicano.
¿Dónde vive?
En Estados Unidos.
¿Qué hace?
Hace rap, escribe poemas y hace documentales sobre la discriminación de la cultura afrodescendiente en América Latina.

Lía Samantha
¿Quién es?
Una diseñadora de moda y cantante colombiana.
¿Dónde vive?
En Colombia.
¿Qué hace?
Hace moda con diseños africanos y canta sobre las culturas afrodescendientes en el Caribe.

Inti Castro
¿Quién es?
Un artista urbano chileno.
¿Dónde vive?
En Francia.
¿Qué hace?
Pinta murales con crítica social y personajes característicos de las culturas andinas.

Domingo Antonio Edjang Moreno, El Chojín
¿Quién es?
Un cantante de rap y conductor de radio y televisión español.
¿Dónde vive?
En España.
¿Qué hace?
Hace música, escribe artículos y trabaja con distintas organizaciones contra la discriminación y el racismo.

Sara Curruchich
¿Quién es?
Una cantautora guatemalteca.
¿Dónde vive?
En Guatemala.
¿Qué hace?
Compone canciones, toca la guitarra y canta a favor del respeto a los pueblos indígenas.

TEXTO MAPEADO en campus.difusion.com

5. EL MUNDO EN 100 PERSONAS

🏠 PREPÁRATE

A. Lee esta infografía y corrige las cifras en las frases de la derecha.

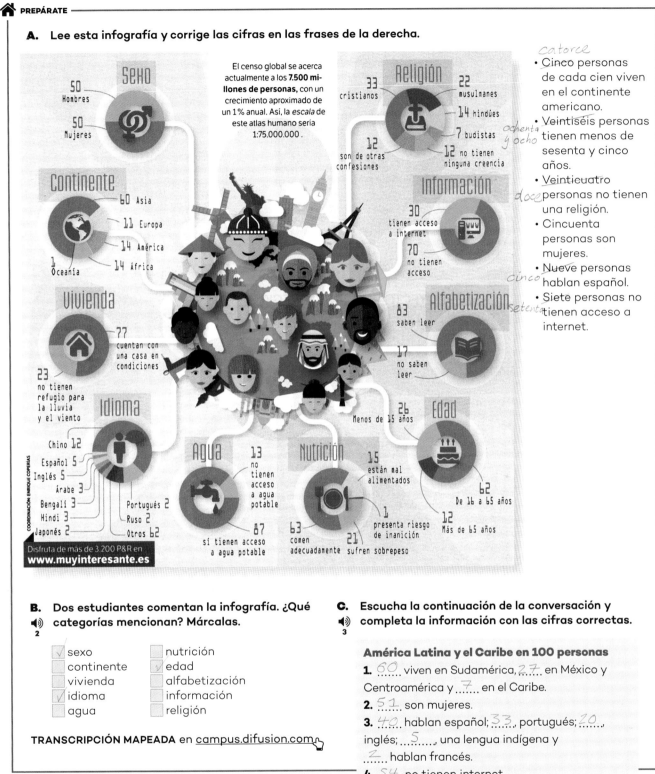

- *catorce*
- Cinco personas de cada cien viven en el continente americano.
- *ochenta y ocho* Veintiséis personas tienen menos de sesenta y cinco años.
- *doce* Veinticuatro personas no tienen una religión.
- Cincuenta personas son mujeres.
- *cinco* Nueve personas hablan español.
- *setenta* Siete personas no tienen acceso a internet.

B. Dos estudiantes comentan la infografía. ¿Qué categorías mencionan? Márcalas.
🔊 2

- ✓ sexo
- ☐ continente
- ☐ vivienda
- ✓ idioma
- ☐ agua
- ☐ nutrición
- ✓ edad
- ☐ alfabetización
- ☐ información
- ☐ religión

TRANSCRIPCIÓN MAPEADA en campus.difusion.com

C. Escucha la continuación de la conversación y completa la información con las cifras correctas.
🔊 3

América Latina y el Caribe en 100 personas
1. 60 viven en Sudamérica, 27 en México y Centroamérica y 7 en el Caribe.
2. 51 son mujeres.
3. 40 hablan español; 33 portugués; 20 inglés; 5 una lengua indígena y 2 hablan francés.
4. 54 no tienen internet.

D. Y nuestra clase de español, ¿cómo es? Por grupos, hacemos una estadística con las categorías que nos parezcan interesantes (sexo, nacionalidad, edad, idioma materno, lenguas extranjeras...).

ACTIVIDAD COMPLEMENTARIA en campus.difusion.com

6. JÓVENES HISPANOS EN ESTADOS UNIDOS

GRAMÁTICA

PREPÁRATE

A. Lee la presentación de esta joven. ¿Encuentras paralelismos con tu país?

"Hola, soy Linda Ramírez, vivo en Los Ángeles con mis padres. Mi madre es de origen mexicano y mi padre ecuatoriano. En Los Ángeles, mucha gente es de origen hispano. También los estados de Texas, Florida y Nueva York tienen un porcentaje importante de población hispana.

Inglaterra

Los hispanos son el grupo de población más joven en Estados Unidos. En mi universidad, muchos jóvenes hispanos viven en una situación complicada: estudian, pero no tienen documentos oficiales de residencia. Yo tengo suerte: tengo 21 años, soy ciudadana estadounidense y estudio Comunicación y Ciencias Políticas en la UCLA.

Afortunadamente, cada vez más personas creen en la juventud hispana. Yo creo que todos los jóvenes que vivimos, estudiamos y trabajamos en este país tenemos derecho a una vida con las mismas oportunidades. Por eso soy activista a favor de los derechos de los migrantes."

ESTRATEGIAS

Puedes subrayar en los textos las estructuras que te son útiles para hablar de tu realidad.

B. Busca en el texto las formas del presente de indicativo que faltan en la siguiente tabla.

	verbos regulares			verbos irregulares	
	ESTUDIAR	**CREER**	**VIVIR**	**SER**	**TENER**
yo	....	....	....	....	....
tú, vos	estudias/estudiás	crees/creés	vives/vivís	eres/sos	tienes/tenés
él, ella, usted	estudia	cree	vive	....	tiene
nosotros, nosotras	....	creemos	....	somos	....
vosotros, vosotras	estudiáis	creéis	vivís	sois	tenéis
ellos, ellas, ustedes	....	....	....	....	....

C. Completa estas frases sobre Linda.

Linda _tiene_ 21 años, _es_ estudiante de Ciencias Políticas en la UCLA, _es_ estadounidense, pero sus padres _son_ de origen hispano. Linda _cree_ que todos los jóvenes _tienen_ derecho a las mismas oportunidades, por eso trabaja a favor de los derechos de los migrantes.

D. Comparamos nuestras respuestas a A, B y C.

E. En parejas, jugamos a conjugar estos verbos. Usamos un dado: cada número corresponde a una de las personas.

1. hablar
2. estudiar
3. tocar
4. cantar
5. pintar
6. trabajar
7. hacer
8. ser
9. tener
10. escribir
11. vivir

 yo

 tú, vos

 él, ella, usted

 nosotros, nosotras

 vosotros, vosotras

 ellos, ellas, ustedes

—Hablar
—¡Cuatro! Nosotros hablamos.

ATENCIÓN

hacer, yo: hago

F. Ahora, investigamos en internet cuáles son los principales países de origen de los hispanos en Estados Unidos. Luego, escribimos una breve descripción de tres personalidades estadounidenses de origen hispano.

Los principales países de origen de los hispanos en Estados Unidos son...

Zoe Saldana es una actriz estadounidense. Sus padres son de origen dominicano y puertorriqueño. Zoe habla inglés, español e italiano. Vive en...

7. ¿TÚ O USTED?

🏠 PREPÁRATE

A. Relaciona las conversaciones con las fotografías.

1.
– ¡Hola! Tú eres la <u>chica</u> alemana de intercambio, ¿no?
– Sí, me llamo Kerstin, ¿y tú?
– Soy Ana. ¿Y de dónde eres de Alemania?
– Soy de Múnich.

2.
– <u>Perdone</u>, ¿es usted el profesor Rubén López?
– Sí.
– ¡Encantada! Yo soy Marta Díaz.
– ¡Ah, sí! Usted es la profesora visitante de Salamanca, ¿no?
– Sí, soy yo.
– Pues bienvenida.

3.
– Vosotros sois los amigos de Joaquín, ¿verdad?
– Sí, ¿vosotras sois sus compañeras de clase?
– Sí, yo soy Elena y ella es Vicky.
– ¡Mucho gusto! Yo soy Carla y él es Iñaki.

4.
– Buenos días, <u>señores</u>, ¿ustedes son los médicos colombianos?
– Sí, somos nosotros.
– Bienvenidos a Barcelona. Soy de la organización del congreso.
– Gracias. ¿Usted es del Hospital del Mar?
– No, soy de la Universidad de Barcelona, de la Facultad de Medicina.

B. De acuerdo con la situación, las personas utilizan elementos que indican formalidad o informalidad. Márcalos en cada conversación.

C. ¿En nuestra lengua existen tratamientos equivalentes a tú y usted? En parejas, comentamos con quién los usamos. Después, preguntamos a nuestro/-a profesor/a qué es lo usual en su país o en otros países hispanos.

- Personas mayores que no son familiares
- Los padres de un amigo
- Tu jefe/-a
- Un/a profesor/a de la universidad
- Tus abuelos
- Un/a adolescente
- Un/a camarero/-a en un restaurante
- Un/a camarero/-a en un bar

—En alemán, existe "Sie", que es como "usted". Yo, con los padres de un amigo, uso siempre "Sie".

8. PREGUNTAS Y RESPUESTAS

🏠 PREPÁRATE

A. Relaciona cada pregunta con la información que pide.

1. ¿Cómo te llamas?
2. ¿Dónde vives?
3. ¿De dónde eres?
4. ¿Eres francesa?
5. ¿Vives en Madrid?
6. ¿Cuántos años tienes?
7. ¿Hablas inglés?
8. ¿Qué estudias?
9. ¿Qué haces?
10. ¿Qué lenguas hablas?

- Nombre y apellidos
- Nacionalidad/origen
- Lugar de residencia
- Edad
- Estudios/profesión
- Idiomas

B. Con estas palabras interrogativas y estos verbos, escribe en tu cuaderno diez preguntas para hacer a personas de la clase.

- ¿Cómo...
- ¿Quién...
- ¿Cuántos/-as...
- ¿Qué...
- ¿Dónde...
- ¿De dónde...

ser
tener
trabajar
vivir
estudiar
llamarse
hacer
leer
hablar

C. Hacemos nuestras preguntas a diferentes personas.

—Max, ¿cuántos años tienes?

🔔 ATENCIÓN

En las preguntas se usan signos de apertura y de cierre (¿...?). ¿Cómo te llamas? ¿Dónde vives?

9. ¿VOSOTROS O USTEDES?

GRAMÁTICA

 PREPÁRATE

A. En estas conversaciones informales unos estudiantes usan las formas correspondientes a ustedes y otros, las correspondientes a vosotros. ¿Sabes por qué? Busca información sobre el uso de ustedes/vosotros en el mundo hispano.

¿**Ustedes tienen** clase ahora?

Sí, tenemos clase de Economía.

¿**Vosotros tenéis** clase ahora?

Sí, tenemos clase de Economía.

B. Leemos la explicación de Recursos lingüísticos y comentamos nuestra investigación con el/la profesor/a y el resto de la clase.

C. Vemos estas presentaciones de *youtubers*. ¿Usan vosotros o ustedes? Lo escribimos.

2
1. ....
2. ....
3. ....
4. ....

ACTIVIDAD COMPLEMENTARIA en campus.difusion.com

10. ASÍ SON LOS JÓVENES ESPAÑOLES

LÉXICO

 PREPÁRATE

A. Lee este perfil de la juventud española según una encuesta realizada a jóvenes de entre 21 y 30 años. ¿Te ves reflejado?

Yo no vivo con mis padres: vivo en una residencia.
Yo también creo que los amigos son lo más importante…

B. Comparamos nuestras frases con las de otras personas.

C. En parejas, investigamos en internet sobre los jóvenes de nuestro país. Escribimos un texto breve y lo presentamos en clase.

● Son creativos. Aprenden cosas nuevas. Experimentan.

● Son productivos. Estudian, trabajan o hacen las dos cosas a la vez.

● Son optimistas sobre su futuro a pesar de los problemas.

● Creen que la familia y los amigos son lo más importante.

● No son independientes económicamente. Reciben algún tipo de ayuda económica.

● No viven solos. Viven con sus padres o en pisos compartidos.

● Hablan una lengua extranjera: inglés o francés.

● No tienen interés en emigrar a otro país o vivir en el extranjero a largo plazo.

FUENTE: QUEQUIERESHACERCONTUVIDA.COM, INJUVE.ES

11. ¿CÓMO SE PRONUNCIA?

FONÉTICA

 PREPÁRATE

A. Escucha y marca qué letra o combinaciones de letras se pronuncian de manera diferente en tu lengua.
🔊 4

B/V (/b/)
Bianca Velázquez
Vicente Bueno
Verónica Bermúdez

C/Z (/θ/ o /s/)
Cecilia Cisneros
Jon Zubizarreta
Celso Zorrilla

C/QU (/k/)
Carolina Castro
Enrique Cuevas
Consuelo Quesada

Ch (/t ʃ/)
Chema Chávez
Nacha Chivas

G/J (/x/)
Jaime Jiménez
Germán Juárez
Gerardo Gil
Jesús Jordán

G/Gu (/g/)
Guadalupe Guerrero
Gabriela Guillén
Gonzalo Gómez

H (/ø/)
Hugo Hernández
Hilda Hinojosa

LL/Y (/ʎ/)
Carla Valle
Diego Llanos
Yolanda Llorente

Ñ (/ɲ/)
Iñaki Núñez
Íñigo Yáñez

R (/r/)
María Pérez
Arturo Arteaga
Araceli Arámburu

R/RR (/rr/)
Rodrigo Ruedas
Rita Reyes
Ramiro Parra

B. En grupos, cada uno busca en la unidad palabras con los sonidos de A y, después, las presentamos a las otras personas del grupo.

C. Buscamos en internet trabalenguas con los sonidos anteriores. Podemos hacer un concurso de trabalenguas en clase.

● El perro de San Roque no tiene rabo…

● Pancha plancha con una plancha…

ACTIVIDAD COMPLEMENTARIA
en campus.difusion.com

ATENCIÓN

En toda Latinoamérica, en las Islas Canarias y en regiones de Andalucía, za, ce, ci, zo y zu se pronuncian con el sonido /s/. El sonido /θ/ solo se usa en el resto de España. En Argentina y Uruguay LL e Y se pronuncian /ʃ/.

12. UNA PERSONA INTERESANTE

GRAMÁTICA

PREPÁRATE

A. Fíjate en las terminaciones de los sustantivos y de los adjetivos en estos ejemplos. ¿Tu lengua funciona de manera similar? Consulta la gramática en Recursos lingüísticos.

• Ricardo es un chico muy inteligente y simpático.
• Ricardo y Manuel son dos chicos muy inteligentes y simpáticos.

• Luisa es una chica inteligente y simpática.
• Luisa y Jazmín son dos chicas muy inteligentes y simpáticas.

• Juan Gómez es un escritor famoso. Es una persona muy crítica e influyente.
• María Moreno es una escritora famosa. Es una persona muy crítica e influyente.

• Juan Gómez y María Moreno son dos escritores famosos. Son dos personas muy críticas e influyentes.

B. Escribe ejemplos combinando estos sustantivos y adjetivos.

una amiga
unas estudiantes
unos artistas
un político
un actor

talentoso/-a/-os/-as
importante/s
activo/-a/-os/-as
internacional/es
simpático/-a/-os/-as

— *Tengo una amiga muy talentosa: se llama Alice y toca cinco instrumentos musicales.*

C. Contrastamos nuestras respuestas a B. ¿Tenemos las mismas combinaciones?

D. Escribimos ejemplos para cada categoría y los comparamos con los de otras personas.

• Un país interesante
• Un artista crítico
• Una lengua internacional
• Un político influyente
• Una cantante talentosa

Un país interesante para mí es India porque…

13. EL MUNDO HISPANOHABLANTE

LÉXICO

PREPÁRATE

A. Localiza los países hispanohablantes en el mapa.

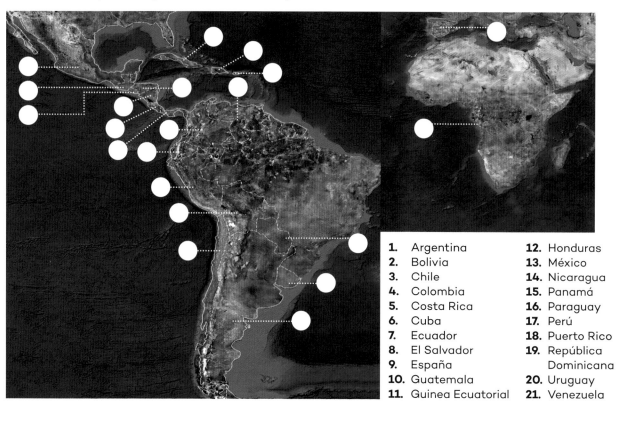

1. Argentina
2. Bolivia
3. Chile
4. Colombia
5. Costa Rica
6. Cuba
7. Ecuador
8. El Salvador
9. España
10. Guatemala
11. Guinea Ecuatorial
12. Honduras
13. México
14. Nicaragua
15. Panamá
16. Paraguay
17. Perú
18. Puerto Rico
19. República Dominicana
20. Uruguay
21. Venezuela

B. Estas son personas importantes para la cultura hispanohablante. ¿Las conoces? ¿De qué época son (actuales o del siglo xx)? Márcalo en la tabla.

	actual	del siglo xx
1. Carlos Gardel, cantante de tango y compositor uruguayo	☐	☐
2. Gustavo Santaolalla, músico y compositor argentino	☐	☐
3. Frida Kahlo, pintora mexicana	☐	☐
4. Luis Buñuel, director de cine español	☐	☐
5. Miquel Barceló, pintor y escultor español	☐	☐
6. Isabel Allende, escritora chilena	☐	☐
7. Augusto Roa Bastos, escritor paraguayo	☐	☐
8. Teresa Carreño, compositora y pianista venezolana	☐	☐

C. En parejas, ponemos en común nuestras respuestas a A y B.

—*Frida Kahlo es una pintora mexicana del siglo xx, ¿no?*

D. Buscamos otras personalidades (actuales o de otra época) con las siguientes nacionalidades. Luego, lo ponemos en común con la clase.

boliviano/-a	ecuatoguineano/-a	panameño/-a
colombiano/-a	ecuatoriano/-a	peruano/-a
costarricense	guatemalteco/-a	puertorriqueño/-a
cubano/-a	hondureño/-a	salvadoreño/-a
dominicano/-a	nicaragüense	

—*Fernando Botero es un pintor y escultor colombiano.*

14. ¿CÓMO ERES?

LÉXICO

🏠 PREPÁRATE

A. Marca qué adjetivos son similares en tu lengua materna o en otras que conoces.

- famoso/-a
- crítico/-a
- talentoso/-a

- creativo/-a
- activo/-a
- productivo/-a

- optimista
- independiente
- inteligente

- simpático/-a
- interesante
- influyente

B. Escribe en cada frase el adjetivo de la lista anterior que corresponde.

1. Manuel tiene ideas originales: es muy ....*creativo*....
2. Carla hace muchas cosas diferentes en un día: es una persona ....*productiva*....
3. Edurne tiene una actitud positiva ante la vida: es ....*optimista*....
4. Alberto toca el piano fenomenal: es muy ....*talentoso*....
5. Camila vive sola, trabaja y no quiere la ayuda de sus padres: es una chica muy ....*independiente*....

C. En parejas, comparamos nuestras respuestas a B.

D. Escribimos nuestros propios ejemplos con los adjetivos que no aparecen en las frases de B y los compartimos con la clase.

ACTIVIDAD COMPLEMENTARIA en campus.difusion.com

15. RECURSOS PARA CONECTAR FRASES E IDEAS

CARACTERÍSTICAS DEL TEXTO

🏠 PREPÁRATE

A. Marca si crees que estas frases son verdaderas (V) o falsas (F). Después, lee el texto y comprueba.

	V	F
1. En Argentina muchas personas tienen origen italiano.	☑	☐
2. Muchos peruanos son de origen asiático.	☑	☐
3. El español tiene palabras de origen árabe.	☑	☐
4. En América Latina existen más de 500 pueblos indígenas.	☑	☐

Gente de aquí y de allá

El mundo hispanohablante tiene una larga historia de conquistas, migraciones e intercambios culturales, por eso la gente, la cultura y la lengua son muy diversas.

Muchos países no tienen estadísticas sobre la población indígena, pero, según UNICEF, en América Latina viven actualmente 522 pueblos indígenas. En los países de habla hispana, una parte importante de la población tiene antepasados africanos o españoles. Hay también muchas personas de origen chino y japonés (como en Perú), judío, alemán o italiano (como en Argentina).

España tiene también una larga historia de conquistas y encuentros entre pueblos ibéricos, celtas, romanos, judíos, germanos, árabes y africanos. El español tiene, por ejemplo, muchas palabras de origen árabe como *aceite*, *azúcar* y *alcohol*.

B. Nos fijamos en los conectores subrayados en el texto anterior. ¿Cuáles son los equivalentes en nuestra lengua?

C. Completamos las frases con el conector más adecuado. Comparamos luego nuestras propuestas con las de otra persona.

1. Ana es una persona muy inteligente, creativa ....*y*.... talentosa.
2. Carlos es de México, ...*pero*.... vive en España desde hace muchos años.
3. Eva Longoria es actriz y modelo. ....*también*.... es activista por los derechos de los hispanos en Estados Unidos.
4. Es un actor muy bueno y colabora con muchas organizaciones sociales, ...*por eso*.... tiene el reconocimiento de muchas personas.
5. ¿Tú vives solo ....*o*.... con tus padres?
6. Isabel habla francés, español ....*e*.... inglés.

16. ASÍ SOMOS

A. En pequeños grupos, vamos a crear un material informativo sobre nuestro país para compartirlo en las redes sociales, páginas de turismo, etc. Decidimos qué tipo de material queremos crear (una infografía, un vídeo...) y elegimos la herramienta.

B. En nuestra presentación tenemos que responder a estas preguntas.

- ¿Cuántos habitantes tiene el país?
- ¿Qué porcentaje de la población son mujeres, hombres, jóvenes y personas mayores de 65 años?
- ¿De qué países son las principales comunidades de inmigrantes?
- ¿Qué lenguas habla la población?
- ¿Cómo es la gente joven?

C. Preparamos una primera versión, la corregimos entre todos y se la enseñamos a nuestro/-a profesor/a antes de crear la versión definitiva.

D. Hacemos la presentación ante los demás o la compartimos en un entorno virtual de la clase.

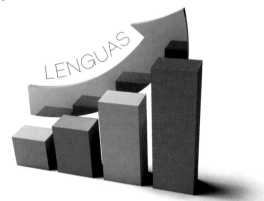

17. MULTICULTURAL

A. En parejas, vamos a hacer un póster o un *collage* sobre gente importante de nuestro país con un perfil bicultural o multicultural. Primero, investigamos en internet y elegimos a tres personas interesantes.

- ¿Cómo se llaman?
- ¿De dónde son? ¿Qué origen tienen?
- ¿Qué lenguas hablan?
- ¿Dónde viven?
- ¿Cuántos años tienen?
- ¿Qué hacen?
- ¿Cómo son?

B. Escribimos las frases que queremos usar en el póster y las corregimos (las podemos comentar con el/la profesor/a). Buscamos también fotos de esas personas e imágenes relacionadas.

C. Hacemos juntos el póster. Luego, lo pegamos en alguna pared o lo compartimos en un entorno virtual de la clase.

GRAMÁTICA

PRESENTE DE INDICATIVO
▶ **Conjugación regular de los verbos: -ar, -er, -ir**

	TRABAJAR	APRENDER	VIVIR	LLAMARSE
yo	trabaj**o**	aprend**o**	viv**o**	me llam**o**
tú, vos	trabaj**as/-ás**	aprend**es/-és**	viv**es/-ís**	te llam**as/-ás**
él, ella, usted	trabaj**a**	aprend**e**	viv**e**	se llam**a**
nosotros/-as	trabaj**amos**	aprend**emos**	viv**imos**	nos llam**amos**
vosotros/-as	trabaj**áis**	aprend**éis**	viv**ís**	os llam**áis**
ellos/-as, ustedes	trabaj**an**	aprend**en**	viv**en**	se llam**an**

 Los verbos pronominales, como **llamarse**, llevan siempre los pronombres **me**, **te**, **se**, **nos**, **os**, **se**. *Yo **me llamo** Carla. ¿Tú cómo **te llamas**?*

▶ **Los verbos** ser, ir **y** tener

	SER	IR	TENER
yo	**soy**	**voy**	**tengo**
tú, vos	**eres/sos**	**vas**	**tienes/tenés**
él, ella, usted	**es**	**va**	**tiene**
nosotros, nosotras	**somos**	**vamos**	**tenemos**
vosotros, vosotras	**sois**	**vais**	**tenéis**
ellos, ellas, ustedes	**son**	**van**	**tienen**

PRONOMBRES PERSONALES DE SUJETO
Los pronombres de sujeto se usan solamente cuando queremos destacar o contrastar la persona.
*¡Hola! **Yo** soy Teresa. **Él** es Juan y **ella** es Ana.*
*Les presento a un amigo muy especial... **Él** es Carlos...*

EL VOSEO
En algunas regiones de América Latina, el pronombre **vos** (y sus formas verbales correspondientes) se usa en lugar de **tú** en contextos informales. Esto sucede especialmente en gran parte de Argentina, en Uruguay, Paraguay y regiones de Centroamérica y México.

¿VOSOTROS O USTEDES?
En España, **vosotros** es la forma de tratamiento informal plural y **ustedes**, la de tratamiento formal plural. En el español de América no se utiliza **vosotros**: **ustedes** es la forma de tratamiento formal e informal. En España, sucede lo mismo en zonas de Andalucía y en las Islas Canarias.

PRONOMBRES INTERROGATIVOS
¿**Quién** es Gael García?	¿**Dónde** vives?
¿**Cómo** te llamas?	¿**De dónde** eres?
¿**Cuántos** años tienes?	¿**Qué** estudias?

EL ARTÍCULO DEFINIDO

	masculino
singular	**el** libro, **el** actor
plural	**los** libros, **los** actores

 El (sin tilde) es artículo: **el** libro, **el** chico.
Él (con tilde) es pronombre personal: **Él** es Carlos.

	femenino
singular	la familia, la universidad
plural	las familias, las universidades

 Los sustantivos femeninos que comienzan con **a** o **ha** y tienen el acento en esta vocal, se combinan con el artículo **el**: el **a**gua, el **a**rma, el **ha**cha.

EL ARTÍCULO INDEFINIDO

	masculino	femenino
singular	un libro, **un** actor	**una** familia, **una** universidad
plural	**unos** libros, **unos** actores	**unas** familias, **unas** universidades

 Los sustantivos femeninos que comienzan con **a** o **ha** y tienen el acento en esta vocal, se combinan con el artículo **un**: un **a**gua, un **a**rma, un **ha**cha.

DEMOSTRATIVOS (I)

	masculino	femenino
singular	**este** actor	**esta** universidad
plural	**estos** actores	**estas** universidades

*¿Quién es **este** chico de la foto?*
***Esta** universidad es muy reconocida.*

EL SUSTANTIVO: GÉNERO Y NÚMERO

género	terminación	singular	plural (-s/-es)
masculino **el, un, este los, unos**	-**o**	libr**o**	libr**os**
	-**ema**, -**oma**	probl**ema**	probl**emas**
	-**aje**	pais**aje**	pais**ajes**
femenino **la, una, esta las, unas, estas**	-**a**	person**a**	person**as**
	-**dad**, -**tad**	universi**dad**	universi**dades**
	-**ción**, -**sión**	discu**sión**	discu**siones**
masculino/ femenino	-**ista**	art**ista**	art**istas**
	-**ante**	estudi**ante**	estudi**antes**

Los sustantivos que terminan en consonante (-**l**, -**n**, -**r**, -**s**, -**z**) o en -**e** pueden ser masculinos o femeninos: **el móvil / la capital**, **el examen / la imagen**, **el color / la flor**, **el autobús / la crisis**, **el lápiz / la paz**, **el parque / la calle**.

EL ADJETIVO: GÉNERO Y NÚMERO

terminación	masculino	femenino	plural (-s/-es)
-**o**/-**a**	simpátic**o**	simpátic**a**	simpátic**os** simpátic**as**
-**or**/-**ora**	trabajad**or**	trabajad**ora**	trabajad**ores** trabajad**oras**
-**e**	amabl**e**	amabl**e**	amabl**es**
-**ista**	femin**ista**	femin**ista**	femin**istas**
-**n**, -**l**, -**r**, -**z**	jove**n** especia**l** regula**r** capa**z**	jove**n** especia**l** regula**r** capa**z**	jóve**nes** especia**les** regula**res** capa**ces**

Generalmente, el adjetivo va detrás del sustantivo:
*una **persona comprometida**, un **estudiante alemán**.*

 Los gentilicios acabados en -**l**, -**n** o -**s** añaden -**a** para formar el femenino.
un señor español / una señora español**a**
un señor alemá**n** / una señora alema**na**
un señor escocé**s** / una señora escoce**sa**

LÉXICO

INFORMACIÓN PERSONAL

estudiar 〉 Ingeniería 〉 idiomas
〉 en la universidad 〉 en España

hablar 〉 español 〉 lenguas extranjeras
〉 con compañeros 〉 con amigos

tener 〉 23 años 〉 amigos

trabajar 〉 en la universidad 〉 en México 〉 en una ONG
〉 con niños 〉 con jóvenes migrantes

ser 〉 estudiante 〉 mexicano 〉 simpático
〉 de Bogotá
〉 un artista crítico 〉 una cantante mexicana
〉 de origen asiático

vivir 〉 en España 〉 en el extranjero
〉 con los padres 〉 solo

CARACTERÍSTICAS DEL TEXTO

CONECTORES BÁSICOS

y: coordina palabras o frases al mismo nivel.
*Martín **y** Rosa estudian **y** trabajan.*

 Y se convierte en **e** cuando la palabra siguiente empieza por el sonido [i].
*Luis **e** Irene.*
*Padres **e** hijos.*

o: se utiliza para presentar opciones.
*¿Estudias **o** trabajas?*

también: añade información.
*Se habla español en España, en América Latina y **también** en Estados Unidos.*

pero: introduce una idea presentada como opuesta.
*Entiendo francés, **pero** no lo hablo muy bien.*

por eso: introduce una consecuencia.
*Mi novio es de Perú, **por eso** estudio español.*

PUNTUACIÓN: SIGNOS DE INTERROGACIÓN Y EXCLAMACIÓN

En español, los signos interrogativos y exclamativos son dobles: abren y cierran un enunciado.
*¿Cuál es la capital de Argentina**?***
*¡Muchas gracias**!***

 En textos informales (principalmente en formatos digitales o en notas manuscritas), muchas personas no escriben el signo inicial, pero en textos cuidados es muy importante escribirlo.

2

PLANES

CULTURA
- El español como lengua internacional
- Familias interculturales

COMUNICACIÓN
- Expresar planes: **querer** + infinitivo
- Expresar gradación: **muy, bastante, un poco (de)**
- Hablar de habilidades y conocimientos
- Dar y pedir datos de contacto: **número de teléfono, correo electrónico, dirección**

GRAMÁTICA
- Verbos con diptongo en **ie**: **entender, querer**
- Verbos irregulares en la primera persona: **saber, hacer, conocer**
- Oraciones causales y finales: **porque, para, por**
- Posesivos: **mi, tu, su, nuestro**...
- Expresar impersonalidad: **se** + 3.ª persona

LÉXICO
- Países, gentilicios y lenguas
- Carreras universitarias y profesiones
- Actividades de tiempo libre
- La familia
- Los verbos **saber** y **conocer**

CARACTERÍSTICAS DEL TEXTO
- Reglas de acentuación

---

1. CITAS

🏠 **PREPÁRATE**

A. ¿Con qué frase relacionas cada una de estas citas?

1

Cuantos más idiomas sabes, más humano eres.
— TOMÁŠ GARRIGUE MASARYK (1850-1937), fundador de la República de Checoslovaquia

2

Cuantos más idiomas hablas, más te conoces a ti mismo.
— SANDRA CISNEROS (1954), escritora estadounidense

3

Aprender otro idioma es como convertirse en otra persona.
— HARUKI MURAKAMI (1949), escritor japonés

a. Si hablas varios idiomas, eres más flexible y abierto a la diversidad del mundo.
b. Cuando aprendes otros idiomas, descubres más sobre tu identidad.
c. Cuando hablas otro idioma, adoptas una personalidad diferente.

B. Comparamos nuestras respuestas con las de otra persona y comentamos cuál es para nosotros la cita más interesante.

—*Para mí, la cita más interesante es la de...*

C. En parejas, escribimos dos frases más sobre la importancia de hablar lenguas y las compartimos con la clase.

ACTIVIDAD COMPLEMENTARIA en campus.difusion.com

2. INFOGRAFÍA

A. Mira la infografía. ¿Aparece tu lengua materna en la lista? Si no, investiga en internet cuántos hablantes tiene.

B. Investiga también el número de hablantes de estas lenguas y los países donde se hablan.

- Alemán: ....
- Coreano: ....
- Francés: ....
- Italiano: ....
- Griego: ....
- Guaraní: ....
- Quechua: ....
- Polaco: ....
- Turco: ....

C. España tiene cuatro lenguas oficiales, ¿cuáles son? Escríbelas. *Español, Catalán, Valecian, Galician*

D. ¿Eres competente en varias lenguas? Completa en tu cuaderno una tabla como esta.

idioma	hablar	entender	leer	escribir
Inglés	Es mi lengua materna.			
Chino	Bastante bien.	Muy bien.	Bastante mal.	No sé.

IDIOMAS
QUE DOMINAN EL MUNDO

En todo el planeta se hablan más de siete mil lenguas, sin embargo el 50 % de la población domina solo 10 de los idiomas disponibles. Conoce cuáles son los más utilizados.

- **Japonés** 128 millones de hablantes
- **Lahnda** (Pakistán) 88.7 millones de hablantes
- **Hindi** (India) 260 millones de hablantes
- **Inglés** 335 millones de hablantes
- **Español** 470 millones de hablantes
- **Árabe** 242 millones de hablantes
- **Ruso** 166 millones de hablantes
- **Bengalí** (Bangladesh) 189 millones de hablantes
- **Chino** 1197 millones de hablantes
- **Portugués** 203 millones de hablantes

89 millones aprendieron o están aprendiendo español* *como lengua extranjera

15 % se hablan en América

32 % se hablan en Asia

Situación mexicana
289 lenguas vivas
4.1 % del total de idiomas en el mundo

7102 idiomas existentes

Sabías que... En 2030 los hispanohablantes serán el 7.5 % de la población mundial.

Fuentes: Ethnologue: Languages of the World, Instituto Cervantes

🔔 **ATENCIÓN**

+ Perfectamente
Muy bien
Bastante bien
Bastante mal
– Muy mal

E. Comparamos nuestras respuestas a A y B con las de otras personas.

🔔 **ATENCIÓN**

Frases impersonales:
se + verbo en 3.ª persona

—*El francés tiene ... millones de hablantes aproximadamente. Se habla en Francia, Bélgica...*

F. Comentamos nuestras tablas (apartado D).

Mi lengua materna es el inglés.
Mis lenguas maternas son el inglés y el turco.
Hablo muy bien ruso.
Leo bastante bien en italiano, pero escribo bastante mal.
Entiendo un poco de árabe.

G. Comentamos qué hacemos en diferentes lenguas.

- Leer libros/periódicos/revistas...
- Ver series/películas/noticieros...
- Escuchar música/*podcasts*...
- Hablar con la familia / la pareja...
- Hablar con turistas/compañeros...
- Chatear con amigos/familiares...
- Tener clases de la carrera
- Otros: ....

—*Yo hablo italiano con mi mamá. Leo libros en...*

ACTIVIDAD COMPLEMENTARIA
en campus.difusion.com👆

3. VÍDEO

A. En tu opinión, ¿por qué es importante saber más de un idioma? Marca las 🎥³ frases y después ve el vídeo para comprobar si coincides con José Luis Scerri.

☐ Porque la economía es cada vez más global.
☐ Porque el inglés tiene cada vez menos importancia como lengua franca.
☐ Porque es más fácil acceder a más información.
☐ Porque es más fácil hacer negocios y ganar más dinero.
☐ Porque hablar otros idiomas da prestigio social.

B. Comentamos cuáles creemos que son los idiomas más relevantes para nuestro futuro profesional.

¿Por qué es importante saber más de un idioma?

VÍDEO DISPONIBLE en campus.difusion.com

José Luis Sce...

ACTIVIDAD COMPLEMENTARIA en campus.difusion.com👆

4. ESTUDIAR Y VIAJAR

 PREPÁRATE

A. Lee el artículo y marca a quién corresponde cada información (es posible más de una opción).

	Anne	Vincenzo	Alyssa
1. Quiere trabajar en un país de América Latina después de sus estudios.	✓	✓	☐
2. Su país tiene un gran número de hispanohablantes.	☐	☐	✓
3. Estudia español porque es muy importante en su ámbito profesional.	✓	✓	☐
4. Tiene mucho interés por la cultura.	☐	☐	✓
5. Su país es un socio comercial importante de España.	✓	☐	☐

B. Comparamos nuestras respuestas.

C. Marcamos las frases que corresponden a nuestros motivos y las comentamos con otra persona.

Quiero aprender español...

☐ para hacer unas prácticas o un voluntariado en el extranjero.
☐ para trabajar en otro país después de los estudios.
☐ para viajar por América Latina.
☐ para entender canciones en español.
☐ porque tengo amigos hispanohablantes.
☐ porque mi novio/-a es hispanohablante.
☐ porque quiero hacer un intercambio.
☐ por la cultura.
☐ por mis estudios.
☐ otros: ....

— *Yo aprendo español por mis estudios (estudio Filología Románica) y también porque tengo amigos hispanohablantes de Chile y España y para hablar español con la gente en mis vacaciones...*

D. Entrevistamos a otros compañeros, hacemos una lista y ponemos en común los resultados. ¿Cuáles son los tres principales motivos de la clase?

— *Michael, ¿tú por qué estudias español?*

TEXTO MAPEADO
campus.difusion.com

LOS UNIVERSITARIOS APRENDEN ESPAÑOL

Aprender idiomas es importante para el desarrollo personal, profesional y cognitivo. Los jóvenes de hoy aprenden más de una lengua extranjera, viajan más, hacen intercambios, voluntariados, prácticas o trabajan por un tiempo en otros países.

España es el destino número uno de los estudiantes europeos del programa de intercambio Erasmus. Los países favoritos de los estudiantes estadounidenses en América Latina son Costa Rica, México y Argentina. Tres estudiantes nos presentan sus motivos para aprender español y vivir en un país hispanohablante.

"Este semestre estoy en Granada con el programa Erasmus. El español es una lengua muy importante para los negocios internacionales y Alemania tiene muchas relaciones comerciales con España y América Latina. Después de mis estudios quiero hacer unas prácticas en México y trabajar en una empresa transnacional."

"Yo estudio español por mi profesión, soy periodista. Creo que un buen periodista tiene que hablar varios idiomas. El español es la tercera lengua en internet y la segunda en las redes sociales, por eso para mí es una lengua muy importante. Quiero hacer prácticas en una agencia de noticias aquí en Madrid un año y después viajar por Sudamérica unos meses."

"Realmente hablar español no es obligatorio para mi doctorado o mi profesión, pero yo quiero hablar con la gente en español y conocer más cosas de la cultura costarricense. Además, ¡Estados Unidos tiene millones de hispanohablantes! Después de mi doctorado quiero trabajar un tiempo aquí y conocer mejor las políticas de biodiversidad de Costa Rica."

Anne
Alemana
22 años
Estudiante de Administración de Empresas

Vincenzo
Italiano
23 años
Estudiante de Periodismo

Alyssa
Estadounidense
27 años
Doctoranda en Biología

Según datos del Instituto Cervantes (2015), más de 20 millones de personas estudian español.

5. BUSCO TÁNDEM

 PREPÁRATE

A. Lee estos anuncios en una universidad mexicana. ¿Qué motivos tiene cada persona para buscar un intercambio?

To improve spanish fluidity.

BUSCO TÁNDEM

¡Hola!
Soy Gabi, de Alemania.

Estudio Etnología. Tengo un nivel avanzado de español (B2) y quiero practicar para hablar con más fluidez. Soy muy abierta. Mi lengua materna es el alemán, pero también hablo inglés perfectamente.

Mi correo:
gabi.shwartz@mymail.com
Mi celular: 5559356224

Intercambio Español – Francés

Practice spanish & cook mexican dishes.

¡Salut! ¡Hola! Soy Ludovic, soy francés y estudio Turismo. Busco alguien para practicar español. Cocino muy bien y quiero aprender a cocinar platos mexicanos. ¿Quién me enseña?

Email: jesuisludo@yahoo.fr
Celular: 5559329815

¿QUIERES PRACTICAR CHINO? YO QUIERO PRACTICAR ESPAÑOL

Practice conversation & talk about cinema & art.

Soy Mei Ling, estudio Economía y quiero practicar conversación. Busco una persona tranquila y simpática para hablar de cine y arte. Contáctame por correo (meiling@mail.com) o por celular (5559307218).

B. Escucha a tres personas que llaman para responder a los anuncios y, para cada una, anota la siguiente información.

🔊 5-7

- Cómo se llama
- Qué estudia
- A quién llama

- Qué lengua quiere practicar
- Cuáles son sus motivos para hacer el intercambio

TRANSCRIPCIÓN MAPEADA
en campus.difusion.com

1. Patricia / Ludovic Estudio Frances
2. Antonio / Mei Ling Chino - Shanghai Economia
3. Amelia / Gabi Learn spanish fast.

C. Comparamos nuestras respuestas a A y B.

D. Escribimos nuestro anuncio para hacer un intercambio en nuestra universidad.

E. Nos pedimos y nos damos nuestros números de teléfono y nuestros correos electrónicos.

¿Cuál es tu correo electrónico / número de celular?
Mi correo electrónico / número de celular es...

ACTIVIDAD COMPLEMENTARIA en campus.difusion.com

🔔 ATENCIÓN

@ arroba
- guion
_ guion bajo
. punto

🔔 ATENCIÓN

España: móvil
América Latina: celular

☕ LA CAFETERÍA

¿Qué tipo de anuncios hay en nuestra universidad? ¿Qué quieren o qué ofrecen los estudiantes?

6. ¿POR QUÉ ESTUDIAS MEDICINA?

🏠 PREPÁRATE

A. Lee estas afirmaciones realizadas por estudiantes, ¿qué carreras estudian? Completa las frases.

- Administración de Empresas
- Arqueología
- Magisterio
- Física
- Medicina
- Química
- Sociología
- Ciencias de la Computación

1. "Estudio .... **porque creo** que es fascinante conocer culturas antiguas." (Martín, 21 años)

2. "Estudio .... **por curiosidad**. Quiero comprender el universo, la energía, la materia, la relación entre el tiempo y el espacio." (Laura, 23 años)

3. "Estudio .... **para entender** mejor las relaciones entre las personas, sus instituciones, sus costumbres y su evolución." (Leo, 21 años)

4. "Estudio .... **para saber** cómo funciona el cuerpo **humano**, curar enfermedades. Mi idea es trabajar para una ONG." (Marina, 20 años)

5. "Estudio .... **porque quiero** trabajar con niños. La educación es muy importante para tener un mundo mejor." (Xabier, 22 años)

B. Fíjate en los fragmentos destacados en negrita. ¿Entiendes cuándo se usa para, porque y por?

C. Comparamos nuestras respuestas a A y B.

— *Martín estudia...*

D. Y nosotros, ¿por qué estudiamos nuestra carrera? Lo comentamos con los demás.

E. ¿Qué carreras se ofrecen en nuestra facultad o escuela? ¿Cómo se dicen en español? En parejas, hacemos una lista.

ACTIVIDAD COMPLEMENTARIA en campus.difusion.com

7. ¿QUÉ QUIERES HACER?

🏠 PREPÁRATE

A. ¿Tienes alguno de estos planes o intenciones para tus próximas vacaciones? Márcalo y completa.

☑ Hacer unas prácticas o un voluntariado.
☐ Hacer un curso de *turismo*
☑ Ir de vacaciones a *méxico*

☑ Trabajar en *una cafetería*
☐ Visitar a mis padres o a *bazar*

B. En pequeños grupos, comparamos nuestras respuestas.

— *En las próximas vacaciones yo quiero trabajar en un café.*
— *Pues yo quiero ir a Barcelona con mi novia...*

C. Rellenamos el cuadro con nuestros planes o intenciones.

Después de la clase de español...

....

Esta noche...

....

Mañana...

....

El fin de semana...

....

🔔 ATENCIÓN

Si hablamos de planes decididos, podemos usar ir a + infinitivo.

En las próximas vacaciones **voy a ir** a Barcelona con mi novia.

ACTIVIDAD COMPLEMENTARIA en campus.difusion.com

8. LA FAMILIA DE ANA

LÉXICO

🏠 **PREPÁRATE**

A. Lee las frases y completa el árbol genealógico de Ana con las palabras correspondientes.

1. Ángeles es la **mujer** de José.
2. Alberto es el **padre** de Rosario y Elisa y el **abuelo** de Cristina.
3. Carlos es el **nieto** de José y Ángeles.
4. Rodrigo es el **hermano** de Carmen y Ana.
5. Ana es la **tía** de Elisa.
6. Elisa y Carlos son **primos**.
7. Cristina es la **hija** de Antonio y Rosario.

B. Contrastamos nuestras respuestas.

C. En parejas, escogemos a una persona famosa y escribimos una breve descripción de su familia.

Shakira es una cantante muy famosa. También es empresaria y filántropa. Tiene una familia multicultural. Su padre es estadounidense de origen libanés y su madre es colombiana...

D. Preparamos una o dos frases sobre una persona de la familia de Ana. Luego las leemos en voz alta. ¿Quién adivina más rápido de quién se trata?

—*Es el tío de Carlos.*
—*¡Alberto!*

ACTIVIDAD COMPLEMENTARIA en campus.difusion.com

LA FAMILIA DE ANA

9. MÉDICO, CANTANTE, CIUDADANO DEL MUNDO

GRAMÁTICA

 PREPÁRATE

A. Lee este artículo sobre Jorge Drexler. Luego escribe cinco preguntas para hacerle a otra persona y comprobar si ha entendido el texto.

JORGE DREXLER

Jorge Drexler es un conocido cantautor uruguayo, pero también es médico. "Todos en mi familia -mis padres, mis tíos, mis primos, mis hermanos- son médicos", comenta en una entrevista. Su familia es, además, bastante multicultural. En la canción "De amor y de casualidad" Jorge canta a su primer hijo:

*Tu madre tiene sangre holandesa,
yo tengo el pelo sefaradí,
somos la mezcla de tus abuelos,
y tú mitad de ella y mitad de mí.*

Jorge vive en España con su segunda esposa, una actriz y cantante española, y sus hijos, pero no pierde el contacto con Uruguay: "Tengo un vínculo muy sólido con mi país, tanto con mis amigos como con mi familia y con el público", dice en otra entrevista.

Jorge es una persona creativa, optimista y sensible, habla cuatro idiomas y canta en otros más: español, portugués, italiano, catalán e inglés. "Es el trabajo más lindo del mundo: escribir canciones y viajar para cantarlas", comenta.

Donde su vive?.
Que es su trabaja?

B. En parejas, nos hacemos las preguntas que hemos preparado.

— ¿De dónde es Jorge Drexler?
— De...

C. Nos fijamos en los posesivos marcados en el texto anterior y completamos la tabla. ¿Funcionan igual en nuestra lengua materna? Lo comentamos con otra persona.

	singular	plural
yo	**mi** hermano / *mi hermana*	*mis hermanos* / **mis** hermanas
tú, vos	**tu** abuelo / *tu abuela*	*tus abuelos* / **tus** abuelas
él, ella, usted	*su hijo* / *su hija*	*sus hijos* / **sus** hijas
nosotros, nosotras	**nuestro** tío / **nuestra** tía	**nuestros** tíos / **nuestras** tías
vosotros, vosotras	**vuestro** primo / **vuestra** prima	**vuestros** primos / **vuestras** primas
ellos, ellas, ustedes	**su** nieto / **su** nieta	**sus** nietos / **sus** nietas

> **ATENCIÓN**
>
> Mi hermano + mi hermano = mis hermanos
>
> Mi hermana + mi hermana = mis hermanas
>
> Mi hermano + mi hermana = mis hermanos

10. LOS JÓVENES MEXICANOS Y EL TIEMPO LIBRE

LÉXICO

 PREPÁRATE

A. Mira la siguiente infografía. ¿Haces las mismas cosas que los jóvenes mexicanos?

Yo juego deporte, pero no leer libros.

• • •

🖋

Yo voy al cine, pero no voy a bailar.

B. En parejas, hablamos sobre nuestras actividades de tiempo libre.

¿Ves la televisión en tu tiempo libre?

Bueno, no tengo televisión, pero veo muchas series en la computadora. Y tú, ¿duermes la siesta?

Sí. ¿Y tú?

C. Comentamos en clase abierta si hacemos actividades que no aparecen en la infografía. Las anotamos todas.

— *Yo toco la guitarra.*
— *Yo hago teatro.*

D. En parejas, buscamos imágenes para ilustrar las actividades de tiempo libre. Se las enseñamos a los demás, que tienen que adivinar cómo se dice esa actividad en español.

— *¡Cantar!*

ACTIVIDAD COMPLEMENTARIA
en campus.difusion.com🖑

¿A qué dedicas tu tiempo libre?

La mayoría de los jóvenes mexicanos dedican gran parte de su tiempo al estudio y otros al trabajo, pero cuando tienen ratos de ocio, ¿qué hacen?

- **Ver televisión** 51 %
- **Salir con pareja** 8,4 %
- **Ir al cine** 8,3 %
- **Ver deporte** 7 %
- **Jugar videojuegos** 4,5 %
- **Ir a bailar** 4,3 %
- **Ir de compras** 3,6 %
- **Acudir a bares, billares o cantinas** 2,6 %
- **Ir a conciertos, teatros, danza, museos...** 2 %
- **Ir de paseo al campo o la playa** 1,1 %
- **Descansar, dormir** 30,3 %
- **Utilizar la computadora, internet** 19,2 %
- **Leer (diarios, revistas, libros)** 18,2 %
- **Reunirse con amigos o familiares** 17 %
- **Praticar deporte o actividad fisica** 15,7 %
- **Cosas de hogar** 10,7 %
- **Terminar trabajos atrasados** 10 %
- **Fiestas** 8,8 %
- **Ir a la ciudad** 1 %
- **Escuchar música** 41,6 %
- **Salir a caminar** 8,8 %

Para los jóvenes la mejor manera de usar su tiempo libre es viendo televisión, seguido por escuchar música y dormir o descansar.

Contrario a la tendencia en países como Estados Unidos, los videojuegos no ocupan un lugar primordial en el espacio de ocio de los jóvenes mexicanos

La Real Academia Española define "ocio" como la diversión u ocupación reposada, especialmente en obras de ingenio o tiempo libre de una persona que ocupa para crear.

Instituto Mexicano de la Juventud

🔔 **ATENCIÓN**

En América Latina se dice computador o computadora. En España, se dice ordenador.

🔔 **ATENCIÓN**

a✂ cine = al cine
a✂ tenis = al tenis

11. SÉ HABLAR CHINO, PERO NO CONOZCO CHINA

LÉXICO

🏠 **PREPÁRATE**

A. ¿Cuáles de estas frases puedes usar para hablar de tu realidad y cuáles no?

1. Conozco tres países hispanohablantes.
2. Sé hablar cuatro idiomas.
3. Conozco muchas canciones en español.
4. Sé tocar un instrumento musical.
5. Conozco a algunos estudiantes de intercambio hispanohablantes.
6. Sé bailar salsa.
7. Conozco un restaurante español en mi ciudad.
8. Sé cocinar bastante bien.

B. ¿Qué frases se refieren a una habilidad aprendida (H) y cuáles a una experiencia vivida (E)?

C. Ponemos en común nuestras respuestas a A y B.

— Yo sé hablar cuatro idiomas: inglés, alemán...
— Yo sé cocinar platos vegetarianos bastante bien.

D. Comentamos la diferencia entre los **verbos** saber y conocer. **Luego, comprobamos nuestras hipótesis en Recursos lingüísticos.**

12. SER, SABER, TENER, QUERER

LÉXICO

🏠 **PREPÁRATE**

A. ¿Qué palabras de la derecha puedes combinar con cada verbo? Indícalo.

ser	21 años
saber	hermanos
tener	estudiante de Ingeniería
querer	Europa
conocer	optimista
	tres idiomas
	trabajar en un país hispanoamericano
	viajar a España

B. Creamos una ficha de una persona de la clase con la siguiente información.

- Nombre y apellidos
- Edad
- Nacionalidad
- Familia
- Lengua materna
- Otras lenguas
- Proyectos
- Habilidades

— ¿Tienes hermanos?
— Sí, tengo tres.

ACTIVIDAD COMPLEMENTARIA
en campus.difusion.com👆

13. PRACTICAR Y MEJORAR

LÉXICO

🏠 **PREPÁRATE**

A. ¿Qué puedes hacer para practicar y mejorar tus conocimientos de una lengua?

escuchar ⟩   ver ⟩

escribir ⟩   hablar con ⟩

leer ⟩   hacer ⟩

| artículos | canciones | correos electrónicos | otros estudiantes |

| ejercicios | hablantes nativos | libros | películas | *podcasts* |

| revistas | series | un tándem | un curso | un viaje |

B. Comentamos qué lenguas hablamos y qué hacemos para practicarlas.

— Yo hablo un poco de italiano. Voy a clases y, para practicar, hago un intercambio con una estudiante de Verona...

14. REGLAS DE ACENTUACIÓN

CARACTERÍSTICAS DEL TEXTO

🏠 PREPÁRATE

A. Lee estas reglas de acentuación gráfica de las palabras en español y marca las frases correctas.

> **En español hay un único acento gráfico (o tilde) y solo se escribe sobre vocales. Estas son las reglas básicas de uso del acento gráfico.**

Todas las palabras tienen una sílaba que se pronuncia con más intensidad (sílaba tónica):

yo
ha-**blar**
en-ten-**der**
e-du-ca-**ción**

li-bro
her-**ma**-no
es-cri-**to**-ra

mé-di-co
po-**lí**-ti-ca

La mayor parte de las palabras en español tienen la sílaba tónica en la última (ha-**blar**) o penúltima sílaba (**li**-bro).

No se escribe tilde si una palabra termina en **vocal**, **–n** o **–s** y se pronuncia con intensidad en la penúltima sílaba: **ca**-sa, **nom**-bre, **ha**-blan, **vi**-ves.

No se escribe tilde si una palabra termina en **consonante (excepto –n o –s) y** se pronuncia con intensidad en la última sílaba: ac-**triz**, es-cri-**tor**, or-de-na-**dor**, ac-ti-vi-**dad**, na-tu-**ral**.

En todos los otros casos sí se escribe tilde sobre la vocal de la sílaba tónica: a-le-**mán**, **fút**-bol, **mú**-si-ca, ma-te-**má**-ti-cas.

Las palabras monosílabas no llevan tilde (**pan, con, en, sol**...).

Algunas palabras monosílabas sí llevan tilde cuando es necesario diferenciar significados.

mi (pronombre posesivo)	mí (pronombre personal)
tu (pronombre posesivo)	tú (pronombre personal)
el (artículo masculino)	él (pronombre personal masculino)
se (pronombre impersonal)	sé (verbo **saber**, 1.ª persona, presente indicativo)
que (conjunción)	qué (interrogativo/ exclamativo)

Las palabras interrogativas y exclamativas (**quién, qué, cómo, cuándo, cuál, cuánto, dónde**) siempre se escriben con tilde: ¿**Cuándo** tenemos vacaciones? ¡**Cuánto** tiempo! No sé **quién** es Junot Díaz.

La tilde también se usa con las letras mayúsculas.

Á

1. En español existen tres tipos de tilde.
2. Todas las palabras en español llevan tilde.
3. La tilde sirve para diferenciar el significado de algunas palabras.
4. Los pronombres interrogativos en español siempre llevan tilde.

B. Escucha estas palabras y escribe las tildes necesarias.

🔊 8

dolar	papa	Sudamerica	control
cancion	academico	dificil	primo
clasica	cancer	casa	telefono
mejor	adios	gramatica	

C. Escribe la tilde en las siguientes frases.

- ¿Como es tu universidad?
- Tu eres el amigo frances de mi prima, ¿verdad?
- Para mi tu eres la persona mas simpatica de la clase.
- No se como se escribe esa palabra en español.
- ¿Cual es tu direccion de correo electronico?

 ESTRATEGIAS

Haz búsquedas con estas palabras (u otras) para encontrar recursos y mejorar tu escritura en español:

buen + uso + español
escribir + bien + español
escribir + correctamente + español

15. FAMILIAS FAMOSAS

A. En grupos, vamos a investigar sobre familias famosas y exitosas en diferentes ámbitos (negocios, política, artes, etc.) en nuestro país o en el mundo. Primero hacemos una lluvia de ideas de las diferentes familias famosas que conocemos.

— Bueno, Carlos Slim, por ejemplo, es uno de los empresarios más exitosos del mundo y su familia también trabaja en sus empresas...

B. Elegimos tres familias de nuestra lista. Luego buscamos fotos y la siguiente información.

• Nombres de los miembros
• Lugar de origen y de residencia
• Ámbito profesional
• Un dato curioso o interesante sobre la familia

C. Hacemos una ficha por familia.

D. Hacemos una breve presentación de las familias a la clase y elegimos entre todos la más interesante de cada grupo.

— Nosotros presentamos primero a la familia del mexicano Carlos Slim Helú, uno de los empresarios más exitosos del mundo. Slim es ingeniero civil e inversionista y tiene varias empresas (principalmente en el sector de las telecomunicaciones). Slim es viudo y tiene seis hijos: Carlos, Marco Antonio y Patricio son directivos de sus empresas; sus hijas Soumaya, Vanessa y Johanna trabajan en el área de la responsabilidad social, especialmente en el ámbito de la cultura y la educación. La familia realiza muchas actividades filantrópicas.

16. MIS PLANES Y RAZONES

A. Individualmente, vamos a preparar una infografía sobre nuestros planes en la vida y nuestras razones para estudiar español y nuestra carrera.

B. Si queremos, la podemos colgar en algún espacio virtual compartido.

RECURSOS LINGÜÍSTICOS

GRAMÁTICA

FORMAS IRREGULARES DEL PRESENTE
▶ **Cambio** e **>** ie: entender, querer

	ENTENDER	QUERER
yo	ent**ie**ndo	qu**ie**ro
tú, vos	ent**ie**ndes/entendés	qu**ie**res/querés
él, ella, usted	ent**ie**nde	qu**ie**re
nosotros, nosotras	entend**emos**	quer**emos**
vosotros, vosotras	entend**éis**	quer**éis**
ellos, ellas, ustedes	ent**ie**nden	qu**ie**ren

▶ **Verbos con la primera persona del singular irregular:** saber, hacer, conocer, salir

	SABER	HACER
yo	**sé**	**hago**
tú, vos	sabes/sabés	haces/hacés
él, ella, usted	sabe	hace
nosotros, nosotras	sabemos	hacemos
vosotros, vosotras	sabéis	hacéis
ellos, ellas, ustedes	saben	hacen

	CONOCER	SALIR
yo	cono**zco**	sal**go**
tú, vos	conoces/conocés	sales/salís
él, ella, usted	conoce	sale
nosotros, nosotras	conocemos	salimos
vosotros, vosotras	conocéis	salís
ellos, ellas, ustedes	conocen	salen

🔔 Los vebos que acaban en **-ecer** y **-ucir** forman la 1.ª persona en **-zco** (como **conocer**).
crecer   cre**zco**
producir   prod**uzco**

▶ **Verbos con más de una irregularidad:** tener, venir, estar

	TENER	VENIR	ESTAR
yo	**tengo**	**vengo**	**estoy**
tú, vos	t**ie**nes/tenés	v**ie**nes/venís	est**ás**/estás
él, ella, usted	t**ie**ne	v**ie**ne	est**á**
nosotros, nosotras	ten**emos**	venimos	estamos
vosotros, vosotras	ten**éis**	venís	est**áis**
ellos, ellas, ustedes	t**ie**nen	v**ie**nen	est**án**

EXPRESAR IMPERSONALIDAD
Para hacer generalizaciones sin un sujeto concreto, usamos la siguiente estructura:

se + 3.ª persona
*En Guinea Ecuatorial **se** habla español.*

HABLAR DE PLANES O PROYECTOS
querer + infinitivo
***Quiero aprender** español para hablar con la familia de mi pareja.*

POSESIVOS

singular	plural
mi padre **mi** madre	**mis** hermanos **mis** hermanas
tu padre **tu** madre	**tus** hermanos **tus** hermanas
su padre **su** madre	**sus** hermanos **sus** hermanas
nuestro padre **nuestra** madre	**nuestros** hermanos **nuestras** hermanas
vuestro padre **vuestra** madre	**vuestros** hermanos **vuestras** hermanas
su padre **su** madre	**sus** hermanos **sus** hermanas

 En español los posesivos concuerdan en género y número con el objeto o persona que acompañan.

LA PREPOSICIÓN DE
La preposición **de** se usa para denotar origen, posesión o materia.
*Carlos es **de** Guatemala.* (origen)
*Un amigo **de** mi hermana.* (posesión)
*Un libro **de** español.* (materia)

 un amigo **mío**
un amigo ~~de mí~~
una amiga **mía**
una amiga ~~de mí~~

La preposición **de** se contracta con el artículo singular masculino (**el**).
*la página 20 **del** libro*
la página 20 ~~de el~~ libro

*la clase **del** Sr. Muñoz*
la clase ~~de el~~ Sr. Muñoz

EXPRESAR CAUSA

porque + verbo conjugado
*Aprendo español **porque quiero** viajar por Sudamérica.*

por + sustantivo
*Aprendo español **por mi trabajo**. Mi empresa es española.*

EXPRESAR FINALIDAD

para + infinitivo
*Aprendo español **para hablar** con la familia de mi novio.*

GRADACIÓN

(muy) bien	Hablo francés **muy bien**.
bastante bien	Escribo **bastante bien** en japonés.
un poco (de)	Sé tocar la guitarra **un poco**.
regular	Bailo **regular**.
(muy) mal	Canto **muy mal**.
nada de	No hablo **nada de** alemán.

LÉXICO

SABER **Y** CONOCER
Usamos el verbo **saber** para referirnos a información, datos, temas o habilidades que presentamos como adquiridos o integrados en nuestro conocimiento.
***Sé** contar en español: uno, dos, tres...*
*No **sé** qué significa paraguas.*
***Sé** bailar flamenco.*

Usamos el verbo **conocer** para referirnos al contacto o a la experiencia directa que hemos tenido con personas, lugares, cosas, temas, etc.
***Conozco** muy bien Buenos Aires.*
*No **conozco** la palabra paraguas. ¿Qué significa?*

ACTIVIDADES PARA PRACTICAR UNA LENGUA

chatear con compañeros / amigos

chatear en español / alemán

escuchar canciones / *podcasts* / la radio / al profesor / a los compañeros

hablar español / inglés / francés / con amigos / con la familia / con compañeros

hacer un tándem / un intercambio

leer libros / periódicos / revistas / blogs / en español

ver series / películas / noticieros

viajar a un país hispanohablante / a Costa Rica / por América Latina / por España

ESTUDIOS Y TRABAJO

escribir un texto / un ensayo

estudiar Física / Medicina / Ingeniería / Periodismo / en un país hispanohablante / en la biblioteca / para un examen / por interés / por curiosidad

tener clases en español

hacer unas prácticas / un voluntariado / un intercambio / un Erasmus

trabajar en otro país / en el extranjero / en una empresa internacional

hacer / preparar **una presentación**

3

ESTEREOTIPOS

CULTURA
- ✓ Estereotipos sobre el mundo hispano
- ✓ Horarios y rutinas universitarias

COMUNICACIÓN
- ✓ Hablar de acciones habituales, horarios y rutinas
- ✓ Expresar gustos, intereses y preferencias
- ✓ Preguntar e informar sobre la hora

GRAMÁTICA
- ✓ Presente de verbos irregulares (**ie** y **ue**)
- ✓ Verbos pronominales
- ✓ Los verbos **gustar**, **encantar** e **interesar**
- ✓ Expresar coincidencia o no coincidencia: **yo sí/no, a mí sí/no, yo también/tampoco, a mí también/tampoco**
- ✓ La negación
- ✓ Cuantificadores: **poco, mucho, suficiente, demasiado**
- ✓ Concordancias de los sujetos genéricos con el verbo: **la gente, todo el mundo**...
- ✓ Preposiciones **de**... **a** / **desde**... **hasta**

LÉXICO
- ✓ Estereotipos y tópicos
- ✓ Actividades habituales
- ✓ Calendario académico

CARACTERÍSTICAS DEL TEXTO
- ✓ Oraciones compuestas
- ✓ Estructurar la información
- ✓ Contrastar argumentos

1. EN LA RED

🏠 PREPÁRATE

A. Lee la definición de estereotipo. **Piensa en estereotipos sobre tu cultura o tu país y escríbelos como en el ejemplo.**

> **estereotipo**
> Del gr. στερεός *stereós* 'sólido' y τύπος *týpos* 'molde'.
> **1. m.** Imagen o idea aceptada comúnmente por un grupo o sociedad con carácter inmutable.

● ● ●

Yo soy de Zúrich. Mucha gente identifica Suiza con la puntualidad o la seguridad.

Muchas personas creen que en Suiza solo tenemos montañas, vacas, chocolate y relojes.

B. **Lee estas entradas en diferentes conversaciones de un foro sobre estereotipos hispanos. ¿En tu cultura existen esos estereotipos sobre las personas hispanas?**

Comentarios recientes
> **En** Generalizaciones y simplificaciones

IG **Iago Gómez**
La gente cree que en España todo el mundo duerme la siesta y que a todos los españoles les gustan las corridas de toros.

> **En** Imágenes pintorescas, exóticas, estereotípicas o artificiales

LR **Luis Rodríguez**
Para mucha gente, Cuba es solo playas fantásticas con aguas azules y transparentes.

> **En** Discriminación, marginación e insultos

LS **Lucía Suárez**
En las series de televisión todos los hispanos trabajan en la cocina o como jardineros o son delincuentes. Y las mujeres hispanas son buenas criadas porque son muy limpias.

C. **Piensa en otros estereotipos sobre España y Latinoamérica y escribe una o varias entradas para el foro anterior. Decide también a qué conversación pertenecen.**

● ● ●

En Generalizaciones y simplificaciones:
En España la gente come tapas todos los días.

D. Formamos grupos y comparamos las respuestas al apartado A.

E. Compartimos nuestras entradas de la actividad C con la clase. ¿Estamos de acuerdo con la conversación a la que pertenecen?

ACTIVIDAD COMPLEMENTARIA en campus.difusion.com 👆

2. IMÁGENES

🏠 PREPÁRATE

A. ¿Qué países o regiones del mundo hispano relacionas con estas imágenes?

una playa

una biblioteca

una cerveza

una corrida de toros

la lluvia

un abanico

un tren de alta velocidad

un laboratorio

el flamenco

una fábrica

una montaña con nieve

un campo de golf

la Alhambra de Granada

el fútbol

una discoteca

B. Comentamos nuestras respuestas.

Yo relaciono las playas con el Caribe.
Yo no relaciono esta fotografía con España.

Para mí, esta imagen es Argentina.
Esto es el Caribe.

3. VÍDEO

🏠 PREPÁRATE

A. Antes de ver el vídeo, escribe qué asocias con España.

Yo relaciono España con...

Para mí España es...

B. 🎥 Ve los cuatro anuncios de la campaña "Necesito
4 España". Marca qué hacen los turistas de cada uno y luego escríbelo.

☐ comer paella
☐ visitar museos
☐ ver un espectáculo de flamenco
☐ jugar al golf
☐ caminar por la ciudad
☐ ir a discotecas
☐ ir a bares
☐ viajar en avión
☐ tomar tapas
☐ visitar monumentos
☐ jugar en la playa

☐ ver fútbol
☑ bañarse en la playa
☐ ir de compras
☐ nadar en el mar
☐ viajar en coche
☐ beber vino
☐ leer
☐ jugar al fútbol
☐ caminar por la montaña
☐ tomar el sol
☐ hacer surf

• • •

📝

1. La familia: come paella...
2. El grupo de amigos: visitan museos...
3. Los jubilados: juegan al golf...
4. Los asiáticos: van de compras...

Necesito España
VÍDEO DISPONIBLE en campus.difusion.com

C. ¿Qué creemos que buscan en España los diferentes tipos de turistas?

— Yo creo que a muchos británicos les gusta jugar al golf.
— A los japoneses les interesa...

D. 🎥 Vemos de nuevo los cuatro anuncios y buscamos
4 ejemplos de imágenes de España tradicionales y menos convencionales. ¿Qué mensajes quieren transmitir?

— El espectáculo de flamenco es una imagen más tradicional.
— Los jóvenes en la discoteca es menos convencional.

ACTIVIDAD COMPLEMENTARIA en campus.difusion.com

4. IMÁGENES SOBRE ESTEREOTIPOS

🏠 **PREPÁRATE**

A. Observa estas ocho imágenes y anota qué estereotipos del mundo hispano representan.

B. Lee la entrada "Menos estereotipos, más educación" del blog Educación justa y asocia las imágenes anteriores con ideas del texto.

C. Busca imágenes para ilustrar otras ideas del blog.

D. En grupos, comparamos nuestras respuestas al apartado B.

— *Esta imagen es un estereotipo sobre Argentina: los argentinos bailan tango.*
— *Sí, es verdad. Mucha gente piensa que si eres argentino, sabes bailar tango.*

E. Ponemos en común nuestras propuestas a C.

F. En grupos o en clase abierta, discutimos cuáles de los tópicos sobre el mundo hispano resultan más ofensivos. Los clasificamos de más a menos.

— *En mi opinión, es muy ofensivo el estereotipo de que a todos los españoles les gustan las corridas de toros.*
— *Sí, yo estoy de acuerdo, porque mucha gente en España está en contra de las corridas.*

ACTIVIDAD COMPLEMENTARIA
en campus.difusion.com 👆

Educación justa
BLOG EDUCATIVO

13 NOV

Muchos mensajes del cine, de la televisión, de la publicidad, de la literatura, de internet o del arte repiten estereotipos sobre las diferentes culturas. Los clichés culturales se basan en generalizaciones y simplificaciones.

Menos estereotipos, más educación

También las imágenes pintorescas y exóticas de objetos cotidianos, como los *souvenirs* que compran los turistas o las tarjetas postales, representan imágenes estereotipadas. Muchas de ellas son ofensivas y dan un mensaje de marginación y discriminación. En general, podemos decir que el uso de estereotipos transmite una visión parcial y superficial de las culturas. Estos son algunos ejemplos de las imágenes estereotípicas sobre el mundo hispano.

1. La gente en Latinoamérica tiene familias muy grandes. Los hombres hispanos son muy masculinos y muy machistas. Todos los hispanos son muy religiosos y van a la iglesia los domingos.

2. Los hispanos son poco puntuales y les gusta mucho hablar.

3. Las mujeres hispanas son sensuales, atractivas, morenas y con el pelo largo. A muchas mujeres no les interesa trabajar fuera de casa; son madres y cocinan mucho.

4. Muchas personas en Latinoamérica se acuestan y se levantan muy tarde, y trabajan poco o nada. A los caribeños les encanta la playa y no les gusta nada trabajar. Los cubanos bailan salsa y beben mojitos en la playa.

5. A todos los dominicanos les gusta jugar al béisbol.

6. Muchos españoles duermen la siesta. Los españoles desayunan churros, comen muchas tapas y usan mucho aceite de oliva.

7. Los españoles tocan la guitarra, bailan flamenco y les gustan mucho las corridas de toros.

8. La gente en México toma mucha comida picante. Fuera de México, los mexicanos trabajan de jardineros o en las cocinas de los restaurantes.

9. Los argentinos beben mate y bailan tango. Les encanta el fútbol.

10. Los bolivianos tocan la flauta andina en las montañas.

TEXTO MAPEADO en campus.difusion.com

5. ESTEREOTIPOS SOBRE HISPANOS EN LOS LIBROS DE TEXTO

PREPÁRATE

A. Lee esta entrada del blog Educación justa y propón un título alternativo.

B. Lee el texto que se critica en el blog (*El diario de Lucas*), escribe los estereotipos que detectas y coméntalos.

● ● ●

En el texto de esta actividad Lucas se acuesta muy tarde y se levanta muy tarde; duerme mucho. Es un estereotipo habitual: mucha gente cree que los mexicanos duermen mucho, que son vagos, que no trabajan. Es un ejemplo de discriminación.

C. En grupos, comparamos nuestros títulos alternativos para el artículo. ¿Son todos adecuados?

D. Ponemos en común nuestras respuestas a B.

—En mi opinión, el texto de la actividad refuerza muchos estereotipos: Lucas es poco trabajador, odia cocinar, es machista...

LA CAFETERÍA

¿Recordamos ejemplos de películas, series de televisión o anuncios que refuerzan estereotipos sobre alguna cultura?

Educación justa
BLOG EDUCATIVO

Cubanos que fuman, españoles que duermen la siesta, mexicanos que trabajan en las cocinas...

14 NOV

Esta es la imagen hispana en muchos libros de texto

Asociaciones de padres de alumnos y profesores de español denuncian que algunos libros de texto reproducen estereotipos sobre el mundo hispano. Aquí tenemos un ejemplo.

TEXTO MAPEADO en campus.difusion.com

1. El diario de Lucas

Lucas, un estudiante mexicano, habla de su vida universitaria. Lee el texto. ¿Qué puedes decir de él?

Lucas es | perezoso/trabajador. | buen/mal hijo.
| buen/mal estudiante. | religioso/no religioso.

A Lucas (no) le gusta/n...
A Lucas (no) le interesa/n...
A Lucas le encanta/n...
A Lucas no le interesa/n...

Mi vida de estudiante es muy normal. Me gusta mucho dormir, pero no me gusta nada estudiar. De lunes a viernes duermo nueve o diez horas. Normalmente me acuesto a las doce (12:00 p. m.) y me levanto temprano, a las nueve y cuarto (9:15 a. m.). Por la mañana primero me ducho y después desayuno siempre café con churros. Voy al campus a las doce menos cuarto (11:45 a. m.) en autobús. Después de la clase como en el comedor del campus, normalmente tortillas. Desde las tres y media (3:30 a. m.) hasta las cinco (5:00 a. m.) duermo la siesta. Por la tarde, todos los jueves, a las seis (6:00 p. m.) juego al fútbol con el equipo de mi universidad. Me encanta el fútbol, pero juego muy mal porque no soy muy atlético. Por la noche ceno y después veo televisión, no estudio mucho, soy un mal estudiante. Los viernes y los sábados todo es diferente porque no tengo clase. Me levanto muy tarde, a las

doce (12:00 p. m.). Por la tarde voy a bailar con mi novia Lola. Es mi actividad favorita. Lola baila flamenco muy bien porque es española. Lola es morena y muy linda. Quiero visitar España este verano porque me encantan las corridas de toros y las mujeres españolas. Me interesa mucho la cultura española. Los fines de semana también ayudo a mi mamá en la cocina y a mi papá en el jardín. Los domingos por la mañana voy con mi papá, mi mamá y mis cinco hermanitos a la iglesia. Toco la guitarra en el coro. Es muy importante para mí esta actividad. Todos cantamos como una buena familia cristiana. Después comemos en casa. Mi mamá y mis hermanas cocinan muy bien. ¡Su guacamole es fantástico! Yo odio cocinar. Cuando tengo exámenes me acuesto a las dos o tres (3:00 a. m.) porque necesito estudiar mucho y no soy un buen estudiante.

AYUDA PARA LA LECTURA
levantarse
ducharse
desayunar
comer
cenar
acostarse
dormir
cocinar
bailar
cantar
tocar
jugar

6. LOLA BAILA FLAMENCO. A LOLA LE GUSTA BAILAR FLAMENCO

GRAMÁTICA

🏠 **PREPÁRATE**

A. Observa el funcionamiento de estas frases y explica las diferencias entre los ejemplos a y b. ¿Cuál es el sujeto gramatical de cada verbo? ¿En tu lengua existe esta diferencia en algunos verbos?

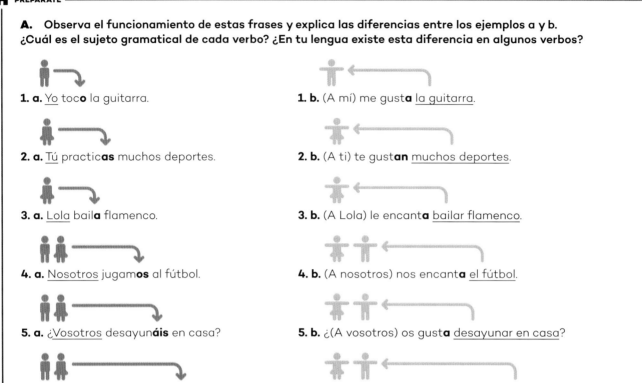

1. a. Yo toc**o** la guitarra.

1. b. (A mí) me gust**a** la guitarra.

2. a. Tú practic**as** muchos deportes.

2. b. (A ti) te gust**an** muchos deportes.

3. a. Lola bail**a** flamenco.

3. b. (A Lola) le encant**a** bailar flamenco.

4. a. Nosotros jugam**os** al fútbol.

4. b. (A nosotros) nos encant**a** el fútbol.

5. a. ¿Vosotros desayun**áis** en casa?

5. b. ¿(A vosotros) os gust**a** desayunar en casa?

6. a. Mis compañeros estudi**an** latín.

6. b. A mis compañeros les interes**a** el latín.

B. Comentamos con otras personas nuestras reflexiones sobre la actividad A.

C. Marcamos el sujeto gramatical como en los ejemplos de A.

Yo tengo muchos libros de Miró y de Dalí.
¿Tú vas mucho a exposiciones de arte?
Él prefiere el arte clásico; ella, el arte contemporáneo.
Marta y yo tenemos en casa un póster del *Guernica*.
¿Vosotros estudiáis arte?
Ellos van mucho al cine; nosotros preferimos el teatro.

A mí me encanta el surrealismo.
¿A ti te gusta ir a exposiciones de arte?
A mi compañero no le interesa el arte clásico.
A nosotras nos encanta Picasso.
¿A vosotras os interesa el arte?
A mis padres les encanta el teatro.

D. Comparamos con otras personas nuestras respuestas a C y completamos la tabla de pronombres.

Pronombre sujeto	Pronombre de complemento indirecto
....	(A mí) ....
Tú, vos	....
....	(A él, ella, usted) ....
Nosotros/-as	....
....	(A vosotros/-as) ....
Ellos, ellas, ustedes	....

ACTIVIDAD COMPLEMENTARIA en campus.difusion.com 🖑

🔔 **ATENCIÓN**

Presta atención a los sujetos gramaticales de los verbos que funcionan como gustar, interesar y encantar.

Si el sujeto es un sustantivo singular o un infinitivo, el verbo va en singular:

- ¿Te interes**a** el arte moderno?
- ¿A ti te gust**a** visitar museos?

Si el sujeto es plural, el verbo va en plural:

- A mi compañero no le interes**an** los museos.

El sujeto siempre necesita un determinante:

- A mí me encanta **el** surrealismo.
- No me gusta **este** curso.
- Me interesan mucho **mis** estudios.

Con nombres propios de persona y de lugar no se usan determinantes:

- Nos encanta **Picasso**.
- Me interesa mucho **Perú**.

7. EL PERFIL DEL ESTUDIANTE

GRAMÁTICA

🏠 PREPÁRATE

A. En estos ejemplos alguien afirma o niega algo y otras personas expresan coincidencia o no coincidencia. ¿Entiendes los mecanismos utilizados? ¿Son parecidos a los de tu lengua o a los de otras que conoces?

1. a.
+ Yo estudio Biología.
+ Yo también.

2. a.
+ Yo estudio Biología.
− Yo no.

3. a.
− Yo no estudio Arte.
+ Yo sí.

4. a.
− Yo no estudio Arte.
− Yo tampoco.

1. b.
+ (A mí) me interesa mucho la ciencia.
+ A mí también.

2. b.
+ (A mí) me interesa mucho la ciencia.
− A mí no.

3. b.
− (A mí) no me interesa mucho la política.
+ A mí sí.

4. b.
− (A mí) no me interesa mucho la política.
− A mí tampoco.

B. En grupos de tres, comentamos cuestiones relacionadas con estos diez puntos y tomamos nota de las reacciones.

	Yo	Estudiante 1	Estudiante 2
1. Estudios Estudiar Periodismo, Medicina, Derecho...	....	....	....
2. Idiomas Hablar/entender otros idiomas.	....	....	....
3. Familia Tener hermanos/-as, abuelos/-as....	....	....	....
4. Mascotas Tener perros, gatos...	....	....	....
5. Comida Desayunar, comer, cenar...	....	....	....
6. Instrumentos musicales Tocar un instrumento.	....	....	....
7. Deportes Hacer deporte, yoga... Jugar al tenis, al fútbol...	....	....	....
8. Habilidades Saber cocinar, conducir, montar en bici...	....	....	....
9. Experiencia internacional Conocer otros países.	....	....	....
10. Proyectos Querer visitar un país hispano, querer viajar...	....	....	....

C. Después de la conversación, escribimos qué tenemos en común.

A Peter le encanta el yoga. A Olga y a mí, también. A los tres nos gusta mucho hacer yoga y los tres vamos al gimnasio.

8. MIS INTERESES

LÉXICO

🏠 PREPÁRATE

A. ¿Qué temas y qué asignaturas te interesan? Clasifícalos en esta tabla (puedes buscar otros en el directorio de tu universidad).

Arquitectura	Biología	Cine	Derecho
Enfermería	Física	Geografía	Historia
Ingeniería	Literatura	Matemáticas
Neurología	Oftalmología	Periodismo	Química
Religión	Sociología	Teatro	Humanidades

😍 Me encanta/n
Me gusta/n mucho
Me interesa/n mucho
....
....
....
....

😃 Me gusta/n
Me interesa/n
....
....
....

😒 No me gusta/n mucho
No me interesa/n mucho
....
....
....
....

😖 No me gusta/n nada
No me interesa/n nada
....
....
....

B. En grupos, comentamos nuestras respuestas.

—A mí me gustan las asignaturas de Literatura.
—A mí también.
—A mí no. Yo prefiero Cine.

C. ¿Qué gustos, intereses y preferencias comunes tenemos en nuestro grupo? Lo escribimos.

• • •

📝

A Mark, a Lisa y a mí nos encanta la Literatura.
A los tres nos interesa mucho la literatura mexicana del siglo xx.

🔔 ATENCIÓN

Para intensificar gustar e interesar, usamos mucho:
- Me gustan/interesan mucho las clases de latín.

Para intensificar la negación, usamos nada:
- No me interesan nada las asignaturas de Economía.

9. ¿DUERMES POCO?

🏠 PREPÁRATE

A. Lee los testimonios de estas personas. Escribe cuántas horas duermen y di si, en tu opinión, duermen mucho, poco o suficiente.

Esteban. 18 años. (España)
De lunes a viernes me acuesto a las dos (2:00 a. m.) y me levanto a las ocho (8:00 a. m.).

Carla. 19 años. (Perú)
De lunes a viernes me acuesto a las once (11:00 p. m.) y me levanto a las ocho (8:00 a. m.). Los fines de semana duermo desde la una (1:00 a. m.) hasta las once (11 a. m.) aproximadamente.

Javiera. 25 años. (Chile)
Me acuesto a las once (11:00 p. m.) y me levanto a las nueve (9:00 a. m.). Los fines de semana duermo desde las dos (2:00 a. m.) hasta las once y media (11:30 a. m.)

Marta. 15 años. (México)
Me acuesto todos los días a la una y media (1:30 a. m.) y me levanto a las ocho y media (8:30 a. m.).

Ernesto. 40 años. (Uruguay)
De lunes a viernes me acuesto a las doce (12 a. m.) y me levanto a las ocho y media (8:30 a. m.). Los fines de semana duermo las mismas horas. Trabajo mucho.

1. Esteban
En total duerme seis horas. Duerme pocas horas.

2. Carla
En total duerme nueve horas.
Duerme suficiente horas.

3. Javiera
En total duerme diez horas.
Duerme mucho horas

4. Marta
En total duerme siete horas.
Duerme poco horas.

5. Ernesto
En total duerme ocho y media horas.
Duerme suficiente horas.

B. Ahora escribimos si, según la información que da este gráfico, las personas del ejercicio anterior duermen mucho, poco, suficiente o demasiado.

CUÁNTO DEBEMOS DORMIR

La Fundación Nacional del Sueño de Estados Unidos emitió recientemente nuevas recomendaciones en relación a cuánto deberíamos dormir en base a una revisión de los criterios. Si bien los valores expresados en el gráfico remiten a lo recomendable según cada edad, existe en torno a ellos cierto margen aceptable de variabilidad.

eldía.com

	Recién nacido	Bebé	Niño	Niño en edad preescolar	Niño en edad escolar	Adoles-cente	Joven adulto	Adulto	Adulto mayor
	de 14 a 17 h	de 12 a 15 h	de 11 a 14 h	de 10 a 13 h	de 9 a 11 h	de 8 a 10 h	de 7 a 9 h	de 7 a 9 h	de 7 a 8 h
	0 a 3 meses	4 a 11 meses	1 a 2 años	3 a 5 años	6 a 13 años	14 a 17 años	18 a 25 años	24 a 64 años	+ de 65 años

1. Esteban No duerme suficiente de lunes a viernes.

2. Carla ....

3. Javiera ....

4. Marta ....

5. Ernesto ....

C. Escuchamos ahora a Esteban, Carla, Javiera, Marta y Ernesto. Anotamos en nuestro cuaderno por qué duermen poco, mucho, suficiente o demasiado.

9-13

TRANSCRIPCIÓN MAPEADA en campus.difusion.com

D. En parejas, comentamos cuántas horas dormimos y valoramos si dormimos poco, mucho, suficiente o demasiado.

A las siete de la mañana (07:00 a. m.).
A las cuatro de la tarde (04:00 p. m.).
A las diez de la noche (10:00 p. m.).

—¿A qué hora te levantas de lunes a viernes?
—A las siete de la mañana.
—¿Y a qué hora te acuestas?
—Pues me acuesto a la una más o menos.
—Entonces duermes aproximadamente seis horas de lunes a viernes. Tienes veinte años, ¿verdad?
—Sí.
—Pues creo que no duermes suficiente.

🔔 **ATENCIÓN**

Los verbos como llamarse, despertarse, levantarse, ducharse, lavarse o acostarse llevan siempre los pronombres reflexivos.

me llamo   **nos** duchamos
te despiertas   **os** laváis
se levanta   **se** acuestan

☕ **LA CAFETERÍA**

¿Creemos que los estudiantes de nuestra universidad duermen suficiente? ¿Por qué?

10. MI CALENDARIO ACADÉMICO

 PREPÁRATE

A. Teresita, una estudiante hispana en una universidad de Estados Unidos, explica su calendario. Compáralo con el tuyo.

• • •

En mi universidad terminamos las clases a finales de junio y los exámenes son en julio.
En invierno tenemos una semana de vacaciones, en febrero.

B. Busca en internet otros calendarios académicos para compararlos con el tuyo. Usa palabras clave como calendario académico, curso académico, universidad, Latinoamérica, Chile, México...

C. Ponemos en común la información que hemos encontrado en B.

Crear entrada

Mi primera semana

Estoy en mi tercer año de universidad. El curso empieza a principios de septiembre, la primera semana. El cuatrimestre de otoño termina a finales de diciembre. Después tenemos tres semanas de vacaciones. En otoño tengo cuatro asignaturas.

La tercera semana de enero empezamos las clases del cuatrimestre de invierno y primavera. Normalmente, a finales de marzo también tengo otra semana de vacaciones. Terminamos en mayo.

Los exámenes son a finales de diciembre (las dos últimas semanas) y a principios de mayo (las dos primeras semanas). En verano, desde junio hasta principios de septiembre, no tengo clases.

PUBLICAR

🔔 **ATENCIÓN**

Para situar en las estaciones y los meses del año, se usa la preposición en.

en primavera   en verano

en otoño   en invierno

en enero	en abril	en julio	en octubre
en febrero	en mayo	en agosto	en noviembre
en marzo	en junio	en septiembre	en diciembre

- **En verano**, **en julio** y **en agosto**, no tengo clases.

Con las semanas y los días no se usa preposición, pero sí articulos u otros determinantes.

- **Los lunes** no tengo clase.
- **Esta semana** tenemos vacaciones.

11. ¿MAÑANA POR LA MAÑANA?

PREPÁRATE

A. Completa cada frase con la opción más adecuada.

1. tarde / por la tarde

a. Cuando estudio toda la noche, me levanto ...., a las 5 p. m. o a las 6 p. m.
b. Los fines de semana me levanto ...., a las 10 o a las 11 de la mañana.

2. mañana / por la mañana

a. Tengo clase de español .... a las 4 p. m.
b. Tengo clase de español todos los días ...., a las 7:30 a. m.

B. Busca situaciones para usar estas referencias temporales en tus rutinas diarias. Escribe tus ejemplos.

C. Comparamos nuestras respuestas a A y comentamos nuestros ejemplos de B. ¿Encontramos errores?

12. YO PRIMERO DESAYUNO

CARACTERÍSTICAS DEL TEXTO

🏠 PREPÁRATE

A. Compara estas dos versiones de las rutinas de Pablo. ¿Cuál de los textos te parece mejor? Marca los recursos de la versión 2 que no existen en la versión 1.

Versión 1
De lunes a viernes me levanto a las 8 h. Me ducho. Desayuno. A las 9 h voy a la universidad. Llego a las 9:30 h. Tengo clases de 10 a 13:30 h. A las 14:30 h como. A las 16 h tengo clase. Termino a las 17:30 h. A las 18 h juego al tenis. A las 20 h llego a mi residencia. Ceno a las 21:00 h. Estudio dos horas. Miro internet una o dos horas. A las 0:00 h o a la 1:00 h, aproximadamente, me acuesto.

Versión 2
De lunes a viernes me levanto a las 8 h. <u>Primero</u> me ducho y <u>después</u> desayuno. <u>Después de desayunar</u>, a las 9 h, voy a la universidad. Llego a las 9:30 h. Tengo clases de 10 a 13:30 h. <u>Después</u>, a las 14:30 h, como. A las 16 h tengo clase. Termino a las 17:30 h. <u>Después</u> juego al tenis a las 18 h. A las 20 h llego a mi residencia <u>y</u> a las 21:00 h ceno. <u>Después de la cena</u> estudio dos horas. <u>Antes de dormir</u> miro internet una o dos horas. A las 0:00 h o a la 1:00 h, aproximadamente, me acuesto.

B. Escribe tus rutinas. Usa los recursos para secuenciar acciones de la versión 2.

C. Individualmente, escribimos cómo es un día normal para nosotros. Luego, buscamos a personas que hacen cosas en el mismo orden que nosotros.

— *Yo primero me ducho y después desayuno.*
— *Yo también.*
— *Yo no. Yo desayuno primero.*

13. MÁS COHERENCIA Y MÁS COHESIÓN

CARACTERÍSTICAS DEL TEXTO

🏠 PREPÁRATE

A. Marca las repeticiones en el siguiente texto.

Muchos estereotipos repiten generalizaciones simples o negativas sobre otras culturas. Muchos estereotipos representan imágenes positivas, representan imágenes convencionales, representan imágenes absurdas.

Muchas personas no conocen realmente el mundo hispano. Muchas personas tienen una visión turística, superficial. Muchas personas piensan que los clichés culturales representan la realidad. La realidad es mucho más diversa y compleja.

B. Lee con atención esta nueva versión, más coherente y cohesionada, y marca los nuevos recursos que ayudan a no hacer repeticiones innecesarias.

Muchos estereotipos repiten generalizaciones simples o negativas sobre otras culturas. Estos estereotipos representan imágenes positivas, convencionales o absurdas. Muchas personas no conocen realmente el mundo hispano y tienen una visión turística, superficial. Piensan que los clichés culturales representan la realidad. Sin embargo, esta es mucho más diversa y compleja.

C. En parejas, marcamos las repeticiones y creamos una versión de este texto más coherente y cohesionada.

Los mensajes habituales del cine, los mensajes de la televisión, los mensajes de la publicidad, los mensajes de la literatura, los mensajes de internet o los mensajes del arte repiten estereotipos sobre las culturas. Los estereotipos sobre las culturas se basan en generalizaciones y simplificaciones. También las imágenes pintorescas y exóticas de objetos cotidianos como los *souvenirs* que compran los turistas o las imágenes pintorescas y exóticas de las tarjetas postales representan imágenes convencionales. Los estereotipos sobre las culturas son casi siempre muy incorrectos. Los estereotipos sobre las culturas son un insulto y contienen un mensaje de marginación y discriminación. En general, podemos decir que el uso de estereotipos sobre las culturas transmite una perspectiva parcial y superficial sobre las culturas.

D. Comparamos nuestros textos.

14. *SOUVENIRS* ALTERNATIVOS

A. Vamos a explorar nuevos contenidos culturales sobre el mundo hispano y a diseñar un *souvenir* sin estereotipos culturales. Por grupos, escogemos un país hispanohablante.

B. Comentamos en grupos qué estereotipos se asocian con ese país y buscamos en internet ejemplos de *souvenirs*.

— *Mucha gente identifica Cuba con playas, sol, calor, salsa, revolución, el Che... Imagino que muchos turistas compran tabaco, tazas con la cara del Che...*

C. Para inspirarnos y crear nuestro producto, buscamos información más original sobre el país.

D. Hacemos una presentación de nuestro producto.

— *Nuestro souvenir es un imán para la nevera. Es un almiquí, un animal de Cuba. Creemos que es un buen recuerdo porque a la gente le gustan los animales y ayuda a promocionar la naturaleza del país.*

Almiquí

E. Votamos y elegimos el mejor *souvenir*.

F. Escribimos un ensayo de unas 150-175 palabras. Describimos y explicamos nuestro *souvenir*. Cuestionamos los clichés sobre esa cultura y exploramos nuevos temas.

15. EL HORARIO IDEAL

A. En grupos, diseñamos el horario semanal ideal para estudiantes como nosotros. Tenemos en cuenta las clases de la universidad, las actividades de ocio, trabajos...

— *A mí me gusta levantarme tarde.*
— *A mí también. Me gusta dormir mucho.*
— *A mí también. Entonces ponemos que las clases empiezan todos los días a las diez o diez y media, ¿vale?*

B. Presentamos y comparamos nuestras propuestas. Elegimos entre todos el mejor horario.

GRAMÁTICA

FORMAS IRREGULARES DEL PRESENTE
▶ **Cambio** u/o > ue: jugar, recordar, poder, dormir

	JUGAR	RECORDAR
yo	j**ue**go	rec**ue**rdo
tú, vos	j**ue**gas/jugás	rec**ue**rdas/recordás
él, ella, usted	j**ue**ga	rec**ue**rda
nosotros, nosotras	jugamos	recordamos
vosotros, vosotras	jugáis	recordáis
ellos, ellas, ustedes	j**ue**gan	rec**ue**rdan

	PODER	DORMIR
yo	p**ue**do	d**ue**rmo
tú, vos	p**ue**des/podés	d**ue**rmes/dormís
él, ella, usted	p**ue**de	d**ue**rme
nosotros, nosotras	podemos	dormimos
vosotros, vosotras	podéis	dormís
ellos, ellas, ustedes	p**ue**den	d**ue**rmen

▶ **Cambio** e > ie: empezar, preferir

	EMPEZAR	PREFERIR
yo	emp**ie**zo	pref**ie**ro
tú, vos	emp**ie**zas/empezás	pref**ie**res/preferís
él, ella, usted	emp**ie**za	pref**ie**re
nosotros, nosotras	empezamos	preferimos
vosotros, vosotras	empezáis	preferís
ellos, ellas, ustedes	emp**ie**zan	pref**ie**ren

▶ **Verbos pronominales**
Necesitan obligatoriamente el uso del pronombre.

	LEVANTARSE	DUCHARSE
yo	**me** levanto	**me** ducho
tú, vos	**te** levantas/levantás	**te** duchas/duchás
él, ella, usted	**se** levanta	**se** ducha
nosotros, nosotras	**nos** levantamos	**nos** duchamos
vosotros, vosotras	**os** levantáis	**os** ducháis
ellos, ellas, ustedes	**se** levantan	**se** duchan

	ACOSTARSE
yo	**me** ac**ue**sto
tú, vos	**te** ac**ue**stas/acostás
él, ella, usted	**se** ac**ue**sta
nosotros, nosotras	**nos** acostamos
vosotros, vosotras	**os** acostáis
ellos, ellas, ustedes	**se** ac**ue**stan

DIFERENTES TIPOS DE VERBOS
▶ **Verbos como** estudiar, comer **o** vivir
El sujeto es quien realiza la acción, el agente.

¿**Tú** <u>estudias</u> Derecho?
Usted <u>no come</u> carne, ¿verdad?

Se combinan con los pronombres **yo**, **tú/vos**, **él/ella/usted**, **nosotros/-as**, **vosotros/-as**, **ellos**, ellas/ **ustedes**.

▶ **Verbos como** gustar, interesar **o** encantar

Con estos verbos, un sujeto gramatical (uno o varios elementos o una acción) provoca una reacción o efecto en alguien (el complemento indirecto, que "recibe" la acción).

Objeto indirecto	Verbo	Sujeto
(A mí) **me**	gust**a**	este campus.
(A ti, vos) **te**		la Historia.
(A él, ella, usted) **le**		estudiar español.
(A nosotros, nosotras) **nos**	gust**an**	las clas**es** de Cine.
(A vosotros, vosotras) **os**		
(A ellos, ellas, ustedes) **les**		

Lucas odia cocinar.   A Lucas no le gusta **cocinar**.

▶ **El sujeto de los verbos como** gustar

Si el sujeto es un sustantivo singular o un infinitivo, el verbo va en singular.
—¿Te interes**a** el arte moderno?
—¿A ti te gust**a** visitar museos?

Si el sujeto es plural, el verbo va en plural.
—A mi compañero no le interes**an** los museos.

El sujeto siempre necesita un determinante.
—A mí me encanta **el** surrealismo.
—No me gusta **este** curso.
—Me interesan mucho **mis** estudios.

Con nombres propios de persona y de lugar no se usan determinantes.
—Nos encanta ø Picasso.
—Me interesa mucho ø México.

 Es importante no confundir los pronombres de tercera persona **se** y **le**.

—A Carmen **le** gusta levantarse tarde.
—Carmen **se** levanta tarde.

EXPRESAR COINCIDENCIA

Para reaccionar expresando coincidencia o no coincidencia, es necesaria la presencia de los pronombres de sujeto o de complemento indirecto.

+ Olga estudia Arte.   + Me interesa mucho el arte.
+ **Yo** también.   + **A mí** también.

+ Olga estudia Arte.   + Me interesa mucho el arte.
- **Yo** no.   - **A mí** no.

- No vivo aquí.   - A Luis no le gusta vivir aquí.
+ **Yo** sí.   + **A mí** sí.

- No vivo aquí.   - A Luis no le gusta vivir aquí.
- **Yo** tampoco.   - **A mí** tampoco.

LA NEGACIÓN

Los fines de semana **no** tengo clase.

Nunca tengo clases los fines de semana.
No tengo **nunca** clases los fines de semana.

 ~~Tengo nunca clases los fines de semana.~~

A mí **no** me interesan los cursos de Cine.
A mí **no** me interesan **nada** los cursos de Cine.

 ~~A mí interesan nada los cursos de cine.~~

CONCORDANCIAS
▶ **Sujeto genérico**

(Toda) la gente	sab**e** eso.
Mucha gente	(verbo en
Todo el mundo	singular)

Los hispanos	
La mayoría de los hispanos	sab**en** eso.
Todos los hispanos	(verbo en
Muchos hispanos	plural)
Pocas/muchas personas	

PREPOSICIONES DE... A Y DESDE... HASTA

de/desde	**a/hasta**
origen	destino

Tengo clases **de** lunes **a** viernes.
          de septiembre **a** mayo.
          de nueve **a** dos.
          desde las nueve **hasta** las dos.

Siempre voy en bici **de** casa **a** la facultad.
Voy en bici **desde** mi casa **hasta** la facultad.

PREGUNTAR E INFORMAR SOBRE LA HORA
—**¿Qué hora es?**
—**Son las** cinco (en punto) (5:00).
       las cinco **menos cuarto** (4:45).
       las cuatro cuarenta y cinco (4:45).
       las cinco **y cuarto** / **las** cinco **y quince** (5:15).
       las cinco **y media** / **las** cinco **y treinta** (5:30).
       las seis **menos** diez / **las** cinco cincuenta (5:50).

Para informar de la hora de un evento, usamos la preposición **a**.
—¿**A qué hora** empieza tu clase?
—**A las** cinco.

HABLAR DE LA CANTIDAD
▶ **Con verbos**

verbo + **poco/suficiente/mucho/demasiado**

Luis _habla_ **poco**.
Estoy muy cansado. Creo que no _duermo_
suficiente.
En época de exámenes _estudio_ **mucho**.
Marta, creo que _trabajas_ **demasiado**.

▶ **Con sustantivos**

poco/-a/-os/-as + sustantivo

Estos días tengo **poco** _trabajo_.
En verano hay **poca** _gente_ en el campus.
Tengo **pocos** _amigos_, la verdad...
De lunes a viernes duermo **pocas** _horas_.

suficiente/s + sustantivo

Tengo **suficiente** _papel_ para imprimir el trabajo.
No tengo **suficiente** _tinta_ para imprimir el trabajo.
¿Tenemos **suficientes** _recursos_ para hacer el trabajo?
Mario, no duermes **suficientes** _horas_.

mucho/-a/-os/-as + sustantivo

Estos días tengo **mucho** _trabajo_.
Hoy hay **mucha** _gente_ en el campus. ¿Qué pasa?
Tengo **muchos** _amigos_ argentinos.
Los fines de semana duermo **muchas** _horas_.

demasiado/-a/-os/-as + sustantivo

Estos días tengo **demasiado** _trabajo_.
En esta ciudad hay **demasiada** _contaminación_.
Tengo **demasiados** _trabajos_ para esta semana.
Tengo que hacer **demasiadas** _cosas_ hoy. No voy a
poder con todo...

LÉXICO

ESTEREOTIPOS

una representación 〉 de la realidad 〉 de la cultura
una simplificación
una imagen

representar 〉 la realidad 〉 la cultura
simplificar

una imagen 〉 estereotípica 〉 convencional
una visión 〉 exótica 〉 pintoresca

un estereotipo 〉 positivo 〉 negativo 〉 exótico
un tópico 〉 pintoresco 〉 convencional
un cliché

un recuerdo 〉 típico (de)
un _souvenir_

RUTINAS

Acciones habituales	Momentos
despertarse	por la mañana
levantarse	por la tarde
desayunar	por la noche
trabajar	
comer	
estudiar	temprano
cenar	tarde
acostarse	
dormir	

▶ **Hablar del inicio y del final**

empezar (a + infinitivo)
sustantivo + **empezar**
¿A qué hora **empiezas a** trabajar?
El curso **empieza** en octubre, ¿verdad?

terminar (de + infinitivo)
sustantivo + **terminar**
¿A qué hora **terminas** de trabajar?
El curso **termina** en junio, ¿verdad?

 Los verbos **empezar** y **terminar** también admiten
este funcionamiento:
¿Cuándo **empiezas** el curso de Economía?
¿Cuándo **terminas** el curso de Economía?

NUMERALES ORDINALES

1.º/1.ª	**primero/-a***
2.º/2.ª	**segundo/-a**
3.º/3.ª	**tercero/-a***
4.º/4.ª	**cuarto/-a**
5.º/5.ª	**quinto/-a**
6.º/6.ª	**sexto/-a**
7.º/7.ª	**séptimo/-a**
8.º/8.ª	**octavo/-a**
9.º/9.ª	**noveno/-a**
10.º/10.ª	**décimo/-a**

 Delante de un sustantivo masculino se usan
las formas **primer** y **tercer**:
el primer día/mes/trimestre...
el tercer día/mes/trimestre...

SITUAR ACCIONES EN EL TIEMPO

a principios de / a finales de + periodo de tiempo
A _principios de_ semestre hay más gente en las clases.
Tenemos el examen de Arte **a _finales de_** esta semana.

▶ **Los meses**

enero	mayo	septiembre
febrero	junio	octubre
marzo	julio	noviembre
abril	agosto	diciembre

▶ **Las estaciones**

primavera	verano	otoño	invierno

Los meses del año y las estaciones no se escriben con mayúscula inicial.

Para situar hechos en un mes o una estación del año, se usa la preposición **en**.
En _verano_, **en** _julio_ y **en** _agosto_, no tengo clases.

Para marcar el inicio y el final de un periodo se usa **de... a**.
De _junio_ **a** _septiembre_ no tenemos clase.

MUNDO UNIVERSITARIO
▶ Calendario académico
semana   semestre
mes   curso
trimestre   año
cuatrimestre

La segunda **semana** del **curso** tenemos el primer examen.
Quiero hacer un **curso** de verano en Bogotá.

—¿Este **año** no tenemos clases de Economía?
—Sí, en el segundo **semestre**.

vacaciones de > verano > primavera > Navidad > Semana Santa

▶ Rutinas universitarias
desayunar > en casa > en la cafetería
comer > en la facultad > en el comedor

ir > a la universidad > a la facultad > a clase > en bicicleta > en bus > en tren > a pie

Muchos días voy a la facultad en bicicleta, pero a veces voy a pie porque me gusta caminar. Y normalmente como en el comedor de la facultad con algunos compañeros.

ACTIVIDADES DE OCIO
jugar > al fútbol > al tenis > al béisbol > en un equipo > con amigos/-as > con compañeros/-as

practicar > deporte > yoga
hacer

tocar > la guitarra > el piano > el saxo > bien > regular > mal

bailar > salsa > flamenco > tango > bien > regular > mal

entrar en > internet
mirar

CARACTERÍSTICAS DEL TEXTO

ORACIONES COMPUESTAS
La gente piensa **que** a todas las personas en Argentina les gusta bailar tango.
Muchas personas creen **que** los mexicanos llevan sombrero.
En el texto, Lucas dice **que** quiere visitar España.

ESTRUCTURAR LA INFORMACIÓN
Primero
Después
Yo **primero** desayuno y **después** miro internet un rato.

Antes
Los sábados como a las dos, pero **antes** juego al tenis con un amigo.

después de + infinitivo
**Después de** desayunar, miro internet un rato.

antes de + infinitivo
**Antes de** desayunar, miro internet un rato.

CONTRASTAR ARGUMENTOS
Me encanta el ruso. **Sin embargo**, no puedo practicar con otras personas.

4

LUGARES

CULTURA
- Geografía, historia y fronteras del mundo hispano

COMUNICACIÓN
- Localizar e identificar
- Describir y comparar

GRAMÁTICA
- Los verbos **ser**, **estar**, **haber**
- Usos de **cuál**, **cuáles**, **qué**, **quién**, **quiénes** en preguntas
- Localizar en el espacio
- La comparación: **más/menos que**, **tan... como**, **tanto/-a/-os/-as... como**
- El superlativo

LÉXICO
- Época
- Lugares y cultura
- Mundo universitario
- Los números
- Números ordinales del 1 al 10
- Los colores
- Mi habitación
- Lugares y geografía

CARACTERÍSTICAS DEL TEXTO
- Conectar información: **con** + sustantivo y oraciones de relativo con **que** y **donde**
- Oraciones de relativo: la preposición **en**

1. PALABRAS CLAVE

PREPÁRATE

A. Busca más lugares para cada una de estas categorías y piensa también en otras categorías posibles.

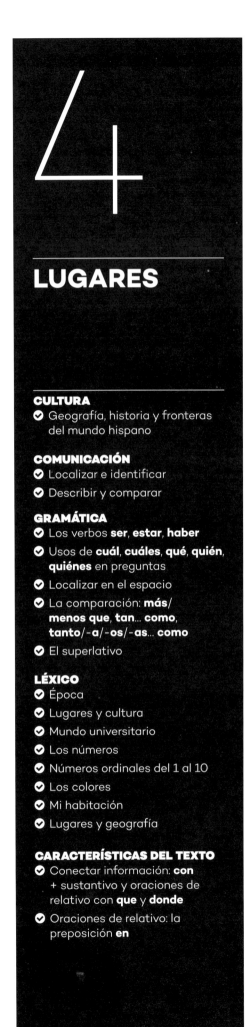

B. Comparamos nuestro mapa conceptual con el de otras personas y lo completamos con nuevas palabras clave.

2. IMÁGENES

PREPÁRATE

A. Observa estas cuatro fotografías y escribe todo lo que puedas sobre ellas.

(Esto) es un monumento / un puente / una calle / una plaza / un pueblo / un río / una montaña / un bosque...
Creo que es una escuela / una universidad / una facultad...
Me parece que está en...

B. Comparamos nuestras hipótesis. Después podemos ver las soluciones en el margen derecho.

— *Esto es un glaciar. Creo que es...*

1. Puente romano de Córdoba, Andalucía, España. **2.** Parque Nacional Los Glaciares, Patagonia austral, Argentina. **2.** Universidad Nacional Autónoma de México, Ciudad de México, México. **4.** Calle y plaza de La Habana Vieja, Cuba.

3. INFOGRAFÍA

 PREPÁRATE

A. Lee esta infografía y clasifica los siete lugares que se citan usando las categorías de la actividad 1.

PATRIMONIO EN PELIGRO
EN AMÉRICA LATINA

Actualmente existen 48 lugares considerados Patrimonio de la Humanidad que se encuentran en peligro. Estos son los sitios en riesgo de Latinoamérica.

ZONA ARQUEOLÓGICA DE CHAN CHAN PERÚ
Tuvo su mayor esplendor en el siglo XV. Es la ciudad de adobe más grande de América Latina.

Lo que afecta:
- La erosión natural
- La falta de proyectos de conservación

CIUDAD DE POTOSÍ BOLIVIA
Tiene 22 lagunas que dan energía hidráulica a 140 ingenios (fincas).

Lo que afecta:
- La falta de control de la actividad minera en el Cerro Rico
- La degradación del lugar, a pesar de la normativa

OFICINAS SALITRERAS DE HUMBERSTONE Y SANTA LAURA CHILE
Se forjó una importante cultura comunitaria de trabajadores de Chile, Perú y Bolivia.

Lo que afecta:
- Los saqueos
- Las demoliciones
- La falta de mantenimiento

SISTEMA DE RESERVAS DE LA BARRERA DE ARRECIFE BELICE
Es el complejo más grande de la región Atlántico-Caribe.

Lo que afecta:
- Las especies marinas extranjeras
- La infraestructura de alojamiento para visitantes
- El petróleo y el gas

RESERVA DE RÍO PLÁTANO HONDURAS
Viven 2000 indígenas que conservan su modo de vida tradicional.

Lo que afecta:
- La tala y la ocupación ilegal
- El deterioro de la seguridad en la región

PORTOBELO Y SAN LORENZO PANAMÁ
Fortificaciones de arquitectura militar de los siglos XVII y XVIII.

Lo que afecta:
- El frágil estado de conservación
- La expansión urbana
- La deforestación

SANTA ANA DE CORO VENEZUELA
Fue una de las primeras ciudades coloniales en América. Tiene más de 600 edificios históricos de estilo autóctono, mudéjar y holandés.

Lo que afecta:
- El deterioro arquitectónico
- La construcción de muros y vallas

pbs.twimg.com

B. Identifica a qué lugar se refieren estas frases.

1. **Es** un lugar que **está al norte** de Chile, en las montañas.
2. Aquí **hay** restos de la arquitectura colonial militar.
3. Este lugar **es** una reserva marina.
4. **Es** una ciudad prehispánica.
5. Esta reserva **es más pequeña que** la reserva de arrecifes.
6. Es un lugar **donde hay** minas.
7. **Está** ul este de Panamá y Colombia y **es** una ciudad.

C. Comparamos nuestras respuestas a A y B con las de otras personas.

—*La Barrera de Arrecife de Belice es un lugar que visitamos para ver naturaleza.*
—*Sí, exacto.*

D. ¿A cuáles de estos siete lugares pueden ir Alberto, Ernesto y Begoña para desarrollar proyectos de cooperación internacional? ¿Por qué?

- A Alberto le interesa la antropología, la lingüística, el arte, la sociología y la música.
- A Ernesto le encanta la biología, el medioambiente, los derechos humanos, la educación y la política.
- A Begoña le gusta mucho la economía, los negocios, la ingeniería, la arquitectura y las ciencias informáticas.

—*Alberto puede ir a Honduras para trabajar con los indígenas: le interesa la antropología y...*

E. ¿Dónde nos gustaría ir para realizar un proyecto de cooperación internacional? Lo comentamos en grupos.

4. PATRIMONIO DE LA HUMANIDAD

🏠 PREPÁRATE

A. Piensa en un lugar de interés cultural o turístico que conoces y da información sobre estos cinco aspectos.

1. ¿Cómo se llama?
2. ¿Dónde está?
3. ¿De qué época y estilo es?
4. ¿Qué es? ¿Cómo es?
5. ¿Por qué es importante?

B. Compartimos con otras personas la información de A.

— *Yo he elegido la Acrópolis de Atenas en Grecia porque es...*

C. Por parejas, observamos las ocho fotografías de esta página y hablamos sobre estos lugares de España declarados Patrimonio de la Humanidad.

No sé qué es esto. / No lo conozco. / No tengo ni idea de qué es esto.
Creo que esto es una catedral / una iglesia gótica...
Esto parece un teatro / un auditorio...
Es de estilo gótico / modernista...
Está en el norte de España / en Galicia...

D. Individualmente, leemos los textos y los conectamos con las fotografías. Después, marcamos dónde están en el mapa y escribimos los nombres de las comunidades autónomas en las que están. Comparamos nuestras respuestas con las de otra persona.

E. Por parejas, completamos una ficha como la de A para los dos lugares que más nos interesan de estos ocho.

F. Ahora, ordenamos cronológicamente los ocho lugares y escribimos las fechas y los estilos. Comparamos con otra pareja nuestras respuestas.

- *Primero: la cueva de Altamira, en Cantabria. Tiene más de siete mil años, es...*

🔔 ATENCIÓN

1.º: primero	6.º: sexto
2.º: segundo	7.º: séptimo
3.º: tercero	8.º: octavo
4.º: cuarto	9.º: noveno
5.º: quinto	10.º: décimo

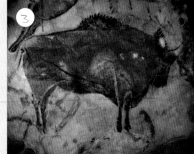

OCHO LUGARES ÚNICOS

TEXTO MAPEADO en campus.difusion.com

La UNESCO (Organización de Naciones Unidas para la Educación, la Ciencia y la Cultura) da el título de Patrimonio de la Humanidad a lugares de interés cultural o natural de todo el mundo. En total, hay más de mil sitios que tienen este título y, entre ellos, más de cuarenta están en España. Aquí tenemos ocho ejemplos.

1. La Muralla de Ávila es una construcción militar que rodea el casco antiguo de la ciudad de Ávila, en la mitad norte de España, en **Castilla y León**. Este monumento de los siglos doce al quince (ss. XII-XV d. C.) es probablemente la muralla medieval mejor conservada de toda Europa.

2. La Torre de Hércules es un antiguo faro romano del siglo primero después de Cristo (s. I d. C.). Está situada en la costa atlántica de la ciudad de La Coruña, en **Galicia**, en el noroeste de la península ibérica. Es el faro romano más antiguo que todavía está activo.

3. La cueva de Altamira, en el norte de España, en **Cantabria**, pintada cinco mil años antes de Cristo (5000 a. C.), es el mejor ejemplo español de pintura paleolítica, que se caracteriza por el realismo de las figuras.

4. Los Dólmenes de Antequera, en Málaga, en el centro de **Andalucía**, son unos monumentos funerarios de la cultura neolítica construidos cuatro mil años antes de Cristo (4000 a. C.). Están orientados para marcar el sol durante los equinoccios de primavera y otoño y también los solsticios de verano e invierno.

5. El Palau de la Música Catalana de Barcelona es un edificio de principios del siglo veinte (s. XX), obra del arquitecto Lluís Domènech i Montaner. Este auditorio, construido en **Cataluña** entre 1905 y 1908, es una de las mejores representaciones del modernismo catalán.

6. El Puente de Vizcaya, de 1893, es una gran obra de ingeniería del siglo diecinueve (s. XIX) y un modelo para otras construcciones industriales similares en Europa y América. Está situado entre Portugalete y Getxo, en el **País Vasco**, y es el puente transbordador en servicio más antiguo del mundo.

7. Este teatro romano del siglo primero antes de Cristo (s. I a. C.) está situado en Mérida, la capital de **Extremadura**. Hay muchos restos de la época romana en toda la península ibérica, pero este es uno de los mejor conservados. En la actualidad todavía funciona como teatro.

8. La catedral gótica de Burgos, del siglo trece (s. XIII), está situada en el norte de **Castilla y León**. Fue declarada Patrimonio de la Humanidad en 1984 y es la única catedral española que tiene esta distinción como obra única, sin estar unida al centro histórico de una ciudad.

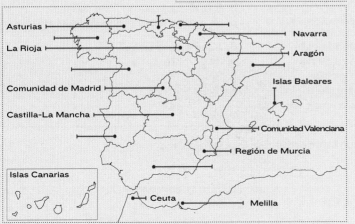

Asturias — La Rioja — Comunidad de Madrid — Castilla-La Mancha — Navarra — Aragón — Islas Baleares — Comunidad Valenciana — Región de Murcia — Islas Canarias — Ceuta — Melilla

G. En grupos, una persona piensa en uno de estos ocho lugares y el resto adivina cuál es. Solo se pueden hacer preguntas de respuesta sí o no.

—¿Es un monumento moderno?
—No.
—¿Está en el norte de España?

H. Ahora imaginamos un viaje a España. Tenemos la posibilidad de visitar cinco de estos lugares en una semana. ¿Cuáles son los más interesantes en nuestra opinión? Organizamos el itinerario.

—A mí me interesa mucho el arte gótico, podemos visitar la catedral de Burgos.
—A mí también. Podemos ir primero a...

I. 🔊 14-15 Escuchamos a Yeray y a Lola hablar sobre sus lugares favoritos en España. Tomamos nota de la siguiente información y, después, la relacionamos con las imágenes.

1. ¿Cómo se llama este lugar?
2. ¿Dónde está?
3. ¿De qué época y estilo es?
4. ¿Qué es? ¿Cómo es? ¿Qué hay?
5. ¿Por qué es importante?

TRANSCRIPCIÓN MAPEADA
en campus.difusion.com

Aragón, España
comunidad

catedral, iglesia, torre
(colores) cristian architectura

Tenerife
catedral, iglesia

ACTIVIDAD COMPLEMENTARIA
en campus.difusion.com

5. MAPA DE CENTROAMÉRICA Y EL CARIBE

———— GRAMÁTICA

PREPÁRATE ————

A. Dibuja en este mapa los países de Centroamérica desde el sur de México hasta el norte de Colombia. Pon también el nombre de los países que son islas.

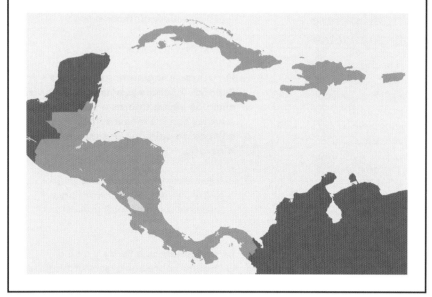

B. Explicamos y comparamos con otra persona nuestro mapa. ¿Dónde están exactamente los países? ¿Cómo son? ¿Cuántos hay? Puedes usar estos recursos para localizarlos geográficamente.

arriba / encima (de)
al norte (de)
al noroeste (de)
al noreste (de)
al sur (de)
abajo / debajo (de)
al suroeste (de)
al sureste (de)
al este (de) / a la derecha (de)
al oeste (de) / a la izquierda (de)
en el centro (de)
entre

—*Creo que Cuba está más al oeste. Pero, ¿dónde está Puerto Rico?*
—*Puerto Rico es una isla más pequeña y está más al este.*

C. Ahora, completamos estas frases con los verbos ser y estar y confirmamos nuestras hipótesis de A y B.

1. Nicaragua .... al norte de Costa Rica. Tiene costa en el Caribe y el Pacífico.

2. Honduras .... al oeste y norte de Nicaragua. Tiene costa en el Caribe y un poquito en el Pacífico.

3. Colombia .... al sur de Panamá.

4. Guatemala .... al sureste de México. No .... muy grande.

5. Belice .... un país muy pequeño. Está al noreste de Guatemala.

6. Haití y República Dominicana .... al este de Cuba, en la misma isla.

7. La isla de Puerto Rico .... al este de la República Dominicana.

8. El Salvador .... al sur de Guatemala y al oeste de Honduras.

9. Costa Rica .... entre Nicaragua y Panamá. Tiene costa en el Caribe y en el Pacífico.

10. Panamá .... al norte de Colombia y al sur de Costa Rica, entre los dos países.

6. TEST CULTURAL

———— GRAMÁTICA

PREPÁRATE ————

A. Responde a este test cultural sobre La Giralda y sobre el Teide. Al pie de la página tienes las soluciones.

1. ¿Qué es La Giralda?
a. Es un faro.
b. Es una torre.
c. Es un castillo.

2. ¿Cuál es su origen?
a. Es visigodo.
b. Es musulmán.
c. Es cristiano.

3. ¿Dónde está?
a. Está en Córdoba.
b. Está en Granada.
c. Está en Sevilla.

4. ¿Qué afirmación es cierta?
a. Es más alta que el Big Ben.
b. Es más baja que la Torre de Pisa.
c. Es más alta que el Empire State Building.

5. ¿Qué es el Teide?
a. Es un volcán.
b. Es una isla.
c. Es una ciudad.

6. ¿Cuál es la altura máxima de España?
a. El Teide.
b. El Mulhacén.
c. El Aneto.

7. ¿Dónde está?
a. En los Pirineos.
b. En las Islas Baleares.
c. En la Islas Canarias.

8. ¿Qué altura tiene?
a. 3479 metros.
b. 3718 metros.
c. 3404 metros.

B. Comparamos nuestras respuestas.

C. Por parejas, investigamos un tema cultural de España o Latinoamérica y lo presentamos en clase.

• ¿Qué es/son...?
• ¿Cuál es... / Cuáles son...?

• ¿Qué ciudad/río... es/tiene...?
• ¿Dónde está/n...?

7. BANDERAS Y SUPERFICIES DE CENTROAMÉRICA Y EL CARIBE

GRAMÁTICA

A. Por parejas, relacionamos las banderas con los nombres de estos países.

1. Guatemala   4. México

2. Puerto Rico   5. Colombia

3. República Dominicana   6. Cuba

— *Creo que esta es la bandera de Cuba porque es azul, blanca y roja.*
— *¿No es la de Puerto Rico?*
— *No, la de Puerto Rico es esta. Tiene el triángulo azul.*

> 🔔 **ATENCIÓN**
>
> Los colores concuerdan en género y en número con el nombre al que acompañan.
> La bandera es roja.
> El triángulo es rojo.
>
> ● rojo/-a   ○ blanco/-a   ● azul   ● marrón   ● morado/-a
> ○ amarillo/-a   ● negro/-a   ● verde   ● naranja   ● rosa

B. Buscamos y describimos las banderas de otros países de Latinoamérica.

C. Ahora, identificamos las siluetas de estos seis países. En estas imágenes todos tienen el mismo tamaño. ¿Cuál es realmente más grande?

— *¿Cuál es este país?*
— *Creo que es Costa Rica.*
— *Yo creo que esta isla es Cuba. Es más grande que Costa Rica, ¿no?*

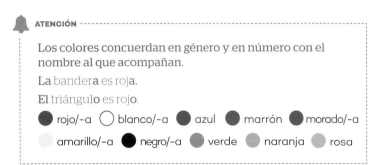

D. Conectamos las cifras de la superficie de estos seis países con los números correspondientes.

1. Colombia: 1 141 748 km²
2. Cuba: 109 884 km²
3. Guatemala: 108 889 km²
4. México: 1 972 550 km²
5. Puerto Rico: 9104 km²
6. República Dominicana: 48 442 km²

a. Ciento nueve mil ochocientos ochenta y cuatro kilómetros cuadrados.
b. Cuarenta y ocho mil cuatrocientos cuarenta y dos kilómetros cuadrados.
c. Ciento ocho mil ochocientos ochenta y nueve kilómetros cuadrados.
d. Un millón ciento cuarenta y un mil setecientos cuarenta y ocho kilómetros cuadrados.
e. Un millón novecientos setenta y dos mil quinientos cincuenta kilómetros cuadrados.
f. Nueve mil ciento cuatro kilómetros cuadrados.

E. ¿Entendemos cómo funcionan los números en español? Escribimos en cifras y en letras las superficies de cuatro países que nos interesan.

F. Comparamos las superficies con las de otra persona. Consultamos cómo se construyen las comparaciones y el superlativo en Recursos lingüísticos.

...es más grande que...
...es menos grande que... / ...es más pequeño/-a que...
...es tan grande como...

...tiene más superficie que...
...tiene menos superficie que...
...tiene tanta superficie como....

El país más grande / pequeño de Centroamérica es...
La isla más grande / pequeña del Caribe es...

G. En grupos pequeños, una persona piensa en secreto en un país hispano. El resto trata de adivinar haciendo preguntas de respuesta sí o no.

— *¿Es un país más grande que Colombia?*
— *No*
— *¿Es más pequeño que Perú?*
— *Sí.*
— *¿Es tan grande como Nicaragua?*
— *Sí... más o menos.*

8. ¿QUÉ HAY EN TU CAMPUS? ¿QUÉ NO HAY?

GRAMÁTICA Y LÉXICO

A. Por parejas, observamos este mapa de la Universidad Autónoma de Madrid (UAM) y lo comparamos con nuestros campus. Buscamos cinco diferencias y cinco coincidencias.

En mi campus / en mi universidad (no) hay / tenemos...

B. ¿Nos gusta nuestro campus? Escribimos una lista con los elementos que no hay y que nos gustaría tener. ¿Por qué? Comparamos nuestras listas.

🔔 ATENCIÓN

Para expresar deseos utilizamos me gustaría + infinitivo

Me gustaría tener una piscina grande en el campus.

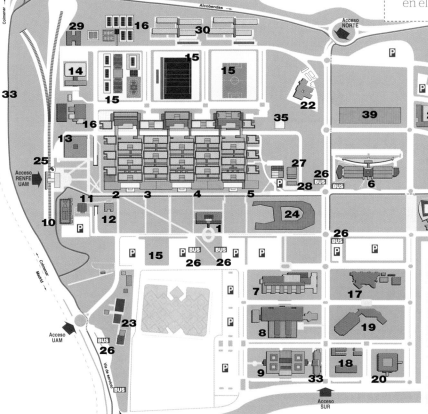

1. Rectorado y Servicios Centrales / 2. Facultad de Filosofía y Letras / 3. Facultad de Formación de Profesorado y Educación / 4. Facultad de Ciencias Económicas y Empresariales / 5. Facultad de Ciencias (Edificio Ciencias) / 6. Escuela Politécnica Superior / 7. Facultad de Psicología / 8. Facultad de Ciencias (Edificio Biología) / 9. Facultad de Derecho / 10. Biblioteca de Humanidades / 11. Idiomas / Centro Superior de Música / 12. Centro de Estudios de Posgrado / 13. Pabellón de Servicios Universitarios / 14. Polideportivo / 15. Instalaciones Deportivas / 16. Piscinas cubierta y al aire libre / 17. Centro Nacional de Biotecnología – CSIC / 18. Instituto de Catálisis y Petroleoquímica – CSIC / 19. Instituto de Ciencia de Materiales – CSIC / 20. Instituto de Cerámica y Vidrio – CSIC / 21. Centro de Micro-Análisis de Materiales / 22. Escuela Infantil Bärbel Inhelder / 23. Colegio Príncipe de Asturias / 24. Plaza de la UAM / 25. Estación de tren de Cercanías / 26. Paradas de autobuses / 27. Ingeniería Química y Tecnología de Alimentos / (Facultad de Ciencias) / 30. Laboratorio de Altas Energías (Facultad de Ciencias) / 31. Servicio de Deportes / 32. Residencia universitaria / 33. Carril Bici / 34. Biblioteca de Ciencias / 35. Ciencias Jurídicas, Políticas y Económicas / 36. Centro de Biología Molecular "Severo Ochoa" / 37. Invernadero de investigación / 38. Servicios Centrales de Apoyo a la Investigación / 39. Centro de Investigación de Alimentos / 40. Instituto de Ciencias Matemáticas / 41. Facultad de Formación de Profesorado y Educación

9. TU HABITACIÓN

GRAMÁTICA

🏠 PREPÁRATE

A. Tu universidad ha pedido a los estudiantes su opinión sobre una nueva residencia que quieren construir. Estos son los elementos que se van a incluir en cada habitación. ¿Crees que falta algo importante? Completa la lista.

- (una) puerta
- (una) ventana
- (una) cama
- (un) escritorio
- (una) silla
- (un) sofá
- (un) armario
- (una) lámpara
- (un) ordenador
- (una) papelera

B. Diseña en un espacio de 3 x 6 metros la habitación ideal para los estudiantes de tu campus. Utiliza los elementos de A y decide cuántos y dónde deben ir.

C. Por parejas, comparamos nuestros proyectos y creamos la habitación ideal.

—*Creo que el escritorio está mejor debajo de la ventana.*
—*Sí, es verdad, pero en tu habitación hay solo una silla y necesitamos más.*
—*Estoy de acuerdo. Además...*

🔔 ATENCIÓN

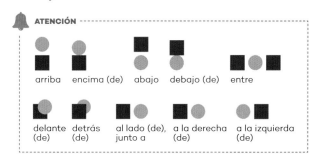

| arriba | encima (de) | abajo | debajo (de) | entre |

| delante (de) | detrás (de) | al lado (de), junto a | a la derecha (de) | a la izquierda (de) |

10. LAS FECHAS DE LA INDEPENDENCIA

LÉXICO

🏠 PREPÁRATE

A. La mayoría de los países de Latinoamérica se independizaron en el siglo diecinueve (s. XIX). Lee estas fechas de declaración de independencia, consulta el sistema de numeración romano y completa como en el ejemplo.

Sistema de numeración romano

1 = I	10 = X	100 = C	1000 = M
2 = II	20 = XX	200 = CC	2000 = MM
3 = III	30 = XXX	300 = CCC	3000 = MMM
4 = IV	40 = XL	400 = CD	
5 = V	50 = L	500 = D	
6 = VI	60 = LX	600 = DC	
7 = VII	70 = LXX	700 = DCC	
8 = VIII	80 = LXXX	800 = DCCC	
9 = IX	90 = XC	900 = CM	

- Ecuador: X-VIII-MDCCCIX *10 de agosto de 1809 (mil ochocientos nueve)*
- Cuba: X-XII-MDCCCXCVIII ....
- Colombia: XX-VII- MDCCCX ....
- Uruguay: XXV-VIII-MDCCCXXV ....
- México: XVI-IX-MDCCCX ....
- República Dominicana: XXVII-II-MDCCCXLIV ....

B. Comparamos con otra persona las fechas y organizamos la lista cronológicamente.

C. Buscamos y escribimos otras fechas de independencia de Latinoamérica.

D. Por parejas, buscamos imágenes de monumentos, plazas, avenidas, parques... relacionados con la independencia de estos u otros países de Latinoamérica.

El Ángel o Monumento a la Independencia (Ciudad de México, México) →

Parque del Centenario de la Independencia (Bogotá, Colombia) ←

11. CONECTAMOS INFORMACIÓN

CARACTERÍSTICAS DEL TEXTO

🏠 PREPÁRATE

A. Lee estos ejemplos y observa cómo se eliminan los elementos redundantes y se conectan las frases.

Judith
- Judith es una chica. Judith es mexicana. Judith vive en Córdoba.
- Judith es una chica. Judith es mexicana. Judith vive en Córdoba.
- Judith es una chica mexicana **que** vive en Córdoba.

Córdoba
- Córdoba es una ciudad. Córdoba tiene mucha historia. Córdoba está en el norte de Andalucía. En Córdoba hay muchos monumentos. Muchos monumentos son romanos, musulmanes y también cristianos.
- Córdoba es una ciudad. Córdoba tiene mucha historia. Córdoba está en el norte de Andalucía. En Córdoba hay muchos monumentos. Muchos monumentos son romanos, musulmanes y también cristianos.
- Córdoba es una ciudad **con** mucha historia **que** está al norte de Andalucía y **en la que** / **donde** hay muchos monumentos romanos, musulmanes y también cristianos.

B. Ahora tú.

Altamira es una cueva. Altamira es paleolítica. Altamira está en Cantabria, al norte de España. En Altamira se conservan las mejores pinturas prehistóricas de esa época.

El Palau de la Música es un auditorio. El Palau de la Música es un auditorio de estilo modernista. El Palau de la Música está en el centro de Barcelona. En el Palau de la Música podemos observar uno de los mejores ejemplos del modernismo catalán.

C. Describe a dos personas y dos lugares como en los ejemplos.

D. Comparamos nuestras respuestas a B. Podemos consultar la explicación de Recursos lingüísticos. Después, intercambiamos las descripciones de C y mejoramos las producciones de las otras personas.

12. CANDIDATOS

A. Vamos a presentar a la UNESCO un lugar de interés cultural como candidato a Patrimonio de la Humanidad. Cada grupo elige un país diferente de Latinoamérica y busca un lugar de este país que todavía no tenga este título.

B. Preparamos la información completa sobre el lugar.

1. ¿Cómo se llama?
2. ¿Dónde está?
3. ¿De qué época o estilo es?
4. ¿Qué es exactamente? ¿Cómo es?
5. ¿Por qué es importante? ¿Por qué lo proponemos?

C. Presentamos nuestra elección al resto de la clase. Debemos documentarla con otros textos, imágenes, vídeos, etc.

D. ¿Cuál de los lugares presentados creemos que es el mejor candidato? Escribimos un breve texto explicando nuestras razones.

ACTIVIDAD COMPLEMENTARIA en campus.difusion.com

13. DISEÑAMOS UN EXAMEN

A. Vamos a aprender nuevos contenidos culturales sobre Latinoamérica. Por grupos, elegimos un país y preparamos una lista de temas interesantes, pero no conocidos por la mayoría.

—Podemos preguntar cuál es la fecha aproximada de construcción de Machu Picchu.
—Vale, es una buena pregunta.

B. Ahora escribimos cinco preguntas de opción múltiple sobre los temas elegidos usando estos cinco tipos de preguntas.

¿Qué es/son...?
¿Cuál/es es/son...?
¿Dónde está/n...?
¿Qué ciudad/río... es/tiene...?
¿Quién/es es/son...?

¿Cuál es la fecha aproximada de construcción de la ciudad inca de Machu Picchu?
a. 1450 d. C.   b. 1275 d. C.   c. 825 d. C.

C. Preparamos varias copias de las preguntas y las distribuimos por el resto de los grupos.

D. Después de hacer el test, formamos grupos mixtos (un miembro de cada grupo) y corregimos las preguntas.

ACTIVIDAD COMPLEMENTARIA en campus.difusion.com

RECURSOS LINGÜÍSTICOS

GRAMÁTICA

SER **Y** ESTAR

	SER	ESTAR
yo	soy	estoy
tú, vos	eres/sos	estás
él, ella, usted	es	está
nosotros, nosotras	somos	estamos
vosotros, vosotras	sois	estáis
ellos, ellas, ustedes	son	están

▶ **Usos de** ser
• Definir
*El Acatenango **es** un volcán.*

• Describir
*El Acatenango **es** muy bonito.*

• Identificar
—*¿Quién **es** esta chica de la foto?*
—***Es** Adela, creo...*

• Especificar el origen
—*¿De dónde **es** Roberto?*
—***Es** de Bogotá.*

• Hablar de la profesión
*Carla **es** profesora de español.*

• Describir la personalidad
*Luis **es** muy amable.*

 Para hablar de la edad usamos el verbo **tener**.
*Adela **tiene** cuarenta años.*

▶ **Usos de** estar
• Localizar
—*¿Dónde **está** ese volcán?*
—***Está** en Guatemala, al sur, cerca de Antigua.*

• Referirse a un estado o una situación
*El Acatenango **está** activo.*

QUÉ, CUÁL/ES, QUIÉN/ES
▶ **Identificar cosas y personas de una clase**

cuál es / **cuáles son** + sustantivo
*¿**Cuál es** el volcán más alto de Guatemala?*
*¿**Cuál es** tu cantante favorito?*
*¿**Cuáles son** las ciudades más grandes del país?*

▶ **Definir cosas y personas**

qué es/son + sustantivo
—*¿**Qué es** el Tajumulco?*
—*Es el volcán más alto de Guatemala.*

—*¿**Qué es** Arequipa?*
—*Una ciudad peruana.*

 Para preguntar por la profesión de manera informal, podemos usar **qué** + **ser**.
—*¿**Qué es** Adela?*
—*Es profesora de español.*

▶ **Preguntar por un individuo de una clase de cosas o personas**

qué + sustantivo
¿*Qué volcán* es más alto?
¿*Qué escritor* te gusta más?

▶ **Identificar personas**

quién/quiénes + verbo
—¿*Quién es* Mariano Gálvez?
—Es uno de los líderes de la independencia de Guatemala.

—¿*Quiénes son* estos señores de la fotografía?
—*Son* los dos primeros presidentes de Guatemala.

—¿*Quién vive* en esa casa?
—Los señores Ruiz.

HAY, ESTÁ/N
▶ **Informar sobre cosas o personas no identificadas**
Para hablar de la existencia de algo no identificado, usamos **hay**, que es una forma impersonal del verbo **haber**.
Hay un volcán muy famoso cerca de Antigua.
En Guatemala **hay** muchos volcanes.

 Usamos **hay** para el singular y el plural.
Hay un puente muy famoso.
Hay muchos puentes famosos.

▶ **Informar sobre cosas o personas identificadas**
Para hablar de la ubicación de algo identificado, usamos **estar**.
El volcán Acatenango **está** cerca de Antigua.
Los volcanes más famosos **están** en esta región.
Estos volcanes **están** cerca del Pacífico.

 Para hablar de cosas o personas no identificadas, combinamos **hay** con:
• artículos indeterminados (**un/una/unos/unas**)
En mi ciudad **hay una** mezquita preciosa.

• numerales
En mi ciudad **hay dos** mezquitas preciosas.

• cuantificadores indefinidos (**mucho/-a/-os/-as, bastante/s**, etc.)
En mi ciudad **hay muchos** monumentos romanos.

 Para hablar de cosas o personas identificadas, combinamos **estar** con:

• artículos determinados (**el/la/los/las**)
¿*La* mezquita **está** en el centro?
¿Dónde **están los** volcanes más famosos?

• demostrativos (**este/esta/estos/estas**, etc.) y posesivos (**mi, tu, su**, etc.)
¿*Estos* volcanes **están** cerca de aquí?
¿Dónde **está tu** universidad?

LOCALIZAR EN EL ESPACIO

 en

arriba   encima (de)   abajo   debajo (de)

entre   delante (de)   detrás (de)

al lado (de)   a la derecha   a la izquierda
junto a   (de)   (de)

cerca (de)   lejos (de)

 La preposición **en** puede indicar posiciones diferentes.
En la mochila (= dentro de la mochila)
En la mesa (= encima de la mesa)
En la pared (= pegado a la pared)

▶ **Hablar de la localización geográfica**
al / en el norte (**de**)   **al / en** el sureste (**de**)
al / en el noroeste (**de**)   **al / en** el este (**de**)
al / en el noreste (**de**)   **al / en** el oeste (**de**)
al / en el sur (**de**)   **en el** centro (**de**)
al / en el suroeste (**de**)

LA COMPARACIÓN
▶ **Con adjetivos**

⊕ **más** / ⊖ **menos** + adjetivo + **que**
La mezquita es **más** antigua **que** la catedral.
La catedral es **menos** antigua **que** la mezquita.
Los puentes son **más** antiguos **que** la muralla.

⊜ **tan** + adjetivo + **como**
¿*Buenos Aires es* **tan** grande **como** Ciudad de México?

▶ **Con sustantivos**

⊕ **más** / ⊖ **menos** + sustantivo + **que**
En Córdoba hay **más** turismo **que** en Jaén.
En Córdoba hay **más** monumentos **que** en Jaén.
En Jaén hay **menos** monumentos **que** en Córdoba.

⊜ **tanto/-a/-s** + sustantivo + **como**
¿*En España hay* **tantos** lugares Patrimonio de la Humanidad **como** en Francia?
Mi habitación tiene **tanta** luz **como** la de Pedro.

▶ **Con adverbios**

⊕ **más** / ⊖ **menos** + adverbio + **que**
Mi universidad está **más** lejos del centro **que** tu casa.
Mi casa está **más** cerca **que** tu universidad.

⊜ **tan** + adverbio + **como**
Luisa vive **tan** cerca del centro **como** yo.

▶ **Con verbos**

verbo + ⊕ **más** / ⊖ **menos que**
Yo viajo **más que** tú.
Budapest me gusta **menos que** Viena.

verbo + ⊖ tanto como
*Budapest me gusta **tanto como** Viena.*

EL SUPERLATIVO

el, la, los, las (+ sustantivo) + **más / menos** + adjetivo
(+ **de** + sustantivo)
*Sevilla tiene **la** catedral gótica **más** grande **de** España.*
*Brasil es **el** país **más** grande **de** Latinoamérica.*
*Soria es **la** provincia **menos** poblada **de** España.*
*Las cuevas de Altamira son **las más** conocidas **de** España.*

LÉXICO

LOS NÚMEROS

0	cero	17	diecisiete
1	uno/un/una	18	dieciocho
2	dos	19	diecinueve
3	tres	20	veinte
4	cuatro	21	veintiuno/-ún/-una
5	cinco	22	veintidós
6	seis	23	veintitrés
7	siete	30	treinta
8	ocho	31	treinta y uno/-un/-una
9	nueve	32	treinta y dos
10	diez	40	cuarenta
11	once	50	cincuenta
12	doce	60	sesenta
13	trece	70	setenta
14	catorce	80	ochenta
15	quince	90	noventa
16	dieciséis	100	cien

101	ciento un(o/a)
111	ciento once
200	doscientos/-as
220	doscientos/-as veinte
300	trescientos/-as
400	cuatrocientos/-as
500	**quin**ientos/-as
600	seiscientos/-as
700	**sete**cientos/-as
800	ochocientos/-as
900	**nove**cientos/-as
999	**nove**cientos/-as noventa y nueve

🔔 ciento **un** años
ciento **una** mesas
trescient**os** años
trescient**as** mesas

🔔 **Cien** no tiene
variación de género.
***cien** hombres*
***cien** mujeres*

1000	mil
1001	mil un/uno/una
1025	mil veinticinco
1134	mil ciento treinta y cuatro
2000	dos mil
10000	diez mil
20300	veinte mil trescientos
100000	cien mil
1000000	un millón
2000000	dos millones
3536787	tres millones quinientos treinta y seis mil setecientos ochenta y siete

NÚMEROS ORDINALES DEL 1 AL 10

1.º primero/-a	6.º sexto/-a
2.º segundo/-a	7.º séptimo/-a
3.º tercero/-a	8.º octavo/-a
4.º cuarto/-a	9.º noveno/-a
5.º quinto/-a	10.º décimo/-a

ÉPOCA

una construcción
un monumento
> prehistórico/-a > griego/-a
> romano/-a > precolombino/-a
> maya > azteca > inca > barroco/-a
> renacentista > modernista

un puente del siglo
> II a. C. (antes de Cristo)
> I d. C. (después de Cristo)

un edificio de
> principios del siglo xx
> mediados del siglo xx
> finales del siglo xx

LUGARES Y CULTURA

un monumento
un sitio
un lugar
> cultural > histórico
> Patrimonio de la Humanidad

un monumento > musulmán > cristiano > judío

ir a
visitar
> una catedral > una iglesia
> una mezquita > una sinagoga
> un museo > un teatro > una cueva

ver > un puente > una muralla

una ciudad
> monumental > histórica
> romana > medieval > renacentista
> musulmana > judía > cristiana

MUNDO UNIVERSITARIO

 aula, aulario

 auditorio
sala de conferencias

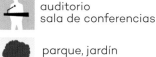 parque, jardín

 piscina

 campo de baloncesto

 gimnasio

 pista de tenis

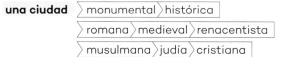 campo de fútbol

 aparcamiento
parking

 biblioteca

 dormitorio

 comedor

 cafetería

LOS COLORES

● rojo/-a/-os/-as
○ blanco/-a/-os/-as
● morado/-a/-os/-as
○ amarillo/-a/-os/-as
● negro/-a/-os/-as

● azul/es
● marrón/es
● verde/s
● naranja/s
● rosa/s

MI HABITACIÓN

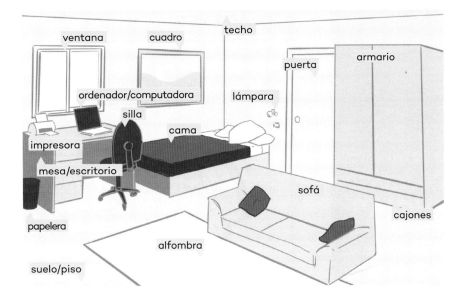

ventana · cuadro · techo · puerta · armario · ordenador/computadora · lámpara · silla · cama · impresora · mesa/escritorio · sofá · papelera · cajones · alfombra · suelo/piso

LUGARES Y GEOGRAFÍA

Continentes África, América, Antártida, Asia, Europa, Oceanía

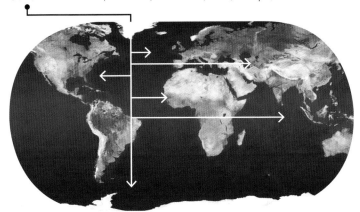

estado · país · barrio · calle · provincia · comunidad autónoma

océano

mar

costa

isla

archipiélago

península

lago

montaña

volcán

río

ciudad

pueblo

CARACTERÍSTICAS DEL TEXTO

CONECTAR INFORMACIÓN
▶ Con **+ sustantivo**
Córdoba es una ciudad española. Córdoba tiene monumentos de varias épocas.
*> Córdoba es una ciudad española **con** monumentos de varias épocas.*

▶ **Frases relativas con** que **y** donde
Santiago es una ciudad histórica. Santiago tiene muchos monumentos.
*> Santiago es una ciudad histórica **que** tiene muchos monumentos.*

Cartagena es una ciudad colonial.
En Cartagena hay muchos palacios.
*> Cartagena es una ciudad colonial **en la que** / **donde** hay muchos palacios.*

 En el/la/los/las que concuerda en género y número con su antecedente.
*Un lugar **en el que***
*Unos museos **en los que***
*Una ciudad **en la que***
*Unas montañas **en las que***

EXPERIENCIAS

CULTURA
- El mercado laboral en España e Hispanoamérica
- Competencias necesarias para encontrar trabajo

COMUNICACIÓN
- Hablar de experiencias
- Expresar sentimientos y emociones
- Hablar de habilidades y talentos
- Hablar de acciones futuras

GRAMÁTICA
- Pretérito perfecto
- Marcadores temporales
- Verbo **saber** + infinitivo, **se me da/n bien/mal algo, ser bueno** + gerundio
- **Se** para expresar impersonalidad
- Perífrasis: **estar** + gerundio, **tener que** + infinitivo, **ir a** + infinitivo
- Expresar deseos: **me gustaría** + infinitivo

LÉXICO
- El mundo laboral
- Adjetivos para describir estados de ánimo y sentimientos
- Competencias y personalidad
- Profesiones y experiencia

CARACTERÍSTICAS DEL TEXTO
- Conectores para estructurar secuencias: **en primer lugar, en segundo lugar, por último**...

1. IMÁGENES

 PREPÁRATE

A. ¿Cómo interpretas esta viñeta? En tu opinión, ¿qué nos quiere transmitir? ¿Por qué crees que ha estudiado tanto el candidato?

B. En parejas compartimos nuestras respuestas y observamos de nuevo la viñeta. ¿Cómo creemos que se siente el candidato? ¿Por qué?

C. ¿Para ser un buen profesional son suficientes los estudios? En parejas, anotamos qué competencias pueden ser necesarias.

Para ser un buen profesional puede ser necesario:
- hablar lenguas extranjeras
- ...

D. ¿Tenemos ya algunas de las competencias de nuestra lista? ¿Qué podemos hacer para conseguir las que nos faltan?

— Yo sé italiano.
— Yo creo que para aprender una lengua extranjera es bueno pasar un tiempo en el país.

E. Entre todos creamos en la pizarra una tabla con todas las competencias y las ideas para desarrollarlas. Añadimos ejemplos de profesiones para las que son necesarias.

Competencias	¿Cómo se puede aprender?	Profesión
Ser una persona creativa	Visitando exposiciones Viajando	Responsable de marketing

 ATENCIÓN

Para hablar de la manera en la que hacemos algo, podemos usar el gerundio.

- Siempre voy a clase **caminando**.

Infinitivo		Gerundio
hablar	>	hablando
hacer	>	haciendo
escribir	>	escribiendo

2. INFOGRAFÍA

 PREPÁRATE

A. Esta infografía presenta cinco aspectos importantes en la contratación de candidatos según los seleccionadores de personal en España. ¿Crees que es parecido en tu país? Pregunta su opinión a alguna persona que pueda hablar de otros lugares y lleva a clase las respuestas.

B. Por parejas comparamos las respuestas que hemos recogido.

— *Mi profesora de Química piensa que en Suiza es muy importante saber organizar bien el tiempo.*
— *Pues yo soy suizo y creo que es más importante...*

C. Compartimos las respuestas en clase abierta: ¿hay una tendencia general o hay diferencias importantes? ¿Por qué creéis que es así?

En Alemania tienes que saber / tener / ser capaz de...
En China es importante saber / tener / ser capaz de...

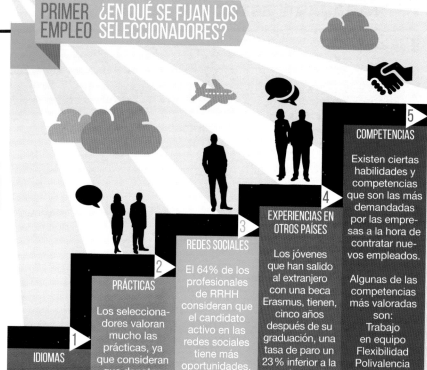

PRIMER EMPLEO ¿EN QUÉ SE FIJAN LOS SELECCIONADORES?

1 IDIOMAS
Un 32 % de las ofertas de empleo solicitan idiomas. Los idiomas más valorados son: el inglés, el alemán y el francés.

2 PRÁCTICAS
Los seleccionadores valoran mucho las prácticas, ya que consideran que denotan inquietud y ganas de aportar al mercado laboral.
No busques un "sueldo", busca una oportunidad.

3 REDES SOCIALES
El 64 % de los profesionales de RRHH consideran que el candidato activo en las redes sociales tiene más oportunidades.
Pero... ¡ojo! Un 21 % tiene en cuenta la actividad del candidato en redes sociales para rechazarlo.

4 EXPERIENCIAS EN OTROS PAÍSES
Los jóvenes que han salido al extranjero con una beca Erasmus, tienen, cinco años después de su graduación, una tasa de paro un 23 % inferior a la que afecta a los que no salen a estudiar fuera.
Estas experiencias abren la mente y ayudan a ser resolutivos y tener iniciativa en un trabajo.

5 COMPETENCIAS
Existen ciertas habilidades y competencias que son las más demandadas por las empresas a la hora de contratar nuevos empleados.
Algunas de las competencias más valoradas son: Trabajo en equipo Flexibilidad Polivalencia Resolución de conflictos Espíritu emprendedor Iniciativa Creatividad Aprendizaje

Adaptado de ticsyformacion.com

3. VÍDEO

 PREPÁRATE

A. Antes de ver el vídeo, escribe tres características de un buen profesor de español.

B. Ahora ve el vídeo y anota las 📹 palabras que utiliza Ana para 5 describir su personalidad. Compara con tus notas de A.

C. En grupos comparamos nuestras respuestas a A y B.

D. Ahora valoramos el vídeo de Ana. ¿Presenta de manera atractiva su perfil?

— *Yo creo que tiene una estructura muy clara.*
— *Sí, pero no ves cómo es Ana.*

Un videocurrículum
ANA Gómez PROFESORA
VÍDEO DISPONIBLE en campus.difusion.com

☕ **LA CAFETERÍA**

¿Un videocurrículum es un buen método para buscar trabajo?

¿Qué otras formas conocemos para presentarse?

ACTIVIDAD COMPLEMENTARIA en campus.difusion.com

4. TRABAJAR Y ESTUDIAR

 PREPÁRATE

A. Lee estas ofertas de empleo. ¿Qué información importante no aparece? Escribe las preguntas necesarias para obtenerla.

• • •

- ¿Dónde son las clases de...?

B. ¿Qué personas de la clase son más adecuadas para cada perfil? Creamos una serie de preguntas y elegimos un candidato o candidata para cada oferta.

—¿Tienes algún título de grado?
—¿Tienes experiencia como profesor con niños o adolescentes?
—¿Cuántas lenguas sabes?
—...

TEXTO
MAPEADO
en campus.difusion.com

ACTIVIDAD COMPLEMENTARIA
en campus.difusion.com

Bolsa de trabajo para estudiantes

Regístrate para solicitar estos empleos y para recibir más información

Profesores de programación y robótica para niños

Se buscan estudiantes de Ingeniería, Física o Matemáticas para actividades extraescolares con niños de entre 6 y 16 años.

♦ Horario de tardes
♦ Remuneración: de 10 a 15 euros/hora
♦ Horas de trabajo: de 5 a 10 a la semana

1

Profesores particulares para clases de apoyo de inglés

EasyEnglish busca estudiantes con nivel avanzado de inglés para dar clases particulares a alumnos de bachillerato.

♦ Remuneración atractiva, neta y sin sorpresas
♦ Posibilidad de dar clases por internet o en casa
♦ Flexibilidad horaria

2

Beca Excelencia en diseño publicitario

Oportunidad para adquirir experiencia profesional. Ofrecemos prácticas de un año como diseñador web en empresas de todo el país.

♦ Horario de mañanas (máximo 5 horas)
♦ Es necesario tener un título de grado y ser estudiante de máster

3

Socorristas

Cadena hotelera internacional necesita socorristas para la temporada de verano en sus hoteles de España y el Caribe. Excelente oportunidad para trabajar en verano y practicar idiomas.

♦ Es necesario tener un título oficial de socorrista y se valora saber varias lenguas
♦ La remuneración varía según los países

4

5. EXPERIENCIAS EN EL EXTRANJERO Y FUTURO PROFESIONAL

 PREPÁRATE

A. ¿Has estado o vivido alguna vez en el extranjero? ¿Qué has aprendido de esas experiencias? Si no has vivido fuera, ¿qué crees que se puede aprender?

He aprendido a... He tenido que...
He descubierto... Me ha ayudado...

B. Lee este artículo. ¿Qué frase resume la conclusión principal? Subráyala.

C. En parejas, comparamos nuestras respuestas a B.

D. Compartimos nuestras respuestas en A y completamos una tabla como esta con nuestras experiencias.

¿Una ventaja para encontrar trabajo?

Según un estudio de la Comisión Europea, las experiencias conseguidas en otros países durante los estudios son positivas para el currículum y pueden ayudar a entrar en el mercado laboral.

De acuerdo con esta investigación, entre candidatos que tienen las mismas cualificaciones, los responsables de recursos humanos prefieren a los que han ido al extranjero. La razón es que, siempre en opinión de los seleccionadores, los empleados con estas experiencias realizan su trabajo mejor que quienes no han salido de su país.

Para los estudiantes es una buena noticia saber que pueden mejorar sus posibilidades de conseguir un primer empleo si deciden hacer unas prácticas, participar en un programa de voluntariado o estudiar durante unos meses en una universidad en el extranjero.

Nombre y estudios	Experiencia	Tareas que puede hacer gracias a esta experiencia
Markus. Medicina	Ha pasado un semestre en una universidad de Francia.	Atender a pacientes que hablan únicamente francés

TEXTO
MAPEADO
en campus.difusion.com

6. UN SEMESTRE, MUCHAS POSIBILIDADES

🏠 PREPÁRATE

A. Lee las experiencias de cuatro estudiantes españoles que acaban de pasar unos meses en el extranjero. ¿Cuál de ellas te parece más interesante? ¿Cuál menos?

TEXTO MAPEADO en campus.difusion.com

¿QUÉ HAN HECHO?

Héctor

Yo acabo de llegar de Costa Rica, donde he pasado cinco meses. He trabajado en una escuela de lenguas y he conocido a gente muy generosa y hospitalaria. He aprendido que se puede vivir con otros horarios, con menos comodidades... Un aspecto muy positivo ha sido tener la oportunidad de ir a cursos de inglés gratis.

Luisa

Yo he hecho unas prácticas en una empresa de recursos humanos en Buenos Aires, donde he podido aplicar la teoría de las clases de la universidad. Pero también he visto que, para poder trabajar en este campo después de los estudios, tengo que hacer un máster o un posgrado. Además, he hecho contactos para mi futura red profesional y he aprendido a hablar en público.

Julia

Yo he estado en la Universidad de Guadalajara (México). He tenido mucho tiempo para viajar por el país y he aprendido a organizarme mejor sola. La cultura mexicana me ha parecido muy diferente y me ha encantado. Pero también he visto que los jóvenes somos parecidos en todos los sitios por la influencia de internet. ¿Lo más difícil? ¡Las clases de contabilidad!

Óscar

Yo he pasado un semestre en París en una fundación cultural. He aprendido muchas cosas, porque he hecho tareas muy diferentes, por ejemplo, leer la prensa todas las mañanas para buscar información sobre temas culturales o hacer fotografías para documentar las actividades de la fundación.

B. Comparamos nuestras decisiones con las de otra persona. ¿Coincidimos?

C. Leemos de nuevo el texto y anotamos en una tabla como esta de qué temas habla cada estudiante.

	Conocimientos culturales y socioculturales	Actividades que han realizado	Competencias y desarrollo personal
Héctor	....	....	Ha aprendido a vivir con menos comodidades.
Luisa	....	Ha hecho prácticas en una empresa de recursos humanos.	....
Julia	Ha visto que los jóvenes de diferentes países son parecidos por la influencia de internet.	....	....
Óscar	....	....	....

D. ¿Cómo creemos que se puede sentir una persona que pasa un tiempo en otro país y por qué? Respondemos en parejas.

Yo creo que cuando estás en otro país, te sientes nervioso cuando...
muchas veces tienes ganas de...
te estresas porque...

E. Escuchamos a Héctor, Luisa, Julia 🔊 y Óscar, y anotamos cómo se 16 han sentido. ¿Dicen lo mismo que nosotros?

TRANSCRIPCIÓN MAPEADA en campus.difusion.com 👆

ACTIVIDAD COMPLEMENTARIA en campus.difusion.com 👆

7. ¡SOY BUENÍSIMO!

GRAMÁTICA

🏠 **PREPÁRATE**

A. Lee lo que dicen estos estudiantes sobre sus talentos. ¿Qué carrera crees que puede estudiar cada uno de ellos? Explica por qué.

Soy bueno hablando en público y argumentando. Además, sé escuchar muy bien, tengo mucha paciencia y se me dan muy bien las lenguas: hablo chino y ruso.

Se me da muy bien encontrar soluciones a problemas y soy muy buena en contabilidad. También se me da bien el dibujo técnico.

Se me dan bien la fotografía y la música. Además, sé hablar inglés y árabe.

Soy muy buena jugando al baloncesto y en matemáticas.

B. ¿Qué recursos lingüísticos podemos usar para expresar nuestras habilidades? Completa este esquema con los ejemplos anteriores para entenderlo mejor.

Se me da	(muy) bien	el dibujo técnico
Se me dan	(muy) bien	....
Soy	(muy) bueno/-a	....
Sé	....	(muy bien)

C. ¿Y tú? Escribe tres cosas que haces bien.

D. Compartimos nuestras respuestas.

E. Por parejas consultamos la explicación de Recursos lingüísticos y revisamos nuestras respuestas a C.

F. Buscamos en la clase personas con los mismos talentos que nosotros.

—¿Se te da bien hablar en público?
—Pues no mucho. Me estresa bastante.

8. LOGROS Y ÉXITOS PROFESIONALES

GRAMÁTICA

🏠 **PREPÁRATE**

A. Aquí tienes el resumen de algunos éxitos profesionales del guatemalteco Luis von Ahn. Fíjate en las formas del pretérito perfecto marcadas en negrita y escribe los infinitivos correspondientes. ¿Encuentras algún verbo irregular?

✏️ Ha realizado > realizar

B. Marca en el texto palabras o expresiones que sirven para situar en el tiempo.

C. Busca información sobre alguna persona que admiras por su trayectoria profesional. ¿Quién es y qué ha hecho hasta ahora?

Algunos logros de Luis von Ahn

Desde su incorporación como profesor a la Universidad Carnegie Mellon (Pensilvania), **ha dirigido** varios proyectos para desarrollar sistemas que combinan la inteligencia de los humanos y la de los ordenadores. Es el creador de CAPTCHA y reCAPTCHA, una prueba utilizada en computación para determinar si el usuario es humano.

Hasta el momento, **ha vendido** una empresa a Google (reCAPTCHA) y **ha fundado** Duolingo, un proyecto social que dirige desde 2011 y que ofrece una aplicación gratuita para aprender idiomas. Desde que está en el mercado, Duolingo **ha conseguido** más de 15 millones de usuarios.

A lo largo de su vida profesional, **ha escrito** numerosos artículos científicos y **ha dado** varias conferencias en español y en inglés en TED Talks.

Hasta ahora **ha sido** dos veces personaje del año en Guatemala y **ha recibido** numerosos premios internacionales.

D. Compartimos en la clase nuestras respuestas a A y B.

E. En pequeños grupos, ponemos en común la información de C y presentamos al personaje más interesante del grupo.

—Pau Gasol es un jugador de baloncesto español. Ha jugado en tres equipos de la NBA en Estados Unidos, ha participado en tres olimpiadas y...

9. EXPERIENCIAS EN UNIVERSIDADES EXTRANJERAS

GRAMÁTICA

🏠 PREPÁRATE

A. Estas son algunas normas o costumbres de diferentes universidades. Marca si en tu universidad es igual o es diferente.

	En mi universidad es igual	En mi universidad es diferente
1. **No se pueden llevar mascotas** a clase.	☐	☐
2. **No se puede comer** en clase.	☐	☐
3. Los empleados y los alumnos **pueden dejar a sus hijos** en una guardería del campus.	☐	☐
4. Los alumnos **tratan de tú a los profesores**.	☐	☐
5. **Se come** entre las 13:30 y las 15:00 h.	☐	☐
6. **No se pueden consumir bebidas alcohólicas** en el campus.	☐	☐
7. **Se puede estudiar por la noche** en la biblioteca.	☐	☐
8. En el comedor **no se puede pagar con dinero: se paga con el carné electrónico** de estudiante.	☐	☐
9. **Se trabaja mucho en equipo**.	☐	☐
10. **Se puede participar fácilmente en proyectos solidarios**.	☐	☐

B. ¿En cuáles de las frases anteriores no se indica de forma explícita quién realiza las acciones destacadas en negrita? ¿Qué estructura se usa en estos casos?

C. En parejas, comentamos el funcionamiento de se + 3.ª persona. Comprobamos con las explicaciones de Recursos lingüísticos.

D. ¿Se utiliza una estructura equivalente en nuestra lengua? Lo comentamos en parejas.

E. Por grupos, comparamos nuestras respuestas a la actividad A.

ACTIVIDAD COMPLEMENTARIA
en campus.difusion.com

☕ LA CAFETERÍA

¿Qué otras normas y costumbres hay en nuestra universidad?

¿Qué aspectos pueden sorprender a estudiantes de otros países?

10. ¿QUÉ ESTÁS HACIENDO?

GRAMÁTICA

🏠 PREPÁRATE

A. ¿Qué profesión tiene cada una de estas personas?

Raúl _Estoy preparando_ un menú fusión con ingredientes japoneses y peruanos. _Vamos a renovar_ la carta la semana que viene.

Elena El servidor central se ha estropeado de nuevo. Hoy _voy a trabajar_ hasta muy tarde porque mañana el servidor _tiene que funcionar perfectamente_.

Antonio He vuelto hoy de vacaciones y tengo un montón de trabajo acumulado, pero lo primero que _tengo que hacer_ es pagar las facturas atrasadas.

Sara _Estamos vendiendo_ mucho estos meses. _Tengo que contratar_ a un dependiente nuevo.

B. Fíjate en las estructuras subrayadas y marca para qué se usa cada una.

	estar + gerundio	ir a + infinitivo	tener que + infinitivo
1. Se usa para hablar del futuro.	☐	☐	☐
2. Se usa para hablar de una acción en desarrollo.	☐	☐	☐
3. Se usa para expresar obligación.	☐	☐	☐

C. Escribe frases sobre tu actividad de estos días. Usa las estructuras subrayadas.

D. En parejas, comparamos nuestras respuestas a A y B y compartimos nuestras frases de C.

E. En parejas, comentamos estas cuestiones y tomamos nota de la información de la otra persona.

- Qué estás haciendo ahora para conseguir un empleo en el futuro.
- Qué vas a hacer en los próximos meses en relación con tu formación.
- Qué obligaciones tienes actualmente.

F. Compartimos la información con el resto de la clase.

11. SOÑAR ES GRATIS

 PREPÁRATE

A. "¿Dónde se imagina usted dentro de cinco años?" es una pregunta clásica de las entrevistas de trabajo. Haz una lista con tus deseos y objetivos.

Dentro de cinco años me gustaría tener un máster, vivir en el extranjero y trabajar desde casa.

B. En parejas, comentamos nuestros deseos. ¿Cuáles son más fáciles de conseguir? ¿Cuáles más difíciles? ¿Por qué?

12. PROFESIONES, CARÁCTER Y COMPETENCIAS

 PREPÁRATE

A. ¿Qué tipo de carácter y competencias crees que son necesarios para desempeñar estas profesiones?
- médico/-a
- entrenador/a
- intérprete
- bailarín/a
- arquitecto/-a
- responsable de ventas
- periodista
- dependiente/-a
- director/a de hotel

B. En grupos, comparamos nuestras respuestas.

C. En parejas, pensamos una profesión futura, rara... (por ejemplo: guía turístico de viajes a la Luna). Los demás tienen que adivinarla haciendo preguntas.

—¿Tiene que ser una persona paciente?
—Sí, yo creo que sí.
—¿Tiene que saber cocinar?

13. LOS SENTIMIENTOS EN LOS ESTUDIOS Y EN EL TRABAJO

 PREPÁRATE

A. Clasifica en una tabla estos adjetivos para describir estados de ánimo y sentimientos.

motivado/-a · triste · pensativo/-a · desmotivado/-a · indeciso/-a · aburrido/-a · nervioso/-a · asustado/-a · alegre · serio/-a · contento/-a · estresado/-a

En una entrevista de trabajo **es bueno estar**	En una entrevista de trabajo **no es bueno estar**

B. Añade otros adjetivos a la tabla.

C. En parejas, comparamos nuestras tablas.

D. ¿Con qué situaciones pueden asociarse estos sentimientos en el trabajo o en los estudios? Haz una lista con otra persona.

Estar nervioso/-a: en la época de exámenes...
Estar aburrido/-a: durante una reunión...

E. Compartimos nuestros resultados con el resto de la clase.

ACTIVIDAD COMPLEMENTARIA
en campus.difusion.com

14. PALABRAS QUE YA COMPRENDEMOS

Revisamos los textos de estas primeras unidades y buscamos palabras similares en nuestra lengua u otras que conocemos. ¿Tienen el mismo significado? Compartimos los resultados con la clase.

—Yo tengo la palabra "carrera". En inglés existe "career", pero no se usa siempre igual.

ESTRATEGIAS

¿Cuántas lenguas conocemos? Podemos aprovechar nuestros conocimientos plurilingües para aprender vocabulario. Pero, cuidado: hay muchas palabras parecidas en más de una lengua que tienen usos o significados diferentes.

15. LO PRIMERO ES LO PRIMERO

 PREPÁRATE

A. Según tu opinión, ¿qué es importante para tener éxito en una entrevista de trabajo? Puedes preguntar a otras personas o buscar ideas en la red. Escribe, como mínimo, cuatro requisitos.

• • •

Es importante mostrar seguridad y…

B. Lee el texto y subraya los criterios que utilizan estos expertos en los procesos de selección de sus empresas. ¿Hay coincidencias entre ellos? Después, compara estos datos con la infografía de Documentos para empezar.

El mejor candidato para nuestro equipo

Luisana

Cuando seleccionamos personal, lo primero que miramos es la parte técnica: qué estudios tiene el candidato, si tiene experiencia en proyectos internacionales, conocimientos de idiomas, etc. A continuación, hacemos dos o tres entrevistas presenciales para obtener una impresión de la persona en diferentes aspectos, por ejemplo, ver si nos parece una persona positiva, si va a ser fácil colaborar con ella o si puede ser un compañero difícil. También nos interesa mucho la foto del currículum, creemos que puede decir mucho de la persona. Al final, tomamos una decisión, pero no es fácil.

Ángel

Para mí hay tres factores clave para elegir a una persona para nuestra compañía: en primer lugar, en las entrevistas yo observo mucho cómo se expresan, si saben comunicarse con seguridad y, al mismo tiempo, mantienen una sonrisa. En segundo lugar, miro si me parece que la persona puede adaptarse al equipo. Y, por último, además de personas con buenas cualificaciones, buscamos gente con interés por continuar aprendiendo. En general, nos interesa mucho la gente joven con experiencia intercultural.

Beatriz

En nuestro colegio somos muy estrictos con las candidaturas a puestos de profesor. Primero analizamos muy bien los perfiles y solo invitamos a candidatos con muy buenas cualificaciones, pero, luego, en las entrevistas somos bastante informales porque queremos conocer a la persona real, así que intentamos no hacer preguntas típicas o difíciles; buscamos la espontaneidad. Lo primero es saber si se trata de alguien apasionado por la educación. Después nos interesa ver si tiene capacidad de trabajo en equipo, pero también si está centrado en los alumnos y si su objetivo son los intereses de los niños y los adolescentes. Finalmente, respecto a los conocimientos, depende de la asignatura, pero en todos los casos nos interesa el conocimiento de lenguas extranjeras y de informática.

C. En parejas, buscamos en el texto palabras que sirven para indicar el orden de las acciones y las organizamos en una tabla como esta.

Marcadores para indicar el orden de una secuencia		
Inicio	Desarrollo	Final
Primero		

D. En parejas, escribimos cómo pensamos que se debe preparar un buen currículum: qué pasos hay que seguir, cómo se tiene que secuenciar la información, cómo se tiene que presentar…

Lo primero es pensar si necesitas un currículum o varios diferentes…

E. Ponemos en común nuestras propuestas.

16. EL MERCADO LABORAL

A. En parejas, buscamos datos sobre diferentes aspectos del mercado laboral de nuestro país (empleo por edades y sexo, sueldo mínimo, sectores, horarios de trabajo, desempleo...) Anotamos los resultados y las fuentes que hemos consultado.

Argentina sube 33% el salario mínimo

La nueva cifra surge tras el Consejo Nacional de Empleo. También asc...

EL PAÍS
Buenos Aires

B. Elegimos dos de esos aspectos y buscamos información sobre cómo son en dos países de habla hispana.

C. Hacemos una breve presentación con los datos encontrados. ¿Hay diferencias importantes entre los países? ¿Ha sido fácil encontrar la información? ¿Qué fuentes hemos consultado?

— *Nosotros hemos buscado información sobre el sueldo mínimo en Bolivia y en Colombia y hemos descubierto que...*

 ESTRATEGIAS

Cuando buscamos informaciones muy específicas, realizamos una lectura selectiva: no siempre es necesario leer los documentos enteros ni comprender exactamente todas las palabras. Así, si solo buscamos una estadística determinada, podemos leer un gráfico.

17. TALENTOS ESPECIALES

 PREPÁRATE

A. Prepara tu candidatura para al menos dos de estos trabajos. ¿Qué experiencias, conocimientos y competencias tienes para desempeñar estas profesiones? ¿Puede servirte alguna de las ideas de 7C?

- Guía turístico para viajes al espacio
- Probador de colchones
- Catador de comida para mascotas
- Cuentacuentos para dormir a clientes de hotel

Yo soy el candidato perfecto para trabajar de cuentacuentos en el hotel porque sé cuatro idiomas y tengo la voz muy suave. Además,...

B. En grupos escogemos al mejor candidato para cada puesto.

GRAMÁTICA

GERUNDIO

El gerundio es una forma no personal del verbo que permite expresar una acción vista en su desarrollo. Si no forma parte de una perífrasis, funciona como un adverbio de modo, es decir, responde a la pregunta **¿cómo?**.
—¿Cómo ha conseguido Luis von Ahn tanto éxito?
—Pues **siendo** muy innovador y **arriesgando** mucho.

El gerundio es invariable y se forma añadiendo **-ando** a la raíz de los verbos de la primera conjugación (**-ar**) y **-iendo** a la raíz de los verbos de la segunda y la tercera conjugación (**-er**/**-ir**).

terminados en -ar
escuchar **>** escuch**ando**
terminados en -er
aprender **>** aprend**iendo**
terminados en -ir
vivir **>** viv**iendo**

▶ **Verbos con cambio de vocal en la raíz**
En los verbos de la tercera conjugación (**-ir**) cuya última vocal de la raíz es una **e**, esta cambia a **i**.

decir	**>**	d**i**c**iendo**
mentir	**>**	m**i**nt**iendo**
preferir	**>**	pref**i**r**iendo**
reír	**>**	r**iendo**

Hay un grupo pequeño de verbos con una **o** en la raíz que cambia a **u**.

dormir	**>**	d**u**rm**iendo**
morir	**>**	m**u**r**iendo**
poder	**>**	p**u**d**iendo**

El verbo **ir** y los verbos acabados en **-er**/**-ir** cuya raíz termina en vocal, tienen la terminación **-yendo**.

traer	**>**	tra**yendo**
leer	**>**	le**yendo**
oír	**>**	o**yendo**
ir	**>**	**yendo**

PRETÉRITO PERFECTO Y MARCADORES TEMPORALES

El pretérito perfecto es un tiempo compuesto. Se construye con el presente de indicativo del verbo **haber**, que es el verbo auxiliar, más el participio del verbo en cuestión.

	presente del verbo haber	**+ participio**
yo	**he**	
tú, vos	**has**	
él, ella, usted	**ha**	**hablado**
nosotros, nosotras	**hemos**	**tenido**
vosotros, vosotras	**habéis**	**venido**
ellos, ellas, ustedes	**han**	

El participio es invariable y se forma añadiendo -**ado** a la raíz de los verbos terminados en -**ar** e -**ido** a los verbos terminados en -**er** y en -**ir**.

▶ Participios terminados en -ar

encontrar	>	encontr**ado**
hablar	>	habl**ado**
mostrar	>	mostr**ado**

▶ Participios terminados en -er

vender	>	vend**ido**
ser	>	s**ido**
aprender	>	aprend**ido**

▶ Participios terminados en -ir

dormir	>	dorm**ido**
ir	>	**ido**
vivir	>	viv**ido**

▶ Participios irregulares

Existen participios irregulares. Estos son algunos de los más frecuentes:

abrir	>	**abierto**
decir	>	**dicho**
escribir	>	**escrito**
hacer	>	**hecho**
poner	>	**puesto**
romper	>	**roto**
ver	>	**visto**
volver	>	**vuelto**

▶ Uso del pretérito perfecto

Con el pretérito perfecto nos referimos a acontecimientos pasados que se producen en un tiempo que incluye el actual; es decir, que la acción ha terminado, pero el periodo de tiempo no.

 El pretérito perfecto es propio del español estándar en España. En muchas zonas de habla hispana es menos frecuente o no se utiliza en la lengua oral.

Muchas veces enmarcamos la acción en un periodo de tiempo con marcadores como:

**hoy
esta mañana/tarde/semana…
este fin de semana/mes/año…
últimamente
hasta el momento
hasta ahora**

He hablado con el rector esta mañana.
Esta semana hemos tenido muchas visitas.
(las acciones **hablar** y **tener visitas** han teminado, pero la mañana, el día de hoy o la semana continúan)

desde (que) + punto en el pasado
Jorge me ha llamado tres veces desde ayer.
Desde que trabajo en esta empresa he aprendido mucho.

También usamos el pretérito perfecto para hablar de experiencias sin especificar el momento de la acción. En este caso utilizamos frecuentemente marcadores temporales como:

**una/alguna vez
varias/algunas/dos/tres/muchas veces
nunca
siempre
ya
todavía no**

He vivido varias veces en el extranjero y siempre he encontrado trabajo en empresas interesantes. ¡Qué suerte! Yo nunca he trabajado en otro país.

 En ocasiones no se explicita el momento.
¿Tú has estado en Sudamérica, Carmen?

SE PARA EXPRESAR IMPERSONALIDAD

Utilizamos la forma **se** + verbo en 3.ª persona para dar una información sin mencionar al sujeto de la frase (cuando el sujeto no nos parece importante o para generalizar).

se + verbo en 3.ª persona del singular
Se usa con verbos sin complemento directo y con verbos seguidos de un complemento directo singular, un infinitivo o un complemento con preposición.
En Bellas Artes se va mucho a museos y exposiciones.
En Filología Árabe se estudia árabe clásico.
No se puede aparcar en todo el campus.
No se admite a personas sin invitación.

se + verbo en 3.ª persona del plural
Se usa con verbos con objeto directo plural.
Se buscan licenciados en Física.

En las construcciones con **se** + verbo + infinitivo + complemento directo en plural, se usa la 3.ª persona del plural en función del tipo de verbo.

Con verbos como **poder**, **deber** o **querer**, se usa la 3.ª persona del plural.
*Aquí no **se pueden dejar** las mochilas.*

*Aquí no **se permite dejar** las mochilas.*

HABLAR DE HABILIDADES Y TALENTOS
Utilizamos el verbo **saber** para hablar de nuestros conocimientos y capacidades.
*Nuria **sabe** francés/informática.*
*Nuria **sabe** mucho de ordenadores.*
*Miguel **sabe** jugar muy bien al tenis.*

 El verbo **poder** no tiene este significado en español.
Puedo esquiar. (tengo la posibilidad de hacerlo, por ejemplo, porque tengo tiempo)
Sé esquiar. (he aprendido a hacerlo)

Utilizamos **se me da/n bien/mal**... para hablar del talento que tenemos para ciertas actividades.
Se me da muy bien la música.
¿Qué tal se te da dibujar?
Se me dan muy mal las matemáticas.

También usamos estructuras como:
ser (**muy**) **bueno/-a** + gerundio
*Mi hermana **es muy buena** tocando la guitarra.*

ser (**muy**) **bueno/-a con** + sustantivo
*Carlota **es muy buena con** los números.*

PERÍFRASIS
▶ **Obligación o necesidad:** tener que **+ infinitivo**

	TENER	que	+ infinitivo
yo	**tengo**		
tú, vos	**tienes/tenés**		
él, ella, usted	**tiene**	**que**	estudiar
nosotros, nosotras	**tenemos**		poner
vosotros, vosotras	**tenéis**		salir
ellos, ellas, ustedes	**tienen**		

Tengo que terminar el trabajo hoy.
*Hoy el metro no funciona y **he tenido que venir** en bici.*
Tienes que llamar a la oficina de información antes de las 14 h.

▶ **Acción futura:** ir a **+ infinitivo**
Se usa para presentar una acción futura como consecuencia directa de otra o como una decisión.

	IR	a	+ infinitivo
yo	**voy**		
tú, vos	**vas**		
él, ella, usted	**va**	**a**	estudiar
nosotros, nosotras	**vamos**		poner
vosotros, vosotras	**vais**		salir
ellos, ellas, ustedes	**van**		

*Este año **voy a estudiar** mucho.*
*Con esta titulación, no **vas a tener** problemas para encontrar un buen trabajo.*
*¿De verdad no **vais a venir** a la inauguración?*

▶ **Acción en proceso:** estar **+ gerundio**

	ESTAR	+ gerundio
yo	**estoy**	
tú, vos	**estás**	
él, ella, usted	**está**	estudi**ando**
nosotros, nosotras	**estamos**	pon**iendo**
vosotros, vosotras	**estáis**	sal**iendo**
ellos, ellas, ustedes	**están**	

*Estos días **estamos teniendo** muchos problemas informáticos.*
*Mi hermano **está haciendo** un Erasmus en Milán.*

Las perífrasis pueden usarse en diferentes tiempos.

• Presente
Estoy leyendo un libro muy interesante.

• Pretérito perfecto
He estado estudiando toda la mañana.

ME GUSTARÍA + INFINITIVO
Se usa para expresar deseos que no parecen fáciles de realizar o planes que no hemos decidido. Podemos dar más intensidad al deseo utilizando **mucho** o **muchísimo**.

(A mí) **me**			
(A ti) **te**			
(A él, ella, usted) **le**	**gustaría**	mucho/ muchísimo	tocar hacer salir
(A nosotros/-as) **nos**			
(A vosotros/-as) **os**			
(A ellos, ellas, ustedes) **les**			

Me gustaría vivir en el extranjero durante un tiempo.
Me gustaría mucho hacer un máster en Derecho.
Me gustaría muchísimo trabajar en la universidad.

LÉXICO

COMPETENCIAS Y PERSONALIDAD

ser (una persona)
- muy organizado/-a
- responsable
- competente
- eficaz
- comprometido/-a
- motivado/-a

PROFESIONES Y EXPERIENCIA

ser / trabajar de
- abogado/-a
- profesor/a
- guía turístico/-a
- analista de bolsa
- cocinero/-a
- médico/-a
- director/a de orquesta
- redactor/a
- arquitecto/-a

tener
- (mucha/poca) experiencia
- un perfil (poco/muy) interesante

tener experiencia como
- jefe/-a de cocina
- ayudante de laboratorio
- responsable de ventas
- director/a de hotel

tener experiencia en
- recursos humanos
- relaciones públicas
- gestión de proyectos
- relaciones internacionales
- *marketing*
- análisis clínicos

En general, en español las profesiones tienen masculino y femenino.
agricultor/agricultora
cocinero/cocinera
escritor/escritora
peluquero/peluquera

🔔 Para el femenino de algunas profesiones existe vacilación en el uso actual.
médico/médica
arquitecto/arquitecta
juez/jueza
presidente/presidenta

CARACTERÍSTICAS DEL TEXTO

CONECTORES PARA ESTRUCTURAR SECUENCIAS

primero, en primer lugar, para empezar
Se utilizan para indicar el primer paso o elemento.
Primero analizamos muy bien los perfiles.

luego, en segundo lugar, después, a continuación, seguidamente
Presentan elementos intermedios de una secuencia.
Después nos interesa ver su capacidad negociadora.

por último, al final, finalmente
Presentan elementos finales de una secuencia.
Por último, realizamos una entrevista personal.

En caso de incendio, no se deben usar los ascensores.

6

VIAJES

CULTURA
- Países y ciudades de habla hispana
- Viajes y movimientos migratorios
- Diversidad cultural

COMUNICACIÓN
- Hablar sobre viajes
- Referirse a acciones y acontecimientos en el pasado
- Describir lugares

GRAMÁTICA
- El pretérito indefinido: verbos regulares
- El pretérito indefinido de **hacer**, **ir** y **ser**
- Contraste pretérito perfecto-indefinido
- Dar consejos
- Pronombres relativos de lugar: **donde, en el que, en la que**

LÉXICO
- Los verbos **ir** y **venir**
- El verbo **saber**
- Actividades en viajes
- Tipos de viajes y motivaciones
- Tipos de alojamientos
- Comidas, bebidas y restaurantes

CARACTERÍSTICAS DEL TEXTO
- Conectores causales: **porque, como, por eso**
- Conectores consecutivos: **así que, de manera que**

1. CITAS

 PREPÁRATE

A. Lee estos fragmentos de canciones que hablan de viajes y piensa en una posible continuación para cada uno.

1

Volando voy,
volando vengo.
Por el camino
yo me entretengo.
Volando voy
KIKO VENENO

2

Dicen que viajando
se fortalece el corazón,
pues andar nuevos caminos
te hace olvidar el anterior.
Solo se trata de vivir
LITTO NEBBIA

3

Soy del norte, del sur,
del oeste, del este.
Una viajera sin paradero,
sin nombre, sin carnet.
Yo soy ciudadano del planeta tierra,
ser humano que no cree en las fronteras.
La rosa de los vientos
MAKIZA

Volando voy
volando vengo
por el camino
yo me entretengo.
Me gusta conocer gente,
me gusta ir tranquilamente.

B. En parejas, nos intercambiamos las frases. Buscamos en las de nuestros compañeros un símbolo del tema "viajes" y lo dibujamos para compartirlo con el resto de la clase.

C. Presentamos en la clase los símbolos. Al final, decidimos el que más nos gusta para representar el tema de la unidad.

— *Yo he elegido los ojos, porque en un viaje tienes que mirar bien para descubrir cosas nuevas.*

ACTIVIDAD COMPLEMENTARIA en campus.difusion.com

2. INFOGRAFÍA

A. Piensa en dos lugares que te gustan de la ciudad donde estás estudiando. ¿Dónde están? ¿Por qué son especiales para ti? Lleva a clase alguna foto para presentar estos lugares a tus compañeros.

B. Aquí tienes sugerencias para pasar un día en Barcelona. Lee la infografía y marca las actividades que más te gustaría hacer allí.

C. En grupos pequeños, compartimos nuestras respuestas a A. ¿Conocemos los lugares recomendados por los demás compañeros?

D. Comentamos nuestras respuestas a B. ¿Se pueden hacer cosas parecidas en nuestra ciudad? ¿Dónde?

— En Berlín, se puede desayunar un buen café con leche en Mitte.
— Sí, y se puede ir de pícnic a...

E. Vamos a hacer un cartel para un día perfecto en nuestra ciudad. ¿Qué presupuesto tenemos?

F. Presentamos los carteles a los demás compañeros y organizamos una exposición en clase.

EL PLAN PERFECTO EN BARCELONA

(POR MENOS DE 100 EUROS)

DESAYUNAR UN BUEN CAFÉ CON LECHE PARA COGER ENERGÍA

PASEAR POR PASEO DE GRACIA

IRSE DE PÍCNIC A COLLSEROLA

TOMARSE UNOS VINOS POR EL BORN

DARSE UN PASEO EN BICI POR LA PLAYA

DISFRUTAR DEL BUEN ROLLO DE ALGUNA TERRAZA DE GRACIA

LEER LA PRENSA EN ALGÚN BAR DE SARRIÀ

DESCUBRIR NUEVOS SITIOS PARA CENAR EN EL RAVAL

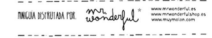

MINIGUÍA DISFRUTADA POR. mr wonderful   www.mrwonderful.es
www.mrwonderfulshop.es
www.muymolon.com

3. IMÁGENES

A. ¿Cuántos nombres de ciudades de habla hispana recuerdas? ¿Cuántas son capital de su país? ¿Cuáles has visitado?

B. Lee las siguientes informaciones e intenta adivinar de qué ciudades son estas fotos. Atención: una de ellas no está en un país de habla hispana.

C. Hacemos nuestro mapa de Latinoamérica y España con los nombres de las ciudades de A. Marcamos las que ha visitado algún miembro del grupo.

D. Comparamos las hipótesis de B.

E. En grupos, buscamos alguna información y una foto de otra ciudad de habla hispana y los demás tratan de adivinar cuál es.

1

Es la capital de un país que tiene un famoso canal. En esta ciudad se llega a los 30 grados todos los meses del año. Su nombre es también el de un sombrero.

2

Está en el centro geográfico de su país. La comunidad autónoma donde se encuentra tiene el mismo nombre.

3

Tiene más de 11 millones de habitantes. Se encuentra a unos 80 kilómetros de la costa y es un importante centro financiero internacional.

4

Se encuentra a más de 2500 metros de altitud y tiene más de cien universidades y centros de enseñanza superior. Es la capital de su país.

1. Ciudad de Panamá (Panamá) 2. Madrid (España) 3. São Paulo (Brasil) 4. Bogotá (Colombia)

4. ¿"CUÁNTAS CULTURAS" VES CUANDO VIAJAS?

PREPÁRATE

A. ¿Hay ejemplos de diversidad cultural en tu lugar de origen? ¿Se nota en la comida, la arquitectura, la música, en las lenguas...?

B. ¿En qué ámbitos existe diversidad cultural en los lugares que presenta el texto? Anótalo en una tabla como esta.

Lugar	¿En qué influye?
Puerto Rico	En la lengua, la música...

C. Comparamos con otras personas nuestras respuestas a A.

—*Aquí, en Ámsterdam, hay templos de religiones diferentes: iglesias cristianas, mezquitas, un templo budista... La sinagoga portuguesa es muy famosa también.*

D. En parejas, investigamos en internet y pensamos, para cada uno de los lugares del texto, en una actividad o un lugar interesante que podría visitarse en un viaje de estudios.

—*En Puerto Rico nosotros proponemos hacer un curso de cocina en la Escuela Hotelera porque nos gustaría conocer la cocina de la isla.*

E. Ahora comparamos las propuestas de todos y elegimos la mejor para cada lugar. ¿A cuál de los destinos nos gustaría más viajar?

F. Redactamos juntos un último párrafo para cada texto recogiendo la propuesta que hemos elegido en E.

Una manera de conocer la cocina de Puerto Rico es visitar la Escuela Hotelera de San Juan, el lugar perfecto para conocer la gastronomía del país...

ACTIVIDAD COMPLEMENTARIA
en campus.difusion.com

CONTACTO ENTRE CULTURAS

¿UN FENÓMENO DE NUESTRA ÉPOCA?

Viajes de trabajo, de estudios o vacaciones, desplazamientos debidos a guerras, crisis económicas o catástrofes naturales... Son muchas las razones para viajar o cambiar de país y la sociedad actual se caracteriza por la movilidad y el contacto entre culturas.

Pero ¿es este un fenómeno nuevo? Viajando un poco y observando a nuestro alrededor podemos comprobar fácilmente que no: aunque el contacto entre culturas no siempre se ha producido de forma pacífica, las culturas se influyen unas a otras desde siempre.

Aquí tienes algunos ejemplos del mundo hispano.

TEXTO MAPEADO
en campus.difusion.com

Taínos, españoles, africanos, estadounidenses...

La identidad de muchos países americanos se formó por la fusión de diferentes culturas a lo largo de los siglos. Un buen ejemplo de eso es Puerto Rico: a la población originaria de la isla, la llamada cultura taína, se unió la de los conquistadores españoles, que, entre otras cosas, llevaron la lengua y dejaron numerosas obras arquitectónicas en la isla.

Poco más tarde, en el siglo XVI, empezó el comercio de esclavos africanos. Después de la abolición de la esclavitud, aumentaron las relaciones de los descendientes de africanos con el resto de la población y también su influencia en la lengua, la música o la cocina.

Tras la independencia de España, Puerto Rico comenzó una nueva etapa bajo el dominio de Estados Unidos y la identidad cultural de la isla y su lengua recibieron nuevas influencias. Actualmente, Puerto Rico tiene el estatus de Estado Libre Asociado de Estados Unidos, pero la sociedad boricua (nombre con el que se conoce también a los puertorriqueños) mantiene unas raíces culturales que la hacen única.

La ciudad de las tres culturas

En la historia europea se han producido muchos conflictos, guerras y expulsiones, pero también encontramos ejemplos de convivencia entre culturas como la ciudad española de Toledo. La arquitectura de esta ciudad nos muestra que hubo largos periodos de coexistencia de musulmanes, judíos y cristianos.

Un hecho importante es que durante dos siglos (XII y XIII), en esta ciudad, un grupo de estudiosos tradujo al latín obras clásicas griegas y árabes de filósofos y científicos. Por eso, se suele llamar a Toledo "ciudad de las tres culturas".

Me llamo Simunovic y soy chileno

En el siglo XIX llegaron a América Latina varias oleadas de europeos buscando un futuro mejor o, posteriormente, como consecuencia de la Primera Guerra Mundial. Se calcula que entre 1870 y 1930 se trasladaron a América Latina unos 13 millones de europeos.

En el caso de Chile, el gobierno apoyó la llegada de colonos europeos, especialmente alemanes, británicos, croatas, franceses, holandeses, italianos y suizos. La lengua, algunas costumbres y también la arquitectura muestran la presencia de estos emigrantes. Por ejemplo, la ciudad de Punta Arenas, en el estrecho de Magallanes, fue destino de muchos europeos. Por esta razón, en las lápidas del famoso cementerio —y monumento nacional— de Sara Braun pueden leerse apellidos de muy diferentes países.

5. ¿CÓMO TE GUSTA VIAJAR?

🏠 PREPÁRATE

A. Lee estas entradas publicadas en un foro de viajeros y elige la propuesta que más te gusta.

B. Busca en el texto la información necesaria para completar una tabla como esta. ¿Puedes añadir otras palabras?

Dónde dormir	Tipo de viaje	Cuándo viajar
....	....	....

● ● ●
← → C 🏠 ○

bioviajes   Publicado: Lunes, 12 de abril   **Asunto: Amantes de la biología**

¡Hola! Somos dos amigos profesores de biología y nos gustaría crear un grupo de personas interesadas en hacer viajes de naturaleza por España los fines de semana. Este año, en el puente de mayo, queremos ir por el norte de España. Tenemos pensado ir a los Picos de Europa y también avistar aves en las marismas de Santoña. Creemos que puede ser una experiencia bonita. Si te gustan los animales, los paisajes, las plantas y no te dan miedo la lluvia, el calor o dormir en una tienda de campaña... ¡este es tu grupo!

MarioR   Publicado: Jueves, 18 de junio   **Asunto: Compañeros de viaje a Marruecos**

¡¡Hola!! ¡¡Busco gente con ganas de hacer viajes de aventura!! Quiero hacer una ruta por Marruecos en verano. Mi idea es ir a albergues o a pensiones, en plan *low cost* y empezar haciendo *windsurf* en Esauira, luego visitar Marrakech y acabar en el desierto de Merzouga y pasar allí un par de noches, una de ellas en un campamento de haimas. La idea es alquilar una furgoneta, pero acepto otras propuestas. ¡Espero vuestras noticias!

Mercedes   Publicado: Sábado, 25 de noviembre   **Asunto: Navidades en Europa**

¡Hola! Soy de Montevideo, tengo 35 años y me gustaría viajar las próximas navidades a alguna ciudad europea con otra mujer. Yo ya conozco Roma y París, y estaría bueno si puede ser otro destino.
Busco gente de mi edad con ganas de pasarla bien y de disfrutar del día y de la noche: visitar museos, salir a comer, ir a algún concierto (nosotros le decimos "toque"), a bailar... Me encanta conocer las ciudades en bicicleta y mi idea es buscar algún hotel barato o un apartamento en Airbnb. Si te parece una buena idea, podés dejarme un mensaje de voz haciendo clic acá.
¡Un saludo! Mercedes

C. Por parejas, compartimos nuestras respuestas a A y B.

D. 🔊 17   Cuatro mujeres dejan un mensaje de voz a Mercedes. ¿Quién creemos que puede ser la mejor compañera para ella? Tomamos notas para explicar por qué. Después, las comparamos con las de otra persona.

TRANSCRIPCIÓN MAPEADA en campus.difusion.com🖱

E. Escribimos nuestro perfil de viajero: qué tipo de viajes nos gusta hacer, con quién, cuándo, dónde solemos alojarnos, qué cosas nos gusta hacer...

F. Ahora, nos levantamos y buscamos personas afines por la clase. Después, ya en pequeños grupos, escribimos una entrada en el foro explicando nuestra propuesta de viaje y buscando compañeros para hacer el viaje juntos.

ACTIVIDAD COMPLEMENTARIA en campus.difusion.com🖱

6. ME ENCANTÓ LA COMIDA

GRAMÁTICA

PREPÁRATE

A. ¿Qué valoras especialmente cuando vas a un restaurante? Ordena estos aspectos de mayor (10) a menor (1) importancia.

- el precio
- la decoración
- la calidad de la comida
- la cantidad
- la música
- la oferta para vegetarianos
- el servicio
- la localización
- el ambiente
- la bebida

Unos amigos nos recomendaron El Gourmet. Hice la reserva y fuimos el fin de semana. Comí una carne buenísima, acompañada con pimientos y arroz. Pero la ración me pareció algo pequeña. Eso sí, los postres eran exquisitos.

Rosa

La Trastienda es un lugar bastante agradable, aunque algo caro. El servicio fue muy bueno. Yo probé el vino de la casa: ¡excelente!, y mis amigos probaron la sangría, también muy buena.

Samuel

El otro día fui a cenar a Da Carlo con los compañeros de trabajo y salimos realmente satisfechos. Compartimos unas ensaladas y unas pizzas, todo riquísimo (creo que comimos demasiado 😮). El único problema es que el local es un poco ruidoso.

Manuel

Me encanta la comida mexicana y en ningún sitio me han tratado tan bien como en El Embarcadero. Fui el sábado y me gustó todo: la música, la cocina, el ambiente... Salí muy contento. ¡Ah! Y el barman nos hizo el mejor margarita que he probado nunca.

Raúl

La semana pasada mi familia y yo celebramos el cumpleaños de mi hijo en El comedor. Fue una experiencia terrible. Todo era muy elegante y muy bonito, pero nos trataron mal y tardaron mucho en servirnos la comida, que además era muy escasa. No nos gustó nada, mi hijo casi no comió. No lo recomiendo en absoluto.

Elisa

B. Lee los testimonios de estas personas. ¿Se refieren a alguno de los aspectos comentados en A? Márcalo en el texto.

C. En los textos aparecen varias formas regulares del pretérito indefinido. Observa las terminaciones y completa la tabla.

PROBAR	COMER	SALIR
....	....	....
prob**aste**	com**iste**	sal**iste**
prob**ó**	....	sal**ió**
prob**amos**	....	....
prob**asteis**	com**isteis**	sal**isteis**
....	com**ieron**	sal**ieron**

D. En los textos hay también algunos verbos irregulares: ser, ir, hacer. Observa las formas y completa la tabla.

IR/SER	HACER
....	....
fuiste	hiciste
....	....
....	hicimos
fuisteis	hicisteis
fueron	hicieron

E. Compartimos nuestras respuestas a A: ¿tenemos criterios parecidos?

F. ¿Hemos marcado los mismos fragmentos en B?

G. Comprobamos en Recursos lingüísticos si hemos deducido bien las formas de la conjugación del pretérito indefinido en C y D.

H. En pequeños grupos, escribimos un comentario sobre un restaurante de nuestra ciudad. Podemos convertir la pizarra de la clase en un tablón con todas las recomendaciones.

Fui a un restaurante de comida peruana.
Comí en un lugar muy bonito/ agradable...
Tomé de primero...
Me encantó el servicio.
No me gustó mucho el ambiente.
La comida estaba fría/salada...
Los postres estaban muy ricos/ buenísimos...
El vino era excelente / muy caro...

7. VACACIONES, LUGARES, ACTIVIDADES

LÉXICO

 PREPÁRATE

A. ¿Qué actividades asocias con las vacaciones? Toma notas y llévalas a clase.

Tomar helados, pasear por la playa…

B. Comparamos nuestras respuestas.

C. Completamos entre todos en la pizarra una tabla con actividades que se pueden hacer durante las vacaciones en estos lugares. ¿Cuáles pueden hacerse en más de un sitio?

playa	montaña	ciudad	pueblo
Tomar el sol	....	....	....

8. LO QUE NO SE TE PUEDE OLVIDAR

GRAMÁTICA Y LÉXICO

PREPÁRATE

A. ¿Qué tipo de actividades al aire libre te gusta hacer cuando viajas? Haz una lista con las cosas que necesitas para realizarlas.

Dar paseos en bici > ropa cómoda, gafas de sol…
Ir a la playa > bañador, protector solar…

B. Lee la infografía. ¿Crees que los consejos son adecuados para la gente que hace senderismo? ¿Te parece que falta alguno? Añádelo.

C. Busca en la infografía las expresiones que se utilizan para hacer recomendaciones y haz una lista con ellas.

D. Comentamos con otras personas nuestras respuestas a A. ¿Cuál es la actividad más popular en la clase?

E. Comparamos nuestras respuestas a B y C.

F. En parejas o pequeños grupos, vamos a crear nuestra propia infografía con consejos para una actividad que nos gusta hacer.

Fuente: lemi.com.mx

LO QUE TODO SENDERISTA DEBE TENER EN CUENTA

1. Época del año y clima
Para no perderse, es importante terminar las caminatas antes del anochecer. ¿A qué hora se hace de noche en invierno y en verano en tu región? ¿Cuáles son las horas de más calor? ¿A qué hora vas a empezar la ruta?

2. Bebida y comida
Puede ser útil informarse antes de si hay bares o refugios durante el camino donde beber o comer algo. En todo caso, siempre debes llevar como mínimo un litro de agua por persona y algo de comida, por ejemplo, frutos secos o barritas energéticas. Te aconsejamos llevar una navaja y también alguna bolsa o recipiente para los desperdicios.

3. Alojamiento
Si planeas hacer noche, debes buscar información sobre alojamientos y es muy conveniente reservar. También puede ser buena idea leer las experiencias de otros senderistas o preguntar en algún foro. ¿O prefieres llevar tu tienda de campaña? En ese caso, tienes que informarte de los lugares donde está permitido acampar.

4. Ropa
Además de un calzado adecuado para andar por el bosque y los caminos de montaña, debes llevar siempre alguna prenda impermeable: nunca se sabe si puede empezar a llover.

5. Y algunos consejos para evitar problemas
Según la zona y la ruta, te puede convenir llevar alguna de estas cosas: gorra, gafas de sol, repelente contra insectos… ¿Has pensado en todos los detalles?

Además, te aconsejamos llevar siempre un mapa de la zona y una brújula.

9. VIAJAR PARA EMPEZAR UNA NUEVA VIDA

🏠 **PREPÁRATE**

A. Anota los motivos por los que, en tu opinión, una persona puede cambiar su lugar de residencia a otro país.

• • •

📝

Se puede cambiar de lugar de residencia por razones familiares.

B. Lee este texto sobre José Andrés, un cocinero español muy conocido. ¿Por qué crees que cambió de residencia?

C. En el texto se utilizan formas de pretérito perfecto e indefinido. ¿Qué expresamos con uno u otro? Fíjate en los marcadores temporales subrayados. ¿A qué tiempo acompañan?

D. Comparamos en pequeños grupos nuestras hipótesis de B y C. Podemos consultar la página de Recursos lingüísticos.

El cocinero español José Andrés <u>nació</u> en Asturias <u>en 1969</u>. <u>A los cinco años</u> **se fue** a vivir con su familia a Barcelona, donde **estudió** Restauración y Hostelería. <u>Durante dos años</u> **trabajó** en El Bulli junto a Ferrán Adriá.
<u>En 1991</u> **se trasladó** a Estados Unidos, donde **comenzó** su carrera profesional. José **ha conseguido** fama mundial por su forma de combinar la cocina tradicional española con técnicas de vanguardia. Además, Andrés participa en labores humanitarias: <u>en 2012</u> **fundó** la World Central Kitchen, una ONG comprometida en la lucha contra el hambre y la pobreza. <u>Ese mismo año</u> la revista *Time* <u>lo nombró</u> una de las cien personas más influyentes del mundo. Por todo ello, **ha recibido** varios premios internacionales. <u>En 2013</u> **adoptó** la nacionalidad estadounidense.
Un dato interesante: <u>en 2016</u> **viajó** a Cuba como miembro de la delegación del entonces presidente Obama.

E. Ahora que hemos reflexionado sobre el tema, vamos a buscar en los textos de la actividad 4 más ejemplos de uso del indefinido y la razón por la que se usa.

F. ¿Conocemos a personas que ya no viven en su país de origen? Compartimos con el grupo las razones por las que cambiaron su lugar de residencia.

Venir/ir a vivir por trabajo, por amor, por los estudios...
para estudiar, trabajar, vivir con su pareja...
con su familia, con su pareja...

— *Mi tía se fue a vivir a los Estados Unidos en los años 2000 para trabajar como profesora de italiano en la Universidad de Texas.*

10. EL VIAJE QUE CAMBIÓ MI DESTINO

🏠 **PREPÁRATE**

A. ¿Te interesa el voluntariado? Busca una organización que te guste o que conozcas e investiga los siguientes puntos:

• su fundador/a
• su actividad
• dónde actúa

B. Lee la historia de dos españoles que, tras un viaje, decidieron cambiar de vida para dedicarse a ayudar a otras personas. Compara sus historias: ¿qué puntos tienen en común?

Jaume Sanllorente, periodista económico de Barcelona, viajó a la India en 2003 para pasar las vacaciones. En Bombay visitó un orfanato, quedó impresionado por lo que vio y decidió cambiar de vida para ayudarlos. Así que volvió a Barcelona, vendió su piso y decidió crear la ONG Sonrisas de Bombay. Actualmente esta organización ayuda a unas 5000 personas con programas de salud, educación y desarrollo económico.

Lucía Lantero llegó a Haití en 2010 para realizar un voluntariado de tres meses en la comunidad de Anse-à-Pitres. Tras conocer las condiciones de vida de muchos niños sin techo, ella y su amigo Alexis Dérache decidieron fundar la organización Ayitimoun Yo (AYMY). Hoy AYMY da un hogar a más de 40 niños, ha creado la primera escuela gratuita de la zona y apoya microproyectos de desarrollo rural, todo ello con personal local y el apoyo de voluntarios médicos, enfermeros, psicólogos y especialistas en educación.

C. Presentamos al resto de la clase las ONG que hemos investigado en A.

D. En parejas, compartimos nuestras respuestas a B.

ACTIVIDAD COMPLEMENTARIA en campus.difusion.com

E. Ahora completamos una tabla como esta con ayuda de los textos y de las presentaciones de C.

ONG: DIFERENTES TAREAS Y LUGARES	
Lugares	**Actividades**
Orfanatos...	Acoger a niños sin casa...

11. UN LUGAR DONDE...

LÉXICO

 PREPÁRATE

A. Lee este cartel publicitario de Extremadura. ¿Entiendes los dos significados del verbo *saber*?

B. En la parte inferior del anuncio, aparecen una serie de actividades que se pueden hacer en la región. Explícalas con tus propias palabras.

| Tapeando en Extremadura | Enoturismo |

| Escapadas urbanas | Senderismo | Oleoturismo |

| Turismo cinegético |

C. En el texto las actividades simplemente se nombran; conviértelas en frases. Para ello, puedes utilizar pronombres relativos.

Extremadura es una región donde puedes...
Extremadura es una región en la que se puede...

D. Pensamos en un lugar que conocemos bien y en cuatro actividades que se pueden hacer en él. Representamos en una ficha las cuatro actividades con cuatro iconos. Nuestro compañero tiene que adivinar el lugar y las actividades que representan.

— *¿Esto es un río? ¿Es una ciudad donde se puede pasear por el río?*
— *Sí. Y también se pueden hacer barbacoas en verano...*

ACTIVIDAD COMPLEMENTARIA en campus.difusion.com

extremadura
SABE

En otoño Extremadura sabe a paseos, a bosques, sabe a compartir momentos y a descubrir secretos, sabe a agua limpia, a aire puro, sabe a paisaje infinito,

¿lo sabes tú?

Extremadura

Tapeando en Extremadura · Enoturismo · Oleoturismo
Escapadas Urbanas · Turismo Cinegético · Senderismo
Tesoros Unesco · Otoño Mágico · *Starlight* · *Birding*
turismoextremadura.com

Consejería de Economía e Infraestructuras

JUNTA DE EXTREMADURA

12. RECURSOS PARA CONECTAR IDEAS: CAUSA Y CONSECUENCIA

CARACTERÍSTICAS DEL TEXTO

PREPÁRATE

A. Lee la experiencia de Niko en Cartagena de Indias. ¿Qué te parece? ¿Qué opinas de pasar obligatoriamente un semestre en el extranjero?

Mi semestre en Cartagena de Indias (Niko, Alemania)
Estuve 17 semanas en Colombia porque en nuestra universidad es obligatorio pasar un semestre en el extranjero. Cartagena de Indias está situada en el mar Caribe, por eso me pareció un lugar fantástico para estudiar y vivir. Cuando llegué, la ciudad me impresionó muchísimo por su arquitectura y por su situación. Bocagrande, el barrio en el que vivía, está junto al mar, así que uno de mis mejores recuerdos son las tardes que pasé con mis amigos en la playa después de las clases.
Como me interesan mucho las lenguas, decidí asistir a clases de Lingüística y Literatura. Además, tuve la oportunidad de dar clases de alemán a alumnos colombianos y aprendí muchas cosas sobre mi propia lengua.
Colombia es un país con muchos lugares que merece la pena conocer, de manera que aproveché para viajar un poco por todo el país.
Ha sido una experiencia increíble que espero repetir pronto.

B. Niko utiliza algunos conectores para expresar causa y consecuencia. Lee de nuevo el texto y subráyalos.

C. Comentamos con otras personas nuestra opinión sobre A y ponemos en común B. Podemos consultar los Recursos lingüísticos.

D. Por parejas, buscamos y marcamos en el texto otros conectores o recursos lingüísticos que ya conocemos para conectar ideas, evitar repeticiones, etc. Para ello, podemos consultar los Recursos lingüísticos de las unidades anteriores.

E. Leemos la historia de Christian y simplificamos el texto usando conectores. Después, lo comparamos con el de otra persona.

Anna, mi mejor amiga, me llamó para hablarme del proyecto BreakOut.
El proyecto BreakOut se trata de una carrera solidaria.
El objetivo de la carrera solidaria es conseguir llegar lo más lejos posible haciendo autostop.
Los participantes forman equipos de dos personas.
Anna me invitó a participar con ella.
Antes de viajar, los participantes tienen que conseguir patrocinadores dispuestos a donar dinero por cada kilómetro recorrido.
El dinero conseguido se destina a dar becas a estudiantes de Sudáfrica.
Me gusta ayudar y me gusta viajar.
La idea me entusiasmó.
Le dije a Anna que sí inmediatamente.
Salimos de Múnich y decidimos preguntar en las gasolineras y áreas de servicio.
Conocimos a gente muy interesante y llegamos hasta Valencia.
Fue una experiencia fantástica.
Los equipos participantes en el proyecto reunieron más de 100 000 euros.

13. UN VIAJE DE ESTUDIOS

A. En pequeños grupos, vamos a realizar una propuesta de viaje de estudios a un lugar de habla hispana. Nuestro viaje debe incluir:

• una excursión a un entorno natural (una isla, un lago, un parque natural, etc.);
• la visita a un monumento importante;
• una actividad en una universidad: por ejemplo, ir a una clase relacionada con nuestros estudios o tener un encuentro con un grupo de estudiantes;
• una reunión en una empresa o institución relacionada con el mundo laboral.

B. Presentamos la propuesta al resto de la clase.

C. Después de las presentaciones, cada grupo analiza las propuestas y vota por la que le gusta más. ¿Cuál es la favorita de la clase?

—*Nosotros pensamos que la propuesta más interesante es el viaje a Chile, porque...*

14. MOVIMIENTOS MIGRATORIOS

🏠 PREPÁRATE

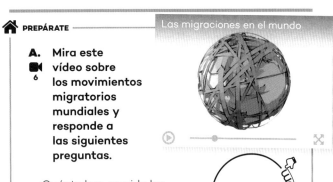
Las migraciones en el mundo

A. Mira este 🎥 vídeo sobre los movimientos migratorios mundiales y responde a las siguientes preguntas.
6

VÍDEO DISPONIBLE en campus.difusion.com

• ¿Cuánto han crecido las migraciones mundiales en los últimos 25 años?
• ¿Cuántos emigrantes legales hay aproximadamente hoy en día en el mundo?
• ¿Cuál es el país que más inmigrantes recibe?
• ¿Cuáles son los destinos principales en Europa?
• ¿Cuál es la cifra aproximada de emigrantes en África?
• ¿Cuál se considera que es hoy en día el nuevo polo de atracción? ¿Para quién?
• ¿Cuáles son las cifras de la emigración clandestina mundial?

B. Comparamos nuestras respuestas.

C. En pequeños grupos, vamos a investigar los movimientos migratorios más importantes del siglo xx en nuestro país o en algún país de habla hispana.

—*A finales de los años cincuenta y principios de los sesenta, a Portugal llegó mucha gente de Angola y Mozambique porque...*

D. Preparamos una presentación y la acompañamos de imágenes, fotos, vídeos...

RECURSOS LINGÜÍSTICOS

GRAMÁTICA

PRETÉRITO INDEFINIDO
▶ **Verbos regulares**

	-ar HABLAR	-er APRENDER	-ir VIVIR
yo	hablé	aprendí	viví
tú, vos	hablaste	aprendiste	viviste
él, ella, usted	habló	aprendió	vivió
nosotros, nosotras	hablamos	aprendimos	vivimos
vosotros, vosotras	hablasteis	aprendisteis	vivisteis
ellos, ellas, ustedes	hablaron	aprendieron	vivieron

🔔 Las terminaciones de los verbos de la segunda y la tercera conjugación son iguales.

🔔 En la formas regulares, la sílaba tónica está siempre en la terminación.

🔔 En los verbos regulares terminados en **-ar** e **-ir** la forma del pretérito indefinido de **nosotros/-as** es igual a la del presente.
*Ayer **empezamos** la clase a las dos, pero normalmente **empezamos** antes.*

▶ **Algunos verbos irregulares**

	IR/SER	HACER
yo	fui	hice
tú, vos	fuiste	hiciste
él, ella, usted	fue	hizo
nosotros, nosotras	fuimos	hicimos
vosotros, vosotras	fuisteis	hicisteis
ellos, ellas, ustedes	fueron	hicieron

🔔 Los verbos **ir** y **ser** tienen la misma forma en indefinido. El significado se entiende por el contexto.
*Luis y yo **fuimos** compañeros de clase.* (verbo **ser**)
***Fui** a Cuba el año pasado.* (verbo **ir**)

Usamos el pretérito indefinido para representar acciones pasadas terminadas y completas situándolas en un momento concreto del pasado, ya sea de manera explícita o implícita.

¿PRETÉRITO INDEFINIDO O PRETÉRITO PERFECTO?
Con el indefinido y el perfecto nos referimos a hechos pasados y terminados. Por eso, con ambos tiempos podemos hablar de la misma realidad, pero desde dos perspectivas diferentes.

▶ **Pretérito indefinido**
Con el indefinido nos referimos a un momento pasado que no está relacionado con el presente. Por eso, suele ir asociado a expresiones de tiempo como:

ayer	el lunes/martes
anteayer	en junio
el otro día	en 2012
el mes/año pasado	la última vez
la semana pasada	esa/aquella vez
ese/aquel día	hace dos años

*El sábado **celebramos** nuestro décimo aniversario.*
***Nos mudamos** a este barrio el año pasado.*
*Hace dos años **hicimos** una ruta en bici por Murcia.*

▶ Pretérito perfecto

Usamos el pretérito perfecto para referirnos a un momento del pasado que sí está relacionado con el momento presente. Por eso, suele ir asociado a expresiones de tiempo como:

> **hoy**
> **estos días**
> **esta mañana/tarde/semana**
> **este mes/año/verano**

*¡Por fin hoy **nos hemos comprado** los billetes!*
*Esta mañana no **he podido** llegar antes, perdona.*
*Este verano **habéis ido** muy poco a la playa, ¿no?*

Y también para hablar de experiencias vividas sin especificar cuándo tuvieron lugar. Para ello usamos expresiones de tiempo como:

últimamente	**nunca**	**hasta ahora**
siempre	**todavía no**	**x veces**

*Esta mañana **hemos celebrado** nuestro aniversario.*
*Siempre **hemos vivido** en este barrio. Nos encanta.*
*¡Luis **se ha casado** tres veces! ¿Lo sabías?*

DAR CONSEJOS

Para (ir a) la montaña	**es**	**importante fundamental necesario conveniente**	**llevar** siempre un mapa y una brújula.
Si estás pensando en hacer noche,	**puede ser útil te aconsejo te puede convenir tienes que**		**informarte** sobre los horarios y los alojamientos.

LÉXICO

LOS VERBOS IR Y VENIR

Venir expresa movimiento hacia el lugar donde estamos nosotros.
*Salgo en media hora, ¿**vienes** a buscarme?*

Ir se usa para expresar todos los demás movimientos.
*Lourdes **ha ido** al supermercado a por fruta.*

EL VERBO SABER

Saber = tener sabor

sabe a ⟩ canela ⟩ chocolate ⟩ menta

sabe ⟩ bien ⟩ mal ⟩ ácido ⟩ amargo ⟩ dulce ⟩ fuerte

Saber = tener conocimientos

sabe ⟩ inglés ⟩ francés ⟩ italiano ⟩ chino

sabe de ⟩ pintura ⟩ arte ⟩ economía ⟩ política

Saber = tener capacidad de hacer algo

sabe ⟩ nadar ⟩ tocar el piano ⟩ conducir ⟩ cocinar

ACTIVIDADES EN VIAJES

ir de ⟩ pícnic ⟩ excursión ⟩ vacaciones

hacer ⟩ turismo rural ⟩ una excursión ⟩ una escapada

⟩ senderimo ⟩ montañismo ⟩ *rafting*

TIPOS DE VIAJES Y MOTIVACIONES

viaje de ⟩ trabajo ⟩ negocios ⟩ estudios

viajar por ⟩ trabajo ⟩ motivos profesionales

viajar para ⟩ hacer negocios ⟩ hacer turismo

TIPOS DE ALOJAMIENTOS

alquilar ⟩ un apartamento ⟩ una casa

quedarse en ⟩ casa de amigos

hacer ⟩ *camping*

ir a ⟩ un *camping* ⟩ un hotel ⟩ una casa rural

COMIDA, BEBIDA Y RESTAURANTES

un lugar/restaurante ⟩ agradable ⟩ moderno ⟩ caro

un restaurante ⟩ italiano ⟩ de comida rápida

buen/-a, mal/-a ⟩ servicio ⟩ atención al cliente ⟩ ambiente ⟩ música ⟩ comida

CARACTERÍSTICAS DEL TEXTO

CONECTORES CAUSALES

porque
Introduce una causa y se sitúa en la segunda parte de la oración.
*Conviene llevar una prenda impermeable, **porque** nunca se sabe si va a llover.*

como
Se coloca al principio de la frase y presenta una causa como algo conocido o presente en el contexto.
***Como** nunca se sabe si va a llover, conviene llevar una prenda impermeable.*

por eso
Hace referencia a una causa mencionada anteriormente.
*Se han producido varias inundaciones, **por eso** la población se ha desplazado a otras zonas cercanas.*

CONECTORES CONSECUTIVOS

así que, **de manera que**
Sirven para introducir la consecuencia o el efecto de una acción o una información dada. Normalmente, **así que** suele usarse en contextos más coloquiales que **de manera que**.
*El país es muy interesante, **así que** decidí quedarme.*
*Quedó impresionado por las condiciones de vida, **de manera que** decidió dar un giro a su vida y ayudarlos.*

7

GENERACIONES

CULTURA
- ✓ Diferencias generacionales
- ✓ Periodos históricos

COMUNICACIÓN
- ✓ Describir cosas y personas en el pasado
- ✓ Hablar de hábitos y costumbres en el pasado
- ✓ Hablar de cambios y parecidos

GRAMÁTICA
- ✓ El pretérito imperfecto de indicativo: verbos regulares e irregulares
- ✓ Usos del pretérito imperfecto y marcadores temporales
- ✓ **Ya no, todavía** + presente
- ✓ Posesivos átonos y tónicos
- ✓ El presente histórico

LÉXICO
- ✓ Las etapas de la vida
- ✓ La familia
- ✓ Diferencias entre **parecer** y **parecerse (a)**

CARACTERÍSTICAS DEL TEXTO
- ✓ Conectores adversativos: **aunque, a pesar de que, y eso que** y **sin embargo**

1. PALABRAS CLAVE

🏠 PREPÁRATE

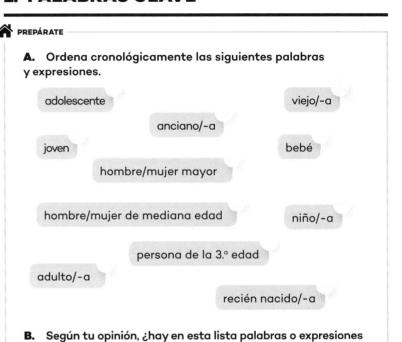

A. Ordena cronológicamente las siguientes palabras y expresiones.

adolescente

anciano/-a

joven

hombre/mujer mayor

hombre/mujer de mediana edad

persona de la 3.ª edad

adulto/-a

viejo/-a

bebé

niño/-a

recién nacido/-a

B. Según tu opinión, ¿hay en esta lista palabras o expresiones sinónimas? ¿Cuáles?

C. Discutimos en parejas cuáles de estas palabras y expresiones se aplican a un hombre a los 40 años. ¿Y a una mujer?

D. Comparamos nuestras respuestas con las de otras personas. ¿En qué palabras o expresiones no coincidimos?

— *Yo creo que un hombre de 40 años ya no es joven porque...*
— *Para mí sí que es joven porque...*

E. ¿Hemos oído alguna vez la frase: "La vida empieza a los cuarenta"? ¿La entendemos? Lo comentamos.

F. ¿Existe en nuestra lengua alguna expresión relacionada con la edad? ¿Cómo es? La compartimos y la comentamos.

G. Por parejas, escribimos cuáles son, desde nuestro punto de vista, las etapas de la vida.

H. ¿Qué edades están comprendidas en cada etapa? Lo comentamos en pequeños grupos.

— *Yo creo que la infancia va desde que naces hasta los ocho años.*
— *No, yo creo que la infancia es hasta los once o doce años porque...*

I. Comparamos nuestros resultados con el resto de la clase. ¿Estamos de acuerdo?

⚙️ ESTRATEGIAS ------------------------------

Para las actividades de expresión e interacción oral, podemos preparar un esquema antes de la clase con las ideas que queremos expresar.

ACTIVIDAD COMPLEMENTARIA en campus.difusion.com

2. IMÁGENES

🏠 **PREPÁRATE**

A. Mira estas fotografías de Ricky Martin y de Shakira en 1996. Lee la siguiente información sobre sus vidas y relaciónala con ellos. ¿Puedes añadir algo más?

En 1996...

1   **2**

B. Comparamos en parejas la información.

Yo creo que esa frase hace referencia a... porque...
¿Sí? Pues no sé... Yo pensaba que...

⚙️ **ESTRATEGIAS**

Preguntamos a nuestro compañero el vocabulario que no entendemos.
A veces, la traducción a una lengua común puede ahorrar tiempo.

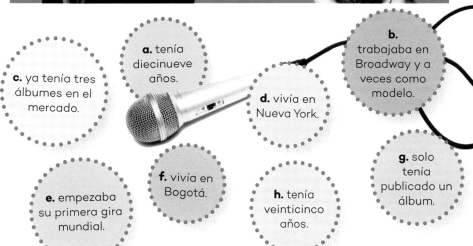

a. tenía diecinueve años.

b. trabajaba en Broadway y a veces como modelo.

c. ya tenía tres álbumes en el mercado.

d. vivía en Nueva York.

e. empezaba su primera gira mundial.

f. vivía en Bogotá.

g. solo tenía publicado un álbum.

h. tenía veinticinco años.

ACTIVIDAD COMPLEMENTARIA
en campus.difusion.com

3. VÍDEO

🏠 **PREPÁRATE**

A. ¿Cuál crees que es la imagen que tiene la sociedad de los adolescentes?

B. Mira el vídeo hasta el minuto 1:05.
🎥 ¿Qué adjetivos y expresiones usan
7 los adultos para referirse a los adolescentes?

C. Continúa viendo el vídeo. ¿Cómo son los adolescentes que se presentan? ¿Qué cosas hacen?

Adolescentes, 2015

VÍDEO
DISPONIBLE
en campus.difusion.com

¿Qué pienso de los adolescentes?

D. Comparamos nuestras respuestas a A, B y C.

E. ¿Cómo creemos que son los adolescentes? Lo comentamos en pequeños grupos.

Yo creo que los adolescentes son...
Hay muchos adolescentes que...
Hay muchos prejuicios sobre...
No se puede generalizar, pero...

☕ **LA CAFETERÍA**

¿Existen en nuestro país los mismos estereotipos sobre los adolescentes?

¿Pensamos que estos estereotipos son reales?

ACTIVIDAD COMPLEMENTARIA en campus.difusion.com

4. DIFERENCIAS GENERACIONALES

PREPÁRATE

A. Lee el texto y la infografía y resume en tres o cuatro frases las características que más te interesan de la Generación del Milenio.

B. ¿Conoces a alguien que pertenezca a esta generación? ¿Estás de acuerdo con lo que dice el texto?

C. En el texto se mencionan tres movimientos revolucionarios. Busca en internet información sobre ellos y escribe una breve reseña.

Las protestas de Hong Kong (o Revolución de los Paraguas), comenzaron el 14 de septiembre de 2014…

D. En pequeños grupos, comparamos nuestras respuestas a A, B y C.

E. ¿Qué dice el texto sobre los hábitos de consumo de los *millennials*? ¿Nuestros hábitos son semejantes?

F. Por parejas, creamos la infografía de nuestra propia generación. ¿Tiene nombre? La presentamos en clase y la comparamos con la del resto de nuestros compañeros.

ACTIVIDAD COMPLEMENTARIA
en campus.difusion.com

LA GENERACIÓN DEL MILENIO

¿Quiénes son los *millennials*?

Llamamos *millennials* (o Generación Y) a los jóvenes que llegaron a la mayoría de edad cerca del año 2000. De manera general, se agrupan bajo este nombre a todos los nacidos entre 1981 y 1995. Crecieron en una época en la que las nuevas tecnologías se desarrollaban a gran velocidad y muchos no recuerdan cómo era la vida antes de internet.

Se les critica por ser individualistas e inmaduros, aunque la realidad es que muchos de ellos son idealistas, solidarios e inconformistas. Los hemos visto en movimientos revolucionarios como la Primavera Árabe, el 15M o la Rebelión de los Paraguas en Hong Kong. En cualquier caso, tienen dos características innegables: usan de manera totalmente natural la tecnología y viven en las redes sociales.

Diferencias con otras generaciones

Son hijos de la Generación X y se diferencian de sus padres en muchos aspectos: no viven para trabajar, sino que trabajan para poder vivir bien: valoran las experiencias de vida, los viajes, la buena comida, la moda… y no les interesa tanto poseer cosas, prefieren usar y disfrutar.

También existen diferencias en cuanto a las expectativas de trabajo: a diferencia de los jóvenes de antes, que querían ser médicos, abogados o arquitectos, muchos jóvenes de ahora sueñan con ser probadores de videojuegos, diseñadores gráficos o *youtubers*. Entre sus empresas ideales para trabajar están Google, Amazon o Netflix.

Grandes consumidores

A pesar de que ganan menos dinero que sus padres cuando tenían su edad, son grandes consumidores, sobre todo de tecnología y ocio. Las empresas lo saben y por eso dedican gran cantidad de recursos a estudiar sus hábitos de consumo. Algunas conclusiones de estos estudios son:
· Sus padres compraban su vivienda; ellos la alquilan.
· Sus padres compraban (y todavía compran) CD y DVD; ellos escuchan música en Spotify, ven películas en Netflix, Yomvi, HBO…
· Les interesa la experiencia de viajar, pero no tanto los hoteles, por lo que utilizan servicios y redes como Airbnb, Couchsurfing o Blablacar.
· Venden lo que no necesitan y compran de segunda mano lo que otros ya no quieren gracias a *apps* y páginas web.

Generación Y, los *millennials*
1981–1995

IDEOLOGÍA
> Son políticamente independientes y creen en la ecología, la igualdad de género y el derecho a decidir.
> Son tolerantes y aceptan la diversidad.
> Difunden su opinión a través de las redes sociales.

TRABAJO Y FORMACIÓN
> Están bien preparados académicamente.
> Su colectivo es uno de los más afectados por la crisis económica.
> Sufren precariedad laboral y pobreza energética.

TEXTO MAPEADO
en campus.difusion.com

ESTILO DE VIDA
> Les gusta viajar, el ocio y el tiempo libre.
> Viven de alquiler.
> Se casan poco.
> No tienen hijos o los tienen muy tarde.

5. X, LA GENERACIÓN INSATISFECHA

 PREPÁRATE

A. Trata de responder a las preguntas con la información que te dan las fotografías.

- ¿Dónde viven Virginia, Eduardo y Almudena? ¿Con quién?
- ¿De qué trabajan?
- ¿Cómo crees que es su día a día?

B. Escucha el audio y comprueba tus hipótesis.

18-19

> Antes de escuchar una grabación,
> imagina de qué cosas se va a hablar,
> eso te ayudará a activar el vocabulario
> necesario para una mejor comprensión.

C. Escucha de nuevo el audio. ¿Cómo era antes la vida de Virginia, Eduardo y Almudena? Responde a estas preguntas para cada uno de ellos.
18-19

- ¿Dónde vivían? ¿Con quién?
- ¿De qué trabajaban?
- ¿Cómo era su día a día?

TRANSCRIPCIÓN MAPEADA en campus.difusion.com

D. En pequeños grupos, comparamos nuestras respuestas a A, B y C.

E. ¿Cuál de estas vidas nos parece más interesante? ¿Qué cosas que han hecho o hacen nos gustaría hacer? Lo comentamos con el resto de la clase.

—A mí me parece interesante la vida de Virginia porque me gustaría poder ayudar a la gente. Me parece una experiencia muy bonita.

 **LA CAFETERÍA**

¿Conocemos a alguien que haya cambiado radicalmente de vida?

6. LA HISTORIA Y SUS CIRCUNSTANCIAS

GRAMÁTICA

A. En estos textos se habla de cuatro periodos históricos en cuatro países diferentes. Relaciona cada texto con la imagen, el país y el periodo histórico al que se refiere.

Argentina

Italia

México

Egipto

siglo XV

años 20 (siglo XX)

Antigüedad

Renacimiento

— *Yo creo que el último texto corresponde a Italia en...*

El río era una parte muy importante de la vida del país, ya que era el centro de toda la actividad económica: gracias a él tenían una agricultura muy rica, pescaban y cazaban.

Adoraban a muchos dioses y tenían un tipo de escritura llamada jeroglífica.

La ciudad de Tenochtitlán estaba situada en una isla en el centro de un lago, tenía alrededor de 150 000 habitantes y era la ciudad más poderosa de Mesoamérica y del Caribe.

Había más de cincuenta grandes edificios y tres amplias avenidas. Miles de canoas iban y venían por los canales y transportaban personas y alimentos.

Durante esta época, el país pasaba por un buen momento económico.

La música invadía la capital y las bibliotecas, los cines o los teatros eran cada vez más populares. Los barrios crecían rápidamente y, en consecuencia, la población aumentaba de manera muy significativa, también gracias a la llegada de inmigrantes italianos, alemanes, españoles, etc.

Durante este periodo la población crecía, la ciencia estaba en pleno desarrollo y la economía era fuerte. Grandes pintores, escultores, arquitectos y poetas creaban obras de gran belleza basadas en modelos clásicos.

B. Los verbos subrayados están en pretérito imperfecto. Clasifícalos en una tabla como esta según la terminación del infinitivo y fíjate en qué terminaciones tienen en imperfecto.

-ar	-er	-ir

C. Selecciona un verbo regular de cada una de las terminaciones, escribe el infinitivo y conjúgalo en pretérito imperfecto.

verbos regulares

	...............ar	...............er	...............ir
yo	.......-aba	....	....
tú, vos	....	.......-ías	....
él, ella, usted	....	....	....
nosotros/-as	....-ábamos	....	....
vosotros/-as	....	....	.......-íais
ellos, ellas, ustedes	....	.......-ían	....

D. En los textos hay dos verbos irregulares, ¿cuáles son? Completa la tabla.

verbos irregulares

	....	....
yo	....	iba
tú, vos	eras	....
él, ella, usted	....	....
nosotros/-as	....	íbamos
vosotros/-as	erais	....
ellos, ellas, ustedes	....	iban

E. Puedes comprobar las respuestas de C y D en Recursos lingüísticos.

F. ¿Entiendes qué expresamos cuando usamos el pretérito imperfecto? Lee la explicación de Recursos lingüísticos e imagina que estás en ese país y en esa época: convierte los textos de A a textos en presente.

• • •

El río es una parte muy importante de la vida del país, ya que es el centro de toda la actividad económica: gracias a él tenemos...

G. Comparamos en parejas los textos de F y compartimos nuestras hipótesis de uso del pretérito imperfecto.

7. HOY EN DÍA

🏠 PREPÁRATE

A. Lee la viñeta y escribe en una frase qué crees que quiere transmitir el autor.

• • •

🖉

Yo creo que está haciendo una crítica de…

B. Lee estas frases y marca aquellas con las que estás de acuerdo.

Hoy en día la gente pasa demasiado tiempo actualizando su perfil en redes sociales (Facebook, Instagram, Twitter…).

En la actualidad todo el mundo puede leer y ver las noticias en tiempo real y opinar sobre ellas, eso es genial.

En los años 80 todo era más lento, pero más fiable. **Entonces,** cuando teníamos que buscar información, íbamos a las bibliotecas y consultábamos las enciclopedias.

Yo crecí en los años 70. **En aquella época** no podíamos comunicarnos fácilmente con nuestros familiares y amigos que vivían lejos.

Ahora es muy fácil y barato sacar un billete de avión o hacer una reserva de hotel. Todo el mundo puede viajar.

Yo fui a la universidad en los años 60. **En aquellos tiempos** era más fácil controlar a la gente que ahora, ya que el acceso a la información era muy limitado.

C. Observa las palabras y expresiones marcadas en negrita. ¿Existen equivalentes en tu lengua?

D. En pequeños grupos, compartimos nuestras respuestas a A y B.

E. Ahora, comparamos las respuestas a C y ampliamos la lista con otras palabras o expresiones similares.

F. Discutimos sobre las siguientes cuestiones.

• ¿Qué cosas eran diferentes antes de la llegada de internet? ¿Cuáles han cambiado de manera más significativa?
• ¿Qué cosas podemos hacer ahora que no podíamos hacer antes?
• ¿Qué cambios son positivos?, ¿cuáles negativos?

— Antes, cuando la gente quería hablar por teléfono, llamaba desde casa o desde una cabina.
— Sí, y ahora podemos hacer muchísimas cosas que no podíamos hacer antes. Por ejemplo…

G. Por parejas, observamos esta imagen y la comentamos utilizando las palabras o expresiones de los apartados B y E.

H. En pequeños grupos, creamos una nueva viñeta comparando algún aspecto de la vida antes y ahora.

ACTIVIDAD COMPLEMENTARIA en campus.difusion.com 🖱

8. CAMBIOS

🏠 PREPÁRATE

A. Lee los testimonios de tres jóvenes que han acabado recientemente su carrera y viven en Madrid. ¿Qué cosas hacían antes y ya no hacen?

Ya no vivo en un piso compartido.

**Elisa
26 años
(española)**

Todavía salgo todos los jueves con mis compañeros de la universidad.

Ya no me pierdo por Madrid.

**Edgar
24 años
(alemán)**

Todavía pienso en alemán, aunque estudio y trabajo en español.

Ya no voy tanto a casa de mis padres.

**Caetano
27 años
(portugués)**

Todavía tengo el carné joven (¡aquí es válido hasta los 31!).

B. Fíjate en las expresiones ya no y todavía. ¿Entiendes qué significan y cómo se usan? Consulta la página de Recursos lingüísticos.

C. En grupos, comparamos las respuestas a A y B. ¿Existen equivalentes en nuestra lengua a estas expresiones?

D. Por parejas, observamos estas dos imágenes sobre la vida de Alberto, antes y ahora, y escribimos todas las frases que podamos usando ya no y todavía. Después, las comparamos con las de otras personas.

E. Individualmente, completamos una tabla como esta comparando nuestra vida antes de la universidad y ahora. Después, compartimos y comentamos los cambios en grupos.

Ya no	Todavía
voy a clase todos los días	. . . .

9. MIS ABUELOS

GRAMÁTICA

🏠 PREPÁRATE

A. Juan y Lucía están trabajando en un proyecto intergeneracional y han llevado a clase fotografías de sus abuelos. Lee sus comentarios y escribe frases parecidas sobre tus abuelos.

> Mis abuelos vivían en un pueblo de Ciudad Real. Eran agricultores y los sábados vendían las frutas y las verduras en el mercado. ¿Y los tuyos?

> Pues los míos vivían en Asturias. Mi abuelo era carpintero, como su padre y sus hermanos, y mi abuela era modista, como su madre.

B. Observa las palabras subrayadas. Son posesivos, ¿sabes cuándo se utiliza **mis** y cuándo **los míos**?

C. Coloca en el siguiente cuadro los posesivos de las frases de A. Después, intenta completar las formas que faltan.

con sustantivo		sin sustantivo
mi abuelo	>	el mío
.... abuela	>	la mía
.... padre	>	el tuyo
tu madre	>	....
su hijo	>	....
.... hija	>	la suya
.... abuelos	>	los míos
mis abuelas	>	....
.... padres	>	los tuyos
tus hermanas	>	....
.... hijos	>	los suyos
sus hijas	>	....

D. Por parejas, compartimos nuestras respuestas a A y B y comparamos el cuadro de los posesivos de C.

E. Traemos a clase una foto familiar (antigua o actual) y explicamos quién es quién al resto de los compañeros. También podemos hacernos preguntas para descubrirlo.

ACTIVIDAD COMPLEMENTARIA en campus.difusion.com

10. GENERACIÓN DEL 27

GRAMÁTICA

🏠 PREPÁRATE

A. Lee la biografía de Maruja Mallo, una pintora de la Generación del 27, y observa estos cuadros. ¿Qué opinas de su obra? ¿Por qué crees que no es tan conocida como sus coetáneos varones (Dalí, García Lorca...)?

MARUJA MALLO

Nace en Lugo, en enero de 1902. En 1922 entra a estudiar en la Real Academia de Bellas Artes de San Fernando en Madrid, ciudad en la que vive hasta principios de los años 30.

Es una de las figuras más importantes de la Generación del 27. Pintora revolucionaria, forma parte de los movimientos de vanguardia en Madrid junto a Dalí, Alberti o García Loca.
Al estallar la Guerra Civil, Mallo se exilia en Argentina, donde vive más de 25 años, y se dedica a pintar naturalezas vivas en las que muestra un mundo submarino lleno de caracolas y flores extrañas. Muere en Madrid en 1995.

1. *Racimo de uvas* (1944) / **2.** *Escaparate* (1927) / **3.** *Cabeza de mujer* (1946)

B. Observa los verbos del texto, ¿en qué tiempo están? ¿En tu lengua también se puede usar este tiempo para las biografías?

C. Elige un personaje poco conocido de tu país y escribe una breve biografía.

D. Presentamos a nuestro personaje en clase. Podemos acompañar la presentación de imágenes, vídeos, textos...

ACTIVIDAD COMPLEMENTARIA en campus.difusion.com

11. OTRAS VIDAS

GRAMÁTICA Y LÉXICO

🏠 PREPÁRATE

A. Susana, una *millennial* nacida en 1986, cuenta algunas cosas de su vida. ¿Qué cosas de las que dice te parecen normales? ¿Cuáles no?

Cuando era pequeña, con uno y dos años, no iba a la guardería. Me quedaba en casa de mis abuelos mientras mis padres trabajaban.

De niña me gustaba mucho patinar y jugar con mis vecinos. Pasábamos mucho tiempo en la calle.

En la adolescencia iba al instituto, jugaba al balonmano y pensaba que mis padres no me entendían. Era bastante rebelde.

Cuando tenía 20 años estudiaba en la universidad y ya no vivía con mis padres, aunque no era independiente económicamente porque todavía no trabajaba.

Cuando estaba en el último curso de la carrera, tuve una crisis: quería dejarlo todo y no acabar los estudios. Por suerte, sí que los acabé.

Cuando vivía en Roma (después de la universidad), trabajaba en una escuela de español y compartía piso con otros profesores de la escuela. Era muy divertido y, además, ya ganaba mi propio dinero.

B. Subraya los marcadores temporales. ¿Entiendes qué significan? Busca equivalentes en tu lengua y trata de añadir alguno más en español.

C. En parejas, comparamos nuestras respuestas a A y B.

D. En pequeños grupos, vamos a imaginar el pasado de un compañero (sus gustos, hábitos, aficiones...) a lo largo de varias etapas de su vida. Para ello, vamos a usar los marcadores temporales de A y B. El/la profesor/a nos va a dar un nombre y nosotros debemos escribir un texto sin decir quién es el protagonista.

Vivía...   (No) tenía...
Le gustaba...   Era...
Tocaba...   Iba a...
Estudiaba...

E. Leemos nuestos textos a los demás grupos, que deben adivinar de quién estamos hablando.

12. ¿A QUIÉN TE PARECES?

LÉXICO

🏠 PREPÁRATE

A. Mira la foto de esta familia y lee los comentarios que algunos amigos han hecho en una red social. ¿Qué te parecen? ¿Sueles comentar las fotos de otras personas? ¿Te gusta que comenten las tuyas?

B. Observa en el texto las diferencias de significado y de forma de los verbos parecer y parecerse y mira cómo lo hemos resumido en esta ficha. Haz lo mismo con llevar y llevarse.

Parecerse a alguien	To look like someone. Yo me parezco a mi madre, ¿y tú?
Parecer un lugar	To look like somewhere. Eso parece Lanzarote, ¿no?
Parecer que...	To seem something. Parece que hace frío...

👍 Me gusta 💬 Comentar ↩ Compartir

Lidia Lorena, ¡¡te pareces mucho a tu madre!!
> **Lorena** Sí, ¿¿verdad?? antes me parecía menos, cuando llevaba el pelo más largo, pero ahora...

Ainara ¡¡Qué foto más chula, Lore!! Oye, ¿dónde estáis? Parece Lanzarote, ¿no?
> **Lorena** Sí, ya llevamos aquí una semana, ¡¡¡pero parece más tiempo!!! Lanzarote es increíble.

Alberto ¡¡Disfrutad mucho de las vacaciones, prima!! ¡¡Parece que lo estáis pasando muy bien y hace muy buen tiempo !! Aquí hace frío...
> **Lorena** Sí, lo estamos pasando genial, ¡¡ya sabes que nos llevamos muy bien y que nos encanta viajar juntos !!

C. Comentamos en parejas nuestras respuestas a A y compartimos nuestra ficha de construcciones verbales de B.

D. En pequeños grupos, intentamos hacer lo mismo con otros verbos que nos interesan y, después, lo compartimos con el resto de la clase.

13. PROGRAMA INTERGENERACIONAL

CARACTERÍSTICAS DEL TEXTO

PREPÁRATE

A. Una universidad española ofrece esta propuesta de convivencia. Lee el texto y escribe qué te parece la idea. ¿Participarías en un programa de este tipo? ¿Te parecen razonables las obligaciones de los estudiantes?

A mí me parece muy buena iniciativa, porque...
Es buena idea para ahorrar dinero, pero yo prefiero...
Yo creo que es una propuesta original, pero...

Programa Intergeneracional Convive

¿Qué es?

Es un programa que se basa en el beneficio mutuo: los mayores obtienen ayuda y compañía, y los jóvenes, un alojamiento en el que solamente tienen que pagar los gastos (luz, agua, internet, etc.).
Está destinado a:
▶ personas mayores que se valen por sí mismas y que pueden ofrecer una habitación;
▶ estudiantes universitarios capaces de comprometerse y que necesitan alojamiento.

Los compromisos del estudiante

▶ Compartir el día a día con la persona mayor (un mínimo de dos horas diarias) haciendo actividades cotidianas (pasear, hacer la comida, charlar, ir de compras, visitar al médico...).
▶ Estar en casa siempre antes de las 22:30 h, excepto el día semanal de libre disposición.

Días libres y vacaciones

▶ El estudiante cuenta con un día (24 h) cada semana para salir, incluida la noche.
▶ El estudiante puede pasar fuera de casa un fin de semana al mes (de viernes a domingo) y los festivos académicos (Semana Santa, julio y agosto y Navidad).

B. Hemos hablado con un estudiante y una persona mayor que participan en este programa. Lee los testimonios y responde.

Como no tengo mucho dinero, para mí está bien compartir piso con una persona mayor (¡y eso que nunca he vivido con mis abuelos!). Además, así puedo ahorrar dinero para pagar la matrícula. En general estoy muy contento, **aunque** no me gusta llegar a casa antes de las diez y media de la noche.

Lucas
21 años
España

A pesar de que al principio no estaba muy convencida, me animé a hacerlo porque me sentía un poco sola. Ahora estoy contenta de tener a un joven en casa porque me gusta su energía y me siento acompañada y, como no me gusta cocinar para mí sola, ahora disfruto otra vez en la cocina, **aunque** muchos jóvenes de hoy en día son vegetarianos...

Adelaida
72 años
España

1. ¿Por qué decidieron participar?   **2.** ¿Qué ventajas e inconvenientes tiene para ellos el programa "Convive"?

C. En parejas, comentamos las respuestas a A y B.

D. Volvemos a leer los testimonios de Lucas y Adelaida y marcamos la opción correcta.

Y eso que (lengua oral), **aunque** y **a pesar de que** son conectores de:

• causa   • consecuencia   • oposición

E. Escribimos en parejas el testimonio de la persona mayor que vive con Lucas y el del estudiante que vive con Adelaida explicando qué ventajas e inconvenientes tiene la convivencia. Debemos utilizar los conectores de oposición.

ACTIVIDAD COMPLEMENTARIA
en campus.difusion.com

A. Estas imágenes ilustran dos acontecimientos históricos importantes. ¿Sabemos cuáles son y cuándo y dónde sucedieron? Investigamos en internet.

B. En grupos, elaboramos una lista con tres o cuatro acontecimientos clave para la historia de la humanidad o de nuestro país.

La revolución (de)...
El fin de...
El descubrimiento de...
La invención de...
La llegada de...

C. Elegimos uno de ellos y preparamos una presentación explicando cómo era la vida antes de ese acontecimiento. Podemos ilustrar la presentación con fotos o vídeos.

D. Hacemos nuestra presentación al resto de la clase.

A. Elegimos una obra de arte de nuestro país o de un país hispanohablante (un libro, una pintura, una escultura, una obra arquitectónica...) e investigamos en internet.

• ¿De qué época es?
• ¿Cómo vivía la gente de nuestro país en ese momento?
• ¿Cómo era el lugar donde se realizó la obra?

B. Creamos una presentación escrita y la publicamos en el espacio virtual de la clase junto con una imagen de la obra.

El Cristo Redentor de Río de Janeiro (Brasil) es del año 1931. La estatua tiene 30 metros de altura y está situada en la cima del Cerro del Corcovado.
En aquella época, la ciudad de Río crecía rápidamente y la economía carioca empezaba a desarrollarse en sectores muy diferenciados.
En la década de los 30 ya existía el famoso Copacabana Palace...

RECURSOS LINGÜÍSTICOS

GRAMÁTICA

PRETÉRITO IMPERFECTO DE INDICATIVO
▶ Verbos regulares

	ESTAR	TENER	VIVIR
yo	est**aba**	ten**ía**	viv**ía**
tú, vos	est**abas**	ten**ías**	viv**ías**
él, ella, usted	est**aba**	ten**ía**	viv**ía**
nosotros/-as	est**ábamos**	ten**íamos**	viv**íamos**
vosotros/-as	est**abais**	ten**íais**	viv**íais**
ellos, ellas, ustedes	est**aban**	ten**ían**	viv**ían**

▶ Verbos irregulares

	IR	SER	VER
yo	**iba**	**era**	**veía**
tú, vos	**ibas**	**eras**	**veías**
él, ella, usted	**iba**	**era**	**veía**
nosotros/-as	**íbamos**	**éramos**	**veíamos**
vosotros/-as	**ibais**	**erais**	**veíais**
ellos, ellas, ustedes	**iban**	**eran**	**veían**

Usamos el pretérito imperfecto para describir cosas, personas o circunstancias en un momento pasado.
*En el Renacimiento la pintura **era** una actividad artística muy importante.*
*Antes de la operación, Mikel **pesaba** 20 kilos más.*

También lo usamos para referirnos a hábitos o costumbres en un momento pasado.
*En aquella época los jóvenes **iban** poco a las discotecas.*
*De niño, todos los veranos **íbamos** a Santader.*

MARCADORES TEMPORALES
▶ Para hablar del pasado

de niño/-a/joven/adolescente/mayor
a los ... años
De niña me gustaba mucho disfrazarme.
A los 12 años nadaba en un equipo de natación.

en esa/aquella época
en aquellos tiempos
entonces
antes
En aquella época la gente se comunicaba por teléfono o por carta.
*Nuestro viaje de novios fue en Ibiza. **Entonces** era más complicado viajar al extranjero.*
Antes la gente no viajaba tanto.

cuando + tiempo del pasado
Cuando era pequeño/-a
Cuando estudiaba en la universidad...
Cuando vivía en Madrid...

▶ Para hablar del presente

hoy en día
en estos momentos
actualmente
ahora

Hoy en día, todos los jóvenes quieren ser youtubers.
En estos momentos, no tengo pareja.
Actualmente, muchos jóvenes están en paro.
Creo que *ahora* no es el momento de comprar una casa.

PRESENTE HISTÓRICO

En textos de historia y biográficos es frecuente el
uso del presente de indicativo con valor de pasado.
*Federico García Lorca **nace** en Fuentevaqueros en
1898. En 1915 **comienza** a estudiar Filosofía...*

YA NO / TODAVÍA + PRESENTE

Usamos **ya no** para expresar la interrupción de una
acción o de un estado.
***Ya no** hago deporte.* (en el pasado hacía deporte. Ahora, no)

Usamos **todavía** para expresar la continuidad de
una acción o de un estado.
***Todavía** vivo con mis padres.* (en el pasado vivía con
mis padres y ahora también)

 Cuando hacemos preguntas con **todavía**,
asumimos que el cambio o la interrupción por la
que preguntamos es esperable.
¿Sigues saliendo con Paula? (neutro)
*¿**Todavía** sales con Paula?* (su ruptura nos parece
lógica o probable)

POSESIVOS ÁTONOS Y TÓNICOS

átonos		tónicos	átonos		tónicos
mi abuelo	>	el **mío**	**mis** abuelos	>	los **míos**
mi abuela	>	la **mía**	**mis** abuelas	>	las **mías**
tu padre	>	el **tuyo**	**tus** hermanos	>	los **tuyos**
tu madre	>	la **tuya**	**tus** hermanas	>	las **tuyas**
su hijo	>	el **suyo**	**sus** recuerdos	>	los **suyos**
su hija	>	la **suya**	**sus** costumbres	>	las **suyas**

átonos		tónicos
nuestro padre	>	el **nuestro**
nuestra madre	>	la **nuestra**
vuestro hermano	>	el **vuestro**
vuestra hermana	>	la **vuestra**
su hijo	>	el **suyo**
su hija	>	la **suya**
nuestros padres	>	los **nuestros**
nuestras madres	>	las **nuestras**
vuestros hermanos	>	los **vuestros**
vuestras hermanas	>	las **vuestras**
sus hijos	>	los **suyos**
sus hijas	>	las **suyas**

Usamos los posesivos átonos antes de un sustantivo
para determinarlo.
***Mi amiga** Elsa es veterinaria. Trabaja con caballos.*

Usamos los posesivos tónicos después del sustantivo.
*Una amiga **mía** es veterinaria. Trabaja con caballos.*

Cuando el sustantivo al que se refiere el posesivo
ya ha sido mencionado, usamos el posesivo tónico
precedido del artículo determinado correspondiente.
—***Mis** abuelos eran agricultores.*
—*Pues **los míos** tenían una tienda de alimentación.*

—***Nuestros** hijos al final no vienen a la fiesta.*
—***Los nuestros** sí, pero Jorge y Gladis dicen que **los
suyos** tampoco pueden...*

LÉXICO

PARECER/PARECERSE

Parecer se usa para expresar la impresión que nos
produce algo o alguien.
***Parece** joven/viejo, simpático, agradable...*

Cuando lo usamos con pronombre (con la misma
estructura que el verbo **gustar**), ponemos énfasis
en que se trata de una opinión personal.
*(**A mí**) **me parece** una persona muy atractiva.*

Parecerse (a) se usa para hablar de parecidos
físicos. Se conjuga como un verbo reflexivo.
*Mi hermana y yo no **nos parecemos**: ella **se parece a** mi
padre y yo **me parezco a** mi madre.*

LLEVAR/LLEVARSE

Llevar se usa para expresar la duración de una
circunstancia o una actividad.
*Andrés **lleva** diez años trabajando en esta empresa.*
***Llevas** tres meses estudiando japonés, ¿verdad?*

También usamos **llevar** con el sentido de vestir,
tener puesto algo o tener de cierta manera la barba,
el bigote, el pelo, etc.
*Esther **llevaba** unos zapatos muy bonitos en la boda.*
*Me gusta **llevar** el pelo muy corto, es comodísimo.*

Llevarse bien/mal/regular... **con** se usa para hablar
de las relaciones entre las personas.
*Claudio **se lleva muy mal con** su padre. Discuten mucho.*
***Me llevo muy bien con** mis compañeros de trabajo.*

CARACTERÍSTICAS DEL TEXTO

CONECTORES ADVERSATIVOS

Los conectores adversativos unen dos informaciones
que son, en apariencia, contradictorias.

aunque, a pesar de que, y eso que

Sirven para introducir el argumento débil; es
decir, una información a la que le damos menos
importancia.

*Me gusta vivir con Juan, **aunque** es muy desordenado.*
*Mi abuelo es muy activo, **a pesar de que** tiene 75 años.*
*Juan está muy contento, **y eso que** la señora con la
que vive es un poco rara.*

 Y eso que es más informal que **aunque** y **a pesar
de que**. Suele usarse en la lengua oral.

sin embargo

Sirve para introducir el argumento fuerte; es decir,
una información a la que le damos más importancia.
*Juan es muy desordenado; **sin embargo,** me gusta vivir
con él.*

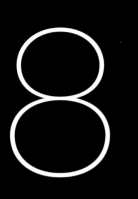

8

RELACIONES

CULTURA
- El amor y las nuevas tecnologías
- Distintos tipos de familia y relaciones familiares

COMUNICACIÓN
- Expresar acuerdo, desacuerdo y contraargumentar
- Hablar de qué haríamos en determinadas situaciones
- Relatar hechos en el pasado
- Hablar de las emociones y estados de ánimo

GRAMÁTICA
- Pronombres de OD y OI
- Pretérito indefinido: verbos irregulares
- Contraste pretérito indefinido/imperfecto
- **Estar** + gerundio
- Expresar acuerdo y desacuerdo
- **Ser** y **estar**

LÉXICO
- Los verbos **prestar**, **dejar**, **pedir** y **deber**
- Sentimientos y opiniones
- Relaciones sociales

CARACTERÍSTICAS DEL TEXTO
- Marcadores para relatar
- Reaccionar a lo que nos cuentan otros

1. EN LA RED

🏠 PREPÁRATE

A. Mira estos tuits y anota si estás de acuerdo o si te sientes identificado con alguno de ellos.

1 Tobi Llito @tobillito — ⬐ Seguir
Tener muchos amigos en Facebook es como tener mucho dinero en el Monopoly #quenoteengañen

2 Marisa Rareces @marisarareces — ⬐ Seguir
Cuando estás soltero, solo ves parejas felices y cuando estás en pareja, solo ves solteros felices #inconformismos

3 Manuela Morenos @manuelamorenos — ⬐ Seguir
Un #buenvecino es el que no le pone contraseña al wifi

4 Luis Lorenzo @luislorenzo — ⬐ Seguir
Un #hermano puede no ser un buen amigo, pero un buen amigo es siempre un hermano

5 Me Río de Janeiro @meriodejaneiro — ⬐ Seguir
El amor y la felicidad no se publican, se viven #redessociales #amordeverdad

6 Lourdes Khan @lourdeskhan — ⬐ Seguir
El amor es eterno mientras dura #tweetpoesia #amor

7 Pere Cuarto @perecuarto — ⬐ Seguir
En mi libro *Cuánto daño han hecho las redes sociales a la pareja*, hablo de la importancia de borrar el historial y formatear por si acaso

Yo estoy totalmente de acuerdo con el tuit número uno porque…

B. En grupos, compartimos nuestras respuestas a A. ¿Qué tuit es el más popular en la clase? ¿Cuál menos? ¿Por qué?

C. Dividimos la clase en dos grupos: uno escribe ventajas del uso de las redes sociales en las relaciones personales (de pareja, de familia, laborales...), y el otro desventajas o problemas. A continuación, ponemos en común nuestras ideas.

D. Respondemos a estas preguntas y añadimos otras.

- ¿Qué redes sociales y aplicaciones sueles usar? ¿Para qué?
- ¿Qué tipo de usuario eres en las redes sociales? ¿Lo cuentas todo?
- ¿Cambias a menudo tu foto de perfil? ¿Subes muchas fotos?
- …

E. Presentamos a la clase el perfil en redes sociales de uno de nuestros compañeros.

Julia usa Facebook, Twitter, WhatsApp...
Matthew está enganchado al Instagram. Lo utiliza, sobre todo, para seguir a gente que le interesa y para colgar sus fotos.
Luigi pierde mucho tiempo leyendo lo que sus amigos publican en Facebook...

ACTIVIDAD COMPLEMENTARIA en campus.difusion.com

2. IMÁGENES

 PREPÁRATE

A. Esta imagen ilustra los nuevos modelos de familia españoles. ¿Cuántas realidades refleja? ¿Qué puedes decir de cada modelo de familia? Piensa en el estado civil, la relación que existe entre las personas que viven en la misma casa, el tipo de vivienda, etc.

B. Compartimos lo que hemos observado en el apartado A.

—*Los que viven en el segundo piso pueden ser...*

C. En grupos, pensamos en otros modelos de familia que no están recogidos en la ilustración. ¿Qué podemos decir sobre ellos? Después, compartimos la información con el resto de la clase.

D. ¿Cómo es nuestra familia? Lo comentamos en pequeños grupos.

 RECUERDA

padre, papá	marido, esposo
madre, mamá	mujer, esposa
hermano/-a	hijo/-a
abuelo/-a	pareja, novio/-a

Eva Vázquez/20 minutos

3. VÍDEO

 PREPÁRATE

A. Antes de ver el vídeo, responde.

• ¿Qué puede significar el título del cortometraje (*YO TB TQ*)?
• ¿En qué contextos crees que se usa este tipo de escritura?

B. Ve el vídeo y responde.

🎥
8
• ¿Qué mensaje crees que pretende transmitir? ¿Estás de acuerdo?
• ¿Cómo crees que se solucionarían estos malentendidos?

C. ¿Usamos emoticonos cuando mandamos mensajes? En parejas, compartimos los que utilizamos cuando:

estamos enfadados/-as
estamos nerviosos/-as
estamos muy contentos/-as
estamos bromeando
...

D. En grupos, comparamos nuestras respuestas a A y B.

Yo creo que el cortometraje muestra...
compara...
quiere transmitir que...

ACTIVIDAD COMPLEMENTARIA en campus.difusion.com

105

4. APLICACIONES PARA LIGAR

 PREPÁRATE

A. Según el texto:

- ¿Cuáles son las razones por las que triunfan las aplicaciones para encontrar pareja?
- ¿Qué ventajas encuentran las personas que las usan?
- ¿Cuáles son los inconvenientes?

• • •

Según lo que dice el texto, una de las razones del éxito de las redes sociales para encontrar pareja es que…

B. En pequeños grupos, comparamos nuestras respuestas a A.

C. ¿Estamos de acuerdo con lo que dice el texto? Discutimos en pequeños grupos.

— *Yo estoy de acuerdo con lo que dice el texto sobre las ventajas de…*
— *Sí, yo también, pero…*

D. ¿Sabemos cuál es la aplicación para ligar más usada en nuestro país? Si no lo sabemos, podemos buscar la información en internet y compartirlo con nuestros compañeros.

E. ¿Usaríamos o hemos usado alguna de ellas? ¿Cuál? ¿Por qué?

— *Yo las uso bastante. Empecé porque…*
— *Bueno, yo… la verdad es que prefiero no hablar de estas cosas…*

 ESTRATEGIAS

Cuando no queremos hablar de algún tema, podemos usar frases estereotipadas.
Prefiero no contestar a esa pregunta.
De ese tema prefiero no hablar.
Prefiero no hablar de mi vida personal.

F. ¿Conocemos otras aplicaciones para conocer gente? ¿Hay alguna que solamente se use en nuestro país?

— *Yo utilizo una para salir a correr con gente de mi barrio.*

EL AMOR EN LOS TIEMPOS DE TINDER

TEXTO MAPEADO en campus.difusion.com

¿Por qué están de moda las apps para ligar?

Según un informe de la Fundación Telefónica, los españoles somos los líderes europeos en el uso de teléfonos inteligentes. Estos teléfonos móviles han facilitado la comunicación entre oferta y demanda sin necesidad de intermediarios: compramos por Wallapop, buscamos alojamiento en Airbnb y, por qué no, ligamos a través de Tinder, Badoo, Happn o Adoptauntio.

Las apps para ligar aceleran los tiempos

Quedar con alguien para tomar algo, ir a la biblioteca a estudiar porque sabes que allí está el amor de tu vida, quedar para ir al cine o a un concierto, son algunos de los preliminares a una relación que pueden quedar obsoletos por culpa de (o gracias a) aplicaciones como las mencionadas más arriba. Hacer esas cosas puede suponer un proceso demasiado lento para los tiempos que vivimos: ahora solo necesitamos hacer un par de clics, descargar una aplicación y empezar a buscar a alguien.

En general, buscamos parejas parecidas a nosotros en cuanto a nivel social, de estudios, intereses y aficiones, y eso es precisamente lo que hacen por nosotros estas aplicaciones. Además, cuando quedamos con una persona que hemos conocido a través de una *app*, ya sabemos mucho el uno del otro, por lo que los temas de conversación están asegurados. Esta es, según los usuarios, una de sus principales ventajas: "Ya nos conocemos virtualmente, por lo que me siento más seguro y me cuesta menos empezar una conversación", asegura Jorge, que conoció a su actual pareja a través de Tinder.

¿Desaparecerán las habilidades sociales para relacionarnos sin tecnología?

Pero lo cierto es que la interacción virtual no exige el compromiso y la responsabilidad que suponen las interacciones en la vida real. Con estas aplicaciones, las personas tímidas e inseguras se vuelven más abiertas y su autoestima no se ve dañada si alguien los rechaza. Sin embargo, muchos psicólogos dicen que un abuso de las redes sociales puede empobrecer seriamente la calidad de las relaciones cara a cara.

Pero... ¿ha cambiado realmente el amor?

Muchos usuarios de este tipo de aplicaciones han encontrado al amor de su vida y afirman que no es importante el lugar donde se han conocido y que el amor ha llegado, obviamente, tras los primeros encuentros.

Para Helen Fisher, una antropóloga de la Universidad Rutgers que lleva más de 30 años estudiando el amor desde un punto de vista científico, la respuesta es un no rotundo: "Las webs de citas no están cambiando el amor ni tampoco de quién eliges enamorarte; lo que sí ha cambiado es cómo elegimos a la persona con la que queremos compartir nuestra vida".

Según Fisher, tanto en las redes sociales como en el cara a cara, hay unos patrones naturales que nos hacen elegir a una pareja o a otra (pura química). Eso, la tecnología no puede cambiarlo.

5. USUARIOS DE APLICACIONES PARA LIGAR

🏠 PREPÁRATE

A. 🔊 20-22 Estas tres personas hablan sobre algunas aplicaciones para ligar. Escucha y completa un cuadro como este.

Ventajas
....
....

Inconvenientes
....
....

Una anécdota
....
....

Beatriz
24 años

Ventajas
....
....

Inconvenientes
....
....

Una anécdota
....
....

Jorge
25 años

Ventajas
....
....

Inconvenientes
....
....

Una anécdota
....
....

Miguel
35 años

B. 🔊 20-22 Escucha de nuevo el audio y marca qué afirmaciones corresponden a cada uno de los entrevistados: Beatriz (B), Jorge (J) y Miguel (M).

No es fácil encontrar personas con gustos parecidos a los tuyos.

Estas aplicaciones son superficiales.

No es importante dónde conoces a una persona.

Estas aplicaciones son útiles porque ya conoces cosas de la persona con la que quedas.

Al principio sus relaciones no eran muy duraderas.

TRANSCRIPCIÓN MAPEADA en campus.difusion.com👆

C. En pequeños grupos, comparamos nuestras respuestas a A y B.

D. ¿Con cuáles estamos más de acuerdo? ¿Por qué? Lo comentamos en pequeños grupos.

— *Yo estoy de acuerdo con Beatriz porque creo que con estas aplicaciones...*

ACTIVIDAD COMPLEMENTARIA en campus.difusion.com👆

6. FAMILIAS DIFERENTES, DIFERENTES FAMILIAS

GRAMÁTICA

 PREPÁRATE

A. Lee estos textos en los que algunas personas cuentan cómo tuvieron a sus hijos. ¿Conoces casos parecidos? ¿Te sorprende algo? Anótala.

Empecé los trámites para adoptar a un niño en 2009. Me dijeron que sería difícil por ser un hombre soltero y me pidieron muchos papeles. Al principio me denegaron la adopción, pero seguí intentándolo. En 2013, finalmente, logré presentar todos los papeles y pude volar hasta Vietnam. Allí tuve que firmar muchos papeles más y unos días después conocí a Paula, mi hija.

Mario
padre de Paula

Siempre quise ser madre. A lo largo de mi vida he tenido varias parejas, pero ninguna ha funcionado. Cuando cumplí 38 años supe que era el momento de tomar la decisión, así que busqué información sobre el proceso de fecundación *in vitro*. Un día pedí cita y sin pensarlo dos veces empecé el tratamiento. Los primeros intentos no funcionaron, pero los médicos siguieron intentándolo y hace tres años nació Hugo. Lo mejor es que hace una semana Hugo me pidió un hermanito.

Icíar
madre de Hugo

Nos casamos en junio de 2010 en Ciudad de México. Nuestro entorno familiar es bastante tradicional y, cuando se lo dijimos a nuestras familias, no se pusieron muy contentos. Pero ahora todo ha cambiado, sobre todo desde que tuvimos a Violeta y a Julia. Isabel fue la madre donante de óvulos y yo, la madre gestante.

Isabel y Nuria
madres de
Violeta y Julia

• • •

Una amiga de mi madre que no tenía pareja, tuvo….

B. Fíjate en los verbos subrayados. ¿En qué tiempo están?

C. Clasifícalos en una tabla como esta y escribe el infinitivo correspondiente y la persona gramatical. El número te ayudará a saber cuántas formas verbales de cada tipo hay en el texto.

verbos regulares (10)	verbos de raíz irregular (7)	verbos con irregularidad vocálica (6)	verbos totalmente irregulares (1)
empecé > empezar (yo)	....	pidieron > pedir (ellos/-as, ustedes)	....

D. Fíjate en los verbos con irregularidad e > i. ¿Son irregulares en todas las personas? ¿En qué otro tiempo presentan esta irregularidad? Completa la tabla.

	PEDIR
yo	....
tú, vos	pediste
él, ella, usted	....
nosotros/-as	pedimos
vosotros/-as	pedisteis
ellos, ellas, ustedes	....

🔔 ATENCIÓN

Algunos verbos, aunque son regulares, tienen una modificación ortográfica en la primera persona del singular:
pagar > pagué
buscar > busqué
empezar > empecé

E. Comentamos en pequeños grupos nuestras respuestas a A.

F. Por parejas, comparamos las respuestas a B y C. En Recursos lingüísticos podemos revisar nuestras respuestas y ampliar la información. Después, comprobamos la tabla de la actividad D.

G. Ahora, pensamos en algo que nos costó mucho conseguir (ahorrar dinero para un viaje, aprobar una asignatura…). Se lo contamos a otra persona.

—A mí me costó mucho aprobar el carné de conducir. Me apunté a la autoescuela en septiembre de 2016 y la primera vez que me presenté al examen suspendí. Después…

7. LOCURAS POR AMOR

GRAMÁTICA

 PREPÁRATE

A. Lee la noticia de la derecha y escribe tres adjetivos de personalidad para Yassan. Y su novia, ¿cómo crees que reaccionó? ¿Crees que se casaron?

B. ¿Estás de acuerdo con el dicho popular "el amor mueve montañas"? ¿Por qué?

C. Subraya los verbos en pasado del texto. ¿En qué tiempo están?

D. Lee el inicio de la historia de Yassan contado de otra manera. ¿En qué tiempo están los verbos subrayados? ¿Puedes decir para qué se usan?

> Todo comenzó en 2008, cuando Yassan tenía 31 años y estaba muy enamorado. En ese momento, Yassan trabajaba como pintor, pero decidió dejar su trabajo y llevar a cabo su aventura porque quería demostrar su amor de una manera única. Su viaje tenía un doble objetivo: conocer todo Japón y dibujar un mensaje muy importante para su novia. Llevaba consigo muy poco equipaje, además de un GPS y un mapa.

pretérito imperfecto	pretérito indefinido

- Usamos el .... para hacer avanzar el relato.
- Usamos el .... para describir personas, circunstancias, lugares, etc.
- Usamos el .... para expresar acciones habituales en el pasado.

Un artista japonés recorrió durante seis meses más de siete mil kilómetros para crear un "dibujo de GPS" y pedirle matrimonio a su novia.

El amor mueve montañas. Yasushi Takahashi, más conocido como Yassan, realizó este larguísimo recorrido (a pie, en coche y en bicicleta) llevando un móvil y una aplicación especial que registra el camino. De esta manera hizo su peculiar petición de mano y creó el dibujo GPS más grande de la historia.

elcomercio.es

E. Comparamos nuestras respuestas a los apartados anteriores.

F. En parejas, completamos estas historias con los verbos del recuadro en imperfecto o en indefinido.

> ¿Qué has hecho por amor?

empezar	ser	tener	decidirse	encantar	ir

1. Yo, por amor, ... a hacer paracaidismo. Mi novio .... paracaidista y todos los fines de semana .... juntos a diferentes lugares porque él .... competiciones, hasta que un día .... a probar y me ....

discutir	saber	hacer	trabajar	aparecer	llevar	ir

2. Un día .... con mi novia y no .... cómo pedirle perdón, así que .... un grafiti enorme cerca de la oficina donde ella .... con la frase: "Te quiero, Lidi, perdóname". Justo en ese momento .... por allí un coche de policía... Me .... a comisaría, pero mi novia .... a buscarme y me perdonó.

G. Completamos esta historia con información relativa a Nacho: la edad, el aspecto físico, el lugar de residencia, los amigos, la pareja, las actividades de ocio, etc. Después, comparamos nuestra historia con la del resto de los compañeros.

Nacho
- empezó a estudiar medicina en Oviedo en 2008
- entró en el grupo de teatro de la universidad en 2010
- consiguió un papel en una serie de televisión en 2013
- se convirtió en una estrella y fue muy popular entre los adolescentes entre 2014 y 2015

ACTIVIDAD COMPLEMENTARIA
en campus.difusion.com

8. ¿ESTUVISTE ALLÍ O ESTABAS ALLÍ?

🏠 PREPÁRATE

A. Observa estas frases. ¿Por qué crees que se usa el pretérito indefinido en las de la izquierda y el imperfecto en las de la derecha? Escribe otro ejemplo en tu cuaderno.

Estuvimos saliendo 12 años y luego nos casamos.

Estábamos saliendo juntos cuando a Marta le dieron la beca posdoctoral.

Estuve viviendo con Andrés desde 2012 hasta 2014.

Estaba viviendo con Andrés cuando conocí a Luis.

Estuvo viajando por Japón durante mucho tiempo.

No pudo venir a mi boda porque en ese momento **estaba viajando** por Japón.

Estuvieron trabajando en Bilbao el lunes y el martes.

Les llamé el martes, pero **estaban trabajando** en Bilbao.

B. Compartimos con otra persona nuestras hipótesis sobre A y el ejemplo que hemos añadido.

C. Alejandra y Manuel están mirando fotos de su graduación. Elegimos el tiempo correcto en cada frase. Después, comparamos con otra persona.

Mira esta foto: **estuvimos/ estábamos** celebrando nuestra graduación, ¿te acuerdas? **Estuvimos/estábamos** bailando y riéndonos toda la noche.

Sí, es verdad. Mira, mira, y en esta otra foto Alberto y Laura **estuvieron/estaban** muy juntitos, ya sabía yo...

Sí, en aquella fiesta ya **estuvieron/estaban** saliendo juntos, pero lo querían mantener en secreto.

9. TÚ NO ERES ASÍ

🏠 PREPÁRATE

A. Lee el diálogo entre estos dos amigos que están mirando fotos en el móvil y subraya en diferente color las frases con los verbos ser y estar. Después, decide cuáles son sus usos y tacha la opción incorrecta.

—¡Ah! Mira, y esta es mi otra hermana.
—¡Qué guapa! ¿Es Silvia o Inés?
—Es Inés, la pequeña. Sí, es muy guapa y muy maja. Y además es muy inteligente...
—¿A qué se dedica?
—Es ingeniera agrónoma y le va muy bien. Está trabajando para una empresa muy importante.
—¿Dónde estáis? Esto no es Madrid, ¿no?
—No, estamos en Bogotá. Su novio es colombiano y ella vive allí. Es ese chico que está detrás.
—¿El que está sentado?
—Sí. Es que ese día estaba fatal porque tenía fiebre o algo así. Y ella estaba muy nerviosa. ¡Mira qué cara tiene en esta foto!

- Localización: ser estar
- Nacionalidad: ser estar
- Profesión: ser estar
- Ser estar + gerundio
- Estado de ánimo: ser estar
- Identificación: ser estar
- Carácter: ser estar
- Ser estar bien/mal...
- Posición: ser estar
- Descripción: ser estar

B. Comparamos nuestras respuestas a A.

C. Por parejas, leemos estos pares de frases y comentamos las diferencias de significado.

1. Juan es muy guapo. Le voy a dar al "me gusta"... ¡Me encanta el Tinder!
2. Mmm... Con ese corte de pelo, Juan está guapo, ¿no?

1. Mi hermano está insoportable. No sé qué le pasa.
2. Mi hermano es insoportable. No te recomiendo trabajar con él, la verdad...

D. Comparamos nuestras hipótesis con las del resto de la clase.

E. Intentamos escribir otros ejemplos con adjetivos como moreno/-a, verde, joven, viejo/-a, nuevo/-a... y comparamos los resultados con otras personas.

10. LAS RAZONES DE MIS AMIGOS

🏠 **PREPÁRATE**

A. Lee la sinopsis de esta película. ¿Alguna vez has prestado dinero a tus amigos? ¿Te han prestado dinero a ti? ¿Te lo han devuelto pronto? ¿Se lo has devuelto?

🔔 **ATENCIÓN**

Prestar/dejar **algo a alguien**
Marta le **ha prestado/ dejado** dinero a su amigo Carlos.

Pedir (prestado) **algo a alguien**
Carlos me **ha pedido** dinero. (no sabemos si la persona que habla ya se lo ha prestado o si Carlos está esperando una respuesta)

Deber **algo a alguien**
Carlos me **debe** dinero.

● ● ●

📝

He prestado varias veces dinero a mis amigos y siempre…

● ● ●

← → C 🏠 ○

CINETICA

TÍTULO	Las razones de mis amigos
AÑO	2000
DURACIÓN	93 min.
GÉNERO	Drama | Amistad
SINOPSIS	Santiago, Marta y Carlos se conocen desde la universidad, hace más de quince años. Un día, Carlos les pide dinero a sus amigos, lo necesita urgentemente. Ellos le preguntan para qué es y, finalmente, se lo prestan, aunque eso supone para ellos aplazar otros proyectos o directamente abandonarlos. Por ejemplo, Marta y su marido pensaban comprar una casa, pero ahora ya no se la pueden pagar. Pasan los meses y Carlos no les devuelve el dinero. Santiago y Marta no se lo dicen, pero el préstamo está afectando a sus respectivas relaciones de pareja. La película muestra cómo las preocupaciones materiales influyen en las relaciones de pareja y de amistad y cómo las pueden llegar a destruir.

Adaptado de fotogramas.es

★★☆☆☆

5.7

España
Películas en cartelera
Cines España
Próximos estrenos
Estrenos DVD venta
Próximos DVD venta
Ya para alquilar
Próximamente en alquiler
Video *on Demand*
Netflix

Secciones
Taquilla
Tráileres
Últimos tráileres
Últimas críticas
Todas las películas

B. Lee estas frases del texto: ¿a qué se refieren los pronombres marcados en negrita? Después completa la tabla.

• **Lo** necesita urgentemente > *el dinero*
• No **la** pueden pagar > ………………
• Eso supone abandonar**los** > ………………
• Santiago y Marta no se **lo** dicen > ………………
• Hasta el punto de que **las** puede destruir > ………………

pronombres de objeto directo

masculino singular o parte del discurso	femenino singular
………………	………………

masculino plural	femenino plural
………………	………………

C. Lee estas otras frases: ¿a qué se refieren los pronombres subrayados? Después completa la tabla.

1.
• Carlos <u>les</u> pide dinero a sus amigos > ………………
• Ellos <u>le</u> preguntan para qué es > ………………
2.
• Ellos <u>se</u> lo prestan > ………………
• Ahora ya no <u>se</u> la pueden pagar > ………………

pronombres de objeto indirecto

masculino y femenino singular	masculino y femenino plural
…………… (………)	…………… (se)

🔔 **ATENCIÓN**

Los pronombres de OI le y les se transforman en se en contacto con los pronombres de OD lo, la, los y las.
Ya ~~le lo~~ expliqué. > Ya **se lo** expliqué. (el plan a Juan / a María)
Ya ~~les la~~ envié. > Ya **se la** envié. (la invitación a mis amigos/-as)

D. En pequeños grupos, comparamos nuestras respuestas a A, B y C. Podemos consultar la gramática de Recursos lingüísticos.

E. Imaginamos estas situaciones. ¿Cómo reaccionaríamos si…?

• … nuestro mejor amigo nos pide el coche.
• … un desconocido nos pide nuestro teléfono móvil para hacer una llamada.
• … un/a compañero/-a de clase nos pide nuestros apuntes.
• … nos hacen un regalo que no nos gusta.
• … recibimos un mensaje en el móvil y no sabemos de quién es.

—Si es muy buen amigo, yo normalmente se lo dejo.
—Pues… yo no le dejo mi coche a nadie, es nuevo y…

11. UNA REUNIÓN FAMILIAR

🏠 **PREPÁRATE**

A. Lee este pequeño texto sobre las reuniones familiares. ¿Estás de acuerdo con lo que dice? Además de la Navidad, ¿qué otras épocas o situaciones familiares pueden provocar estrés?

> La Navidad es la época de reuniones familiares por excelencia y, en algunos casos, puede convertirse en una fuente de estrés: el cansancio, los compromisos, el reencuentro con la familia, las compras, la presión de ser el anfitrión, las discusiones, la falta de ejercicio o los excesos en comida y bebida pueden llevarnos a disfrutar de esta época menos de lo que nos gustaría.

B. Lee los testimonios de siete personas que cuentan sus experiencias en las reuniones familiares. ¿Qué testimonios expresan sentimientos positivos (+) y cuáles negativos (-)? Subraya los verbos y las expresiones que expresan esos sentimientos.

> Odio cuando toda mi familia me pregunta si ya tengo novio.
> **Ana**

> Me cuesta mantener una conversación con personas a las que no veo durante todo el año.
> **Álex**

> A mí me gustan las celebraciones familiares, me encanta preparar comida para muchas personas y no me molesta pasarme todo el día cocinando.
> **Pablo**

> No soporto a la familia de mi marido.
> **Rosa**

> Me cae muy mal mi cuñado: no soporto sus bromas machistas.
> **Celia**

> Yo me siento muy afortunada de tener una familia muy grande. Lo bueno es que me llevo muy bien con todos y en Navidad lo pasamos genial juntos.
> **Silvia**

> Me siento muy bien rodeado de todos mis seres queridos. Me encantan las comidas familiares.
> **Miguel**

C. Comparamos nuestras respuestas a A con otras personas. ¿Con qué testimonios nos sentimos más identificados?

— *Yo me siento identificado con Álex, porque me cuesta mantener una conversación con algunas personas de mi familia a las que no veo casi nunca.*

D. Por parejas, ponemos en común B y escribimos qué tipo de palabra acompaña a cada una de estas estructuras.

- Odio + ...
- Me siento + ...
- (No) me cuesta + ...
- Me gusta(n) + ...
- (No) me molesta + ...
- Me encanta(n) + ...
- No soporto + ...
- Me cae + ...
- Llevarse + ...
- Pasarlo + ...

E. Comprobamos nuestras respuestas a D en el apartado de Recursos lingüísticos.

F. Utilizamos las expresiones de D para hablar de nuestros sentimientos o relaciones en estas situaciones.

- En las fiestas familiares
- En el trabajo
- En mi piso o residencia
- Con mis hermanos
- Con mi pareja
- ...

12. RELACIONES SENTIMENTALES

🏠 **PREPÁRATE**

A. Según tú, ¿cuál es el orden más normal de hacer estas cosas? Ordénalas.

 divorciarse (de)

 salir (con)

irse a vivir (con)

separarse (de)

tener hijos (con)

casarse (con)

 enamorarse (de)

 conocer (a)

B. En grupos, comparamos nuestras respuestas a A.

C. Analizamos los iconos. ¿Qué tipo de pareja representan? ¿Crees que son representativos de la sociedad de hoy en día?

D. ¿Conocemos a alguien que haya pasado por todas estas fases? ¿Por cuáles de ellas hemos pasado nosotros? Lo comentamos con otras personas.

E. ¿Qué nos parecen estos testimonios? Lo discutimos en grupos.

> Mi mujer y yo nos casamos sin vivir juntos primero y nunca hemos tenido ningún problema de convivencia importante.

> Nunca salgo con nadie mayor o menor que yo cinco años. No tenemos nada en común.

13. RECURSOS PARA ARGUMENTAR

🏠 PREPÁRATE

A. Escucha a Inés contar cómo conoció a alguien importante 🔊 en su vida y responde a estas preguntas.
23

- ¿De quién habla?
- ¿Dónde lo conoció?
- ¿Cuándo empezaron su relación?

TRANSCRIPCIÓN MAPEADA en campus.difusion.com 👆

B. Lee ahora la transcripción de la conversación y fíjate en las palabras que están en negrita. ¿Sabes para qué se usan? Clasifícalas en un cuadro como el de abajo.

—Oye, Inés, y tú, ¿cómo conociste a Alberto?
—Pues es una historia muy romántica...
—Cuenta, cuenta...
—Pues mira, **resulta que** de pequeños en el pueblo íbamos juntos a la escuela.
—¡No me digas! ¡Qué fuerte!
—Sí, sí, durante toda la primaria. **Luego**, en secundaria, nos perdimos la pista porque ya no vivíamos en el pueblo y cada uno fue a un instituto diferente.
—Ya, claro.
—Y yo tuve otros novios. Incluso estuve a punto de casarme con uno de ellos.
—¿Ah, sí? ¡No lo sabía!
—Sí, sí, con Paco. Era un chico muy majo, pero al final yo... anulé la boda.
—¿En serio? ¿Qué pasó?
—Es una larga historia... Bueno, **el caso es que** un día, iba de camino al pueblo y **de repente** el coche se paró en medio de la nada, y encima estaba sin batería en el móvil.
—¡No! ¡Qué mala suerte! ¿Y qué hiciste?
—Pues desesperarme, no sabía qué hacer. **Y entonces, de repente**, vi un coche. Yo me puse muy contenta, pero también un poco nerviosa, porque no sabía quién podía aparecer.
—Ya, claro, normal.
—Y entonces apareció Alberto...
—¡Nooo!
—Sí, sí, como lo oyes, no me lo podía creer. Hacía muchos años que no nos veíamos y fue un flechazo.
—¡Qué bonito! ¿Pues **a que no sabes** cómo conocí yo a Rosa?

Introducir un tema o comenzar una historia	Añadir una explicación o un desarrollo
Resulta que...	....

C. Fíjate ahora en las frases subrayadas y organízalas en una tabla como esta.

Valorar la situación o lo sucedido	Dar la razón o mostrar acuerdo	Pedir más información	Mostrar sorpresa
....	....	....	....

D. Comparamos nuestras respuestas a A, B y C con otra persona.

E. Trabajamos por parejas. Cada uno prepara tres o cuatro frases sueltas pensadas para que la otra persona reaccione usando estas expresiones. ¿Funciona?

¡No me digas!

Cuenta, cuenta...

¡Qué mala suerte!

Ya, claro

¿Ah, sí? No lo sabía

¡Qué fuerte!

—*¿Sabes que el nuevo profesor de Lingüística Aplicada tiene seis hijos?*
—*¿Ah, sí? No lo sabía. Pero parece muy joven, ¿no?*

14. CONTAR ANÉCDOTAS

A. En parejas, vamos a imaginar una situación y a escribir una anécdota utilizando el pretérito imperfecto y el pretérito indefinido. Podemos basarnos en una historia real y adaptarla y podemos hablar de nosotros o de otras personas.

SITUACIONES POSIBLES
- Conocer a alguien importante o famoso
- Enamorarse por primera vez
- Tener una cita a ciegas
- Ligar a través de una *app*
- Conseguir un trabajo inesperado
- Dejar un buen trabajo
- Otros...

B. Ahora, vamos a transformar la anécdota en un diálogo y a incluir los recursos que hemos aprendido para mostrar sorpresa, pedir más información...

C. Por turnos, representamos el diálogo en clase. Nuestros compañeros votarán de 1 (mínimo) a 5 (máximo) la naturalidad, el buen uso de los pasados y el manejo de los marcadores del discurso.

15. REDES SOCIALES

A. ¿Conoces la historia de las redes sociales? Por parejas o en pequeños grupos, vamos a investigar en internet cómo y dónde surgieron, cuáles fueron las primeras y cómo han evolucionado; cómo eran y a qué público estaban dirigidas, cómo son hoy en día, etc.

—*Según parece, classmates.com es la primera red social de la historia. Aquí dice que surgió en 1995.*
—*¿classmates.com? Sí, me suena de algo. ¿Cómo era?*

B. Una vez recopilada la información, vamos a crear "La línea del tiempo de las redes sociales", desde su inicio hasta la actualidad. Podemos usar imágenes, textos, ejemplos gráficos...

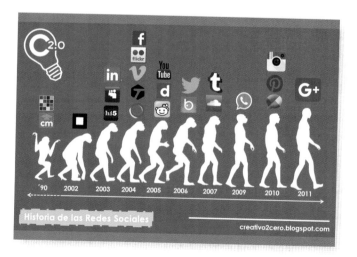

Historia de las Redes Sociales

creativo2cero.blogspot.com

C. Presentamos en clase nuestro trabajo y lo comentamos con el resto de los compañeros.

GRAMÁTICA

PRONOMBRES DE OBJETO DIRECTO E INDIRECTO
Cuando un elemento ya ha sido mencionado o está claro por el contexto, para no repetirlo, usamos los pronombres de OD (objeto directo) y OI (objeto indirecto).

► **Objeto directo**

masculino singular o parte del discurso	femenino singular
lo	la

masculino plural	femenino plural
los	las

El objeto directo es la persona o cosa que recibe de manera directa la acción expresada por el verbo.
- ¿Has hecho ya **los deberes**?
- Sí, **los** hice ayer.

Los pronombres de OD aparecen también cuando el objeto directo aparece antes del verbo.
Quiero mucho **a mi madre**.
A mi madre la *quiero* mucho.

El pronombre de OD **lo** también puede sustituir toda una frase o una parte del discurso.
*Marta le ha prestado dinero a un amigo, pero su novio no **lo** sabe.* (que le ha prestado dinero a un amigo)

 La forma **lo** también puede sustituir al atributo de verbos como **ser**, **estar**, o **parecer**.
*Ahora es muy amable con nosotros, pero antes no **lo** era.*

► **Objeto indirecto**

masculino y femenino singular	masculino y femenino plural
le (se)	les (se)

 Los pronombres de OI **le** y **les** se transforman en **se** en contacto con los pronombres de OD **lo**, **la**, **los** y **las**.
*Cuando Carlos necesita dinero, Marta y Santiago **se lo** prestan.*

El objeto indirecto es la persona (y con menos frecuencia, la cosa) destinataria final de la acción del verbo.

En español casi siempre usamos los pronombres de OI incluso cuando no hemos mencionado antes el elemento al que se refieren.
*Carlos **les** pide dinero a sus amigos.*

PRETÉRITO INDEFINIDO: VERBOS IRREGULARES
▶ Verbos irregulares con cambio vocálico

Los verbos de la tercera conjugación (-**ir**) que en presente tienen cambios vocálicos (**e > i**, **o > ue**) presentan también un cambio vocálico en indefinido en la tercera persona del singular y en la tercera del plural.

	PEDIR	SENTIR	DORMIR
yo	pedí	sentí	dormí
tú, vos	pediste	sentiste	dormiste
él, ella, usted	pidió	sintió	durmió
nosotros, nosotras	pedimos	sentimos	dormimos
vosotros, vosotras	pedisteis	sentisteis	dormisteis
ellos, ellas, ustedes	pidieron	sintieron	durmieron

▶ Verbos con raíz irregular

Los verbos con raíz irregular tienen todos las mismas terminaciones.

	VENIR	HACER	TENER
yo	vine	hice	tuve
tú, vos	viniste	hiciste	tuviste
él, ella, usted	vino	hizo	tuvo
nosotros, nosotras	vinimos	hicimos	tuvimos
vosotros, vosotras	vinisteis	hicisteis	tuvisteis
ellos, ellas, ustedes	vinieron	hicieron	tuvieron

Otros verbos con raíz irregular:

saber	>	**sup-**	poner	>	**pus-**
decir	>	**dij-**	estar	>	**estuv-**
andar	>	**anduv-**	traer	>	**traj-**
poder	>	**pud-**	haber	>	**hub-**
caber	>	**cup-**	querer	>	**quis-**

 En la 1.ª y en la 3.ª persona del singular de los verbos que tienen raíz irregular, la sílaba tónica es la penúltima.
*vi*ne   *con**du**jo*
***pu**se*   ***tu**vo*

 Los verbos que tienen una raíz irregular acabada en -**j** (**decir > dij-**, **traer > traj-**, **producir > produj-**, **conducir > conduj-**, etc.) hacen la tercera persona del plural con la terminación -**eron**, no -**ieron**.
decir > ~~dij*ieron*~~ dij**eron**

Los verbos **ir** y **ser** son irregulares y tienen la misma forma.

	IR/SER
yo	fui
tú, vos	fuiste
él, ella, usted	fue
nosotros/-as	fuimos
vosotros/-as	fuisteis
ellos, ellas, ustedes	fueron

PRETÉRITO INDEFINIDO: VERBOS CON MODIFICACIÓN ORTOGRÁFICA

Algunos verbos regulares tienen pequeños cambios ortográficos en algunas personas.

▶ Verbos con raíz terminada en -a, -e y -o

En estos verbos, las formas correspondientes a **yo**, **tú**, **nosotros** y **vosotros** llevan tilde; en las terceras personas (singular y plural), la **i** se convierte en **y**.

	LEER	OÍR
yo	leí	oí
tú, vos	leíste	oíste
él, ella, usted	leyó	oyó
nosotros, nosotras	leímos	oímos
vosotros, vosotras	leísteis	oísteis
ellos, ellas, ustedes	leyeron	oyeron

Otros verbos con estas modificaciones: **creer**, **caer**, **roer**...

▶ Verbos con infinitivo terminado en -gar, -zar, -car

Estos verbos tienen una modificación en la primera persona del singular.

pagar	>	pa**gu**é
buscar	>	bus**qu**é
empezar	>	empe**c**é

CONTRASTE PRETÉRITO INDEFINIDO / PRETÉRITO IMPERFECTO

Cuando relatamos hechos del pasado, podemos usar estos dos tiempos.

▶ El pretérito indefinido en la narración

Con el pretérito indefinido representamos una acción terminada, completa. Presentamos la información como un evento que hace avanzar la historia.

▶ El pretérito imperfecto en la narración

El pretérito imperfecto representa la acción no terminada, en proceso. La historia "se detiene" y hacemos una descripción de personas, cosas o circunstancias. Con el pretérito imperfecto también expresamos acciones habituales en el pasado.
*Juan y yo nos **conocimos** (evento) en la universidad. **Estudiábamos** (descripción de circunstancia) la misma carrera. Él **era** muy estudioso (descripción de persona) y todos los días **iba** (acción habitual) a la biblioteca. Un día, **fui** (evento) allí a buscarlo, **hablamos** (evento) durante horas y creo que en ese momento **nos enamoramos** (evento) el uno del otro.*

ESTAR + GERUNDIO

Usamos **estar** + gerundio para presentar las acciones en su desarrollo y, en algunos casos, expresar que la acción se ha repetido varias veces.

pretérito perfecto + gerundio
La acción se sitúa en un tiempo reciente.
***He estado hablando** con Luis.* (recientemente)
*Marga **ha estado yendo** a terapia.* (repetidamente)

pretérito indefinido + gerundio
La acción se sitúa en un tiempo concreto y acotado en el pasado.
*Ayer **estuve hablando** con mi padre sobre la posibilidad de irme de Erasmus el próximo curso.*

pretérito imperfecto + gerundio
La acción se presenta como una circunstancia de
otra acción principal.
Estaba hablando *con mi padre sobre la posibilidad de
irme de Erasmus a Alemania, cuando oímos la noticia
sobre la reducción de becas.*

EXPRESAR ACUERDO Y DESACUERDO
▶ **Expresar acuerdo**
—*Creo que las relaciones personales en las redes
sociales son más superficiales que en persona.*
—***Sí, es verdad.***
Tienes razón.
Sí, estoy de acuerdo.
Sí, para mí también *son más superficiales.*
Sí, yo también creo que *son más superficiales.*
Sí, a mí también me parecen *más superficiales.*

▶ **Expresar desacuerdo**
—*Creo que las relaciones personales en las redes
sociales son mucho más superficiales que en persona.*
—***No, eso no es (del todo) verdad.***
No, no estoy (muy) de acuerdo.
Yo creo que no.
No pienso lo mismo que tú.

▶ **Presentar un contraargumento**
—*Creo que las relaciones personales en las redes
sociales son mucho más superficiales que en persona.*
—***Sí/ya, es verdad, pero (por otra parte)*** *no se puede
comparar, son diferentes modos de relacionarse.*
Sí, estoy de acuerdo, pero (por otra parte) *no
se puede comparar, son diferentes modos de
relacionarse.*
Sí, está claro que *las relaciones no son las mismas,*
pero *no tienen por qué ser más superficiales.*
Es evidente que *las relaciones no son las mismas,*
pero *no tienen por qué ser más superficiales.*

SER Y ESTAR
Los verbos **ser** y **estar** se usan para presentar las
características de algo o de alguien.

▶ **Usos de** ser
Con el verbo **ser** presentamos esas características
como algo esencial.

• Identificar
—*¿Quién **es** la chica de la foto?*
—***Es** Leonor, mi hermana mayor.*

• Especificar el origen o la nacionalidad
***Es** una película rumana.*
*Pedro **es** portugués.*

• Hablar de la profesión
*Mi mujer **es** periodista deportiva.*

• Describir la personalidad y el carácter
*Mi hermano **es** muy extrovertido y sociable.*

• Describir el aspecto externo
*Me gusta mucho la casa de Néstor. **Es** muy luminosa.*
*Cristina **es** morena, tiene la piel muy clara y los
ojos grandes y negros. **Es** muy guapa.*

▶ **Usos de** estar
Con el verbo **estar** presentamos características
como algo temporal, circunstancial o como el
producto de nuestra experiencia.
*Mi hermano hoy **está** insoportable, aunque suele
ser muy tranquilo.*

estar + participio
Estos participios se usan como adjetivos (que
expresan posición, estado o situación).
*Marta **está tumbada** en el sofá porque le duele
mucho la cabeza.*
*Josefina **está embarazada** de gemelos.*
*La tienda ya **está cerrada**.*

estar + **bien/mal**
*Enhorabuena, Gerardo, tu examen **está** muy **bien**.*
*Esta pregunta **está mal** formulada.*

estar + **gerundio**
*Gerardo **está preparando** los exámenes finales;*
***está estudiando** mucho.*

 El verbo **estar** también se utiliza para localizar
algo o a alguien en el espacio.
*Bárbara **está** en Helsinki hasta el jueves.*
*¿Dónde **están** mis gafas?*

▶ Ser **y** estar **con los mismos adjetivos**
Algunos adjetivos cambian de significado si se
usan con **ser** o con **estar**.
*Las manzanas **son verdes**, rojas y amarillas.*
(se refiere al color natural de las manzanas)
*Esas manzanas **están verdes**, espera unos días.*
(todavía no están maduras)

Con otros adjetivos, se mantiene el mismo
significado.
*Pepe **es** muy **guapo**.* (es un rasgo físico)
*Pepe **está** muy **guapo** con esa camisa.* (Pepe no es
guapo, pero la camisa le favorece mucho)

*Mi madre **es** muy **joven**, solo tiene 35 años.* (es una
característica de esa persona)
*Mi madre **está** muy **joven**. Tiene 70 años, pero
parece que tiene 50.* (esa persona no es joven,
pero parece que tiene menos años)

*Mi jefe **es insoportable**, siempre está gritando.* (es
una característica permanente de su carácter)
*Mi jefe **está insoportable**, creo que se está
divorciando.* (es una característica temporal que se
aprecia en su carácter estos días, últimamente...)

 Hay algunos adjetivos que, por su significado,
solamente pueden ir con el verbo **ser**:
*Carla **es** muy inteligente.*
Carla ~~está~~ muy inteligente.

Y otros solamente pueden ir con **estar**:
*Carla **está** contenta.*
Carla ~~es~~ contenta.

LÉXICO

PRESTAR, DEJAR, PEDIR, DEBER

prestar/dejar algo a alguien
*Marta le **ha prestado**/**dejado** dinero a su amigo Carlos.*
*¿Me **dejas**/**prestas** tu abrigo gris para ir a la fiesta?*

pedir (prestado) algo a alguien
*Carlos me **ha pedido** dinero.*
*¡Mi hermana siempre me **está pidiendo** mi ropa, es una pesada!* (No sabemos si la persona que habla ya ha prestado lo que le piden o si la otra persona está esperando una respuesta)

deber algo a alguien
*Carlos me **debe** dinero.*

EXPRESIÓN DE SENTIMIENTOS Y OPINIONES

me cuesta + infinitivo
***Me cuesta** mucho **hacer** amigos cuando llego a un sitio nuevo.*
*Hablar contigo es muy fácil, **no me cuesta** nada **decir** lo que pienso.*

me siento + adjetivo
***Me siento feliz** cuando estoy cerca de mi familia.*
*Después de discutir con mi padre, siempre **me siento triste**.*

me enfado cuando + verbo en presente
***Me enfado cuando** mis amigos **salen** de fiesta y no me llaman.*
*¿Por qué **te enfadas cuando te hago** una crítica?*

me cae(n) bien/mal/fenomenal/fatal...
*El hermano de mi novia **me cae fenomenal**, pero sus padres **me caen fatal**, la verdad.*
*¿**Te cae bien** la novia de Marcos?*

llevarse bien/mal/fenomenal/fatal...
***Me llevo muy bien** con los amigos de mi novio.*
*No sabía que Alberto y Lupe **se llevaban tan mal**...*

RELACIONES SOCIALES

conocer 〉 bien 〉 poco 〉 mejor 〉 a Juan

conocerse 〉 bien 〉 poco 〉 mejor

llevarse 〉 bien 〉 mal 〉 fatal 〉 con Luisa

salir con 〉 Pedro

salir de 〉 fiesta

salir a 〉 bailar 〉 tomar algo

enamorarse de
casarse con
separarse de
divorciarse de
〉 Carla 〉 un compañero

vivir 〉 solo/-a 〉 en pareja 〉 con un/a amigo/-a

tener 〉 una relación 〉 una historia 〉 con Clara 〉 hijos

CARACTERÍSTICAS DEL TEXTO

MARCADORES PARA RELATAR
▶ **Anunciar un relato**
*¿**A que no sabes** lo que me pasó el otro día?*
*Oye, ¿**sabes que** Andrés se ha casado?*

▶ **Comenzar una historia**
*(**Pues**) **resulta que** me robaron la cartera en el metro.*

▶ **Añadir una explicación o un desarrollo**
*El otro día iba a comprar unos regalos para mi madre porque el sábado es su cumpleaños. **El caso es que** estaba en el metro hablando por teléfono tranquilamente **y entonces, de repente**, noté un tirón en el bolso. Había mucha gente subiendo en esa parada y pensé que no había sido nada. **Luego**/**más tarde** me di cuenta de que me habían robado la cartera.*

REACCIONAR A LO QUE NOS CUENTAN OTROS
▶ **Valorar la situación o lo sucedido**

¡Qué fuerte!
¡Qué bonito!
¡Qué mala suerte!
¡Qué horror!

▶ **Dar la razón o mostrar acuerdo**

Claro, normal...
Ya...
No me extraña.

▶ **Pedir más información**

Cuenta, cuenta...
Sigue, sigue...
¿Y qué hiciste?
¿Y qué pasó?
¿Cómo terminó?

▶ **Mostrar sorpresa**

¡Noooo!
¡No me digas!
¿Ah, sí? No lo sabía...
¿En serio?

9

MODA Y CUERPO

CULTURA
- La importancia de la ropa para la identidad personal y colectiva
- El impacto de la industria textil
- El lenguaje corporal

COMUNICACIÓN
- Valorar y opinar sobre el mundo de la moda
- Dar órdenes y expresar prohibiciones
- Aconsejar y sugerir
- Identificar y señalar
- Referirse a algo mencionado anteriormente

GRAMÁTICA
- El imperativo afirmativo (formas regulares e irregulares y combinación con pronombres)
- Los demostrativos
- Dar consejos: **lo mejor es / te recomiendo**..., **si** + presente de indicativo, imperativo/presente
- Dar órdenes: **tener que / hay que** + infinitivo
- Hacer sugerencias: **¿por qué no...?**
- Expresar preferencias: **prefiero** + infinitivo

LÉXICO
- La ropa y los colores
- Los verbos **ponerse**, **llevar**, **probarse**, **quedar bien/mal**

CARACTERÍSTICAS DEL TEXTO
- Mecanismos de cohesión textual

1. CITAS

PREPÁRATE

A. Lee las citas de estos diseñadores y escribe si estás de acuerdo con ellos y por qué. ¿Qué estilo o personalidad crees que tiene cada uno?

1

La elegancia y el estilo no tienen nada que ver con el dinero. — CAROLINA HERRERA (1939), diseñadora venezolana

2

La moda es vestir de acuerdo a lo que está de moda. El estilo es ser tú mismo. — ÓSCAR DE LA RENTA (1932), diseñador dominicano

3

Lo que me deja atónita es que, en teoría, la moda cambia cada seis meses y, sin embargo, todo el mundo viste igual. — ÁGATHA RUIZ DE LA PRADA (1960), diseñadora española

B. Compartimos nuestras respuestas en pequeños grupos.

— *Yo estoy bastante de acuerdo con lo que dice Óscar de la Renta sobre el estilo, pero...*
— *Sí, y es muy interesante la reflexión que hace Ágatha Ruiz de la Prada. Al final, todos compramos en las mismas tiendas y...*

C. Por parejas, escribimos una nueva frase sobre la moda.

La moda es...
El mundo de la moda es/tiene...
Para ir a la moda hace falta/necesitas...

D. Ponemos en común nuestras frases sobre la moda y hacemos una votación: ¿con cuál estamos más de acuerdo? ¿Cuál es la más original?

ACTIVIDAD COMPLEMENTARIA en campus.difusion.com

2. IMÁGENES

PREPÁRATE

A. Antes de leer la viñeta, ¿qué situación ilustra la imagen?

B. ¿Has estado alguna vez en un desfile de moda? ¿Te gustaría? ¿Por qué?

C. Lee la viñeta y explica con tus propias palabras qué crees que quiere decir.

 Yo creo que hace una crítica a…

D. En pequeños grupos, compartimos nuestras respuestas a A, B y C.

E. En los mismos grupos, vamos a elaborar una lista de aspectos positivos y negativos del mundo de la moda.

(El mundo de) la moda crea / es / se basa en…
Las empresas de moda crean/producen/son…
Para la gente, la moda es…

F. Comparamos nuestra lista con las del resto de la clase. ¿Hay muchas diferencias? En general, ¿la valoración es más positiva o más negativa?

TODOS APLAUDÍAN A MODELOS, SASTRES Y MODISTAS, PERO NADIE SE FIJÓ EN QUIEN COSIÓ LA ROPA…

El Roto

3. VÍDEO

PREPÁRATE

A. ¿Qué crees que es la moda sostenible? Escribe palabras que relacionas con este concepto.

B. Ve el vídeo y completa estas frases.

- Voy a cerrar el desfile con un vestido de plástico ....
- Esta ropa es sostenible, es .... o reciclada, de comercio ...., tiene diversidad de ...., sabemos quién la ha fabricado, no utilizan tintes .... y, además, es bonita.
- Son marcas ...., que funcionan.
- Los tejidos que utilizan son, en su mayoría, comprados en Europa con certificación ....

C. En parejas, comparamos nuestras respuestas a A y B.

D. Respondemos a las siguientes preguntas.

- ¿Te interesa este tipo de iniciativas? ¿Por qué?
- ¿Qué opinas de la ropa que aparece en el vídeo?
- ¿Compras moda sostenible? ¿En qué tipo de establecimientos o webs?
- ¿Crees que la ropa sostenible es un mercado con futuro? ¿Por qué?

La moda también es yoga

E. "La moda también es yoga". Discutimos en parejas el significado del título del vídeo. Después, comparamos nuestras respuestas con las del resto de la clase.

—Me imagino que quiere decir que este tipo de iniciativa…

ESTRATEGIAS

Cuando trabajamos con documentos reales, es importante distinguir entre lo que es incidental o "raro" (lo que forma parte del estilo personal de quien habla o escribe) y aquello que es común y rentable. "La moda es yoga", en este caso, es un concepto muy particular de la protagonista del vídeo.

4. LA ROPA Y EL CURRÍCULUM

 PREPÁRATE

A. Lee este artículo adaptado del periódico argentino *La Nación* y ordena las recomendaciones del texto de 1 (muy importante) a 7 (poco importante).

B. Subraya en el texto las palabras relacionadas con la ropa.

C. Comparamos nuestras respuestas a A y B.

D. Completamos en parejas las recomendaciones del texto con otras ideas que nos parezcan importantes y lo comentamos después con el resto de la clase.

 ESTRATEGIAS

En internet existen herramientas muy útiles para leer textos auténticos y mejorar nuestro vocabulario que funcionan como diccionarios *online*.

ACTIVIDAD COMPLEMENTARIA
en campus.difusion.com

CÓMO (NO) VESTIRSE PARA UNA ENTREVISTA DE TRABAJO

TEXTO MAPEADO en campus.difusion.com

La entrevista de trabajo provoca escalofríos incluso en el aspirante más confiado. Un aspecto que preocupa a muchos es la elección de la ropa: qué vestir y, lo más importante, qué no vestir. Elegir la vestimenta perfecta para una entrevista era, antiguamente, una tarea sencilla: un traje clásico de color oscuro podía servir en casi todas las ocasiones, tanto a los hombres como a las mujeres. Pero en el entorno empresarial de hoy, las normas han cambiado.

Los pantalones vaqueros y las camisetas son la norma diaria de muchos empleadores y de algunos directores generales. Mark Zuckerberg, el fundador de Facebook, es famoso por llevar la misma camiseta gris (las compra al por mayor) todos los días para trabajar. Incluso dentro del sector del mercado financiero, llegar a una entrevista vestido de punta en blanco podría generar una impresión errónea.

Pero entonces, ¿qué tiene que hacer el candidato? Hemos consultado con algunos especialistas y estas son las recomendaciones que nos han dado:

> Si no estás seguro de la ropa que debes llevar a una entrevista, llama y pregunta al entrevistador o al director de Recursos Humanos. No serás penalizado por tratar de estar preparado.

> En general, es recomendable vestirse un poco más elegante de lo esperado. Por ejemplo, en un ambiente de pantalones vaqueros y camiseta, lo mejor es ponerse un pantalón informal y una camisa. Y si es un trabajo en el que la gente lleva pantalón informal y camisa, entonces usa traje. Recuerda: en las entrevistas de trabajo siempre es mejor arreglarse más de lo necesario y no al revés, independientemente del sector en el que trabajes.

> Ten clara la imagen que quieres transmitir y trata de verte como si ya trabajaras allí. Además, para evitar sentirte incómodo, asegúrate de no estrenar ropa o zapatos ese día.

> Cuando llegues, evita el desorden: deja tu abrigo y tu bolso en recepción y lleva contigo solo la carpeta que contenga los documentos necesarios. Así parecerás un empleado más que una visita.

> Si no optas a un puesto de ejecutivo, no lleves traje. En el caso de las mujeres, anima un poco tu apariencia con algunos accesorios, como un bonito collar.

> Por regla general, hay que pensar en un estilo *business-casual* (arreglado, pero informal). Una chaqueta o un jersey es siempre una buena opción, tanto para hombres como para mujeres.

> Otro gran error es llevar la ropa manchada. En caso de accidente, haz frente a la situación, di que derramaste el café y discúlpate.

5. TU CUERPO HABLA

🏠 **PREPÁRATE**

A. Lee el texto de introducción y después relaciona los elementos de las dos columnas.

En una entrevista de trabajo, nuestros gestos y cómo nos movemos influyen definitivamente en la impresión que damos. Aunque no seamos conscientes, nuestro cuerpo habla por nosotros y dice muchas cosas.

1. Los ojos
No mantener contacto visual significa que...

2. La cara
No sonreír significa que...

3. Los pies y las manos
Moverse demasiado, dar golpes con el pie en el suelo o con los dedos sobre la mesa significa que...

4. El cuerpo
Tener una mala postura significa que...

5. El aspecto físico
Estar despeinado y llevar la ropa arrugada significa que...

6. La comunicación gestual
No acompañar las palabras con gestos significa que...

7. La comunicación verbal
Hablar muy despacio, sin entusiasmo, significa que...

a. estás demasiado concentrado en lo que vas a decir y no prestas atención a los detalles. Denota nervios y poca empatía.

b. tienes exceso de confianza y poco respeto por el entrevistador.

c. tienes poco interés por el puesto de trabajo, poco cuidado personal.

d. eres demasiado tímido y tienes poca personalidad.

e. tienes poco autocontrol y poco sentido del saber estar.

f. tienes poco entusiasmo, poca motivación.

g. la otra persona te intimida, ocultas algo, estás disperso.

TEXTO MAPEADO en campus.difusion.com

B. Comparamos en parejas nuestras respuestas.

C. Comentamos si estamos de acuerdo con el texto y explicamos por qué. ¿Podemos añadir algo más? Lo compartimos con el resto de la clase.

D. ¿Hemos tenido alguna entrevista de trabajo recientemente? ¿Creemos que estos consejos son útiles? Explicamos nuestra experiencia al resto de la clase.

Normalmente, cuando voy a una entrevista de trabajo, procuro / trato de / intento...
Antes de una entrevista de trabajo siempre/nunca...
La última entrevista que hice fue (muy/bastante) bien/mal/fatal... porque...

E. ¿Qué consejos o recomendaciones daríamos a una persona que va a hacer una entrevista de trabajo en nuestro país? Trabajamos en pequeños grupos y después lo compartimos con el resto de la clase.

Lo mejor es...
Te recomiendo...
Intenta / trata de / no olvides...
Tienes que...
Hay que...
¿Por qué no...?

— *Te recomiendo llegar pronto a la cita porque...*

6. LOS GESTOS EN ESPAÑOL

🏠 **PREPÁRATE**

A. Ve este vídeo de una actriz infantil y anota qué significan los gestos que hace la protagonista. Si no conoces las palabras en español, escríbelas en tu lengua.
🎥 10

B. Comparamos nuestras respuestas.

C. Comentamos los tres gestos que más nos han sorprendido. Luego, pensamos otros que sean universales o típicos en nuestra cultura.

ACTIVIDAD COMPLEMENTARIA en campus.difusion.com

El lenguaje gestual

VÍDEO DISPONIBLE en campus.difusion.com

7. REFLEXIONA

🏠 PREPÁRATE

A. Haz un repaso por las formas verbales de los enunciados del libro, busca los verbos en imperativo afirmativo y clasifica al menos tres de cada conjugación en una tabla como esta. Añade la forma vosotros/-as.

	-ar	-er	-ir
tú	apunta	....	....
vosotros/-as	....	....	escribid

B. Comparamos en parejas nuestras respuestas. Podemos comprobar nuestras hipótesis en Recursos lingüísticos.

ACTIVIDAD COMPLEMENTARIA
en campus.difusion.com

8. DIEZ REGLAS DE ORO PARA...

🏠 PREPÁRATE

A. Lee el siguiente texto y marca las frases con las que estás de acuerdo. Después, explica con qué no estás de acuerdo.

● ● ●

Pues a mí me gusta probarme cosas que nunca llevo. Creo que es una buena oportunidad para explorar nuevos estilos. Además,...

B. Subraya en el texto los imperativos negativos. ¿Cómo crees que se forman? Puedes consultar la explicación de Recursos lingüísticos para comprobar tus hipótesis.

C. Busca en el texto todos los verbos que hay en imperativo afirmativo, conviértelos en negativos y al revés.

● ● ●

revisa > no revises
no gastes > gasta

DECÁLOGO PARA COMPRAR EN REBAJAS DE MANERA INTELIGENTE

1 Revisa tu armario y haz una lista con las cosas que necesitas.

2 Piensa si has visto algo que realmente te gusta y ve directamente a esa tienda.

3 No gastes dinero en prendas parecidas a las que ya tienes en el armario.

4 Aprovecha las rebajas para comprar una prenda de diseño que en otro momento no comprarías.

5 Busca las gangas en prendas de fuera de temporada.

6 Ten claro qué tipo de prendas te queda bien y no te pruebes cosas que nunca llevas. Es una pérdida de tiempo.

7 No te compres nada pensando en perder o ganar peso en los próximos meses. Nunca funciona y genera frustración.

8 Revisa tu agenda y aprovecha las rebajas si tienes en los próximos meses algún evento especial: un viaje, una boda...

9 Si vas a comprar zapatos, ve por la tarde o camina un rato antes. Así, tendrás el pie ligeramente hinchado y no comprarás zapatos que luego te harán daño.

10 Compra de manera responsable. Recuerda que un solo pantalón vaquero necesita más de 3000 litros de agua para su producción.

TEXTO MAPEADO en campus.difusion.com

D. Compartimos en parejas nuestras respuestas a A, B y C.

E. En pequeños grupos, vamos a escribir un nuevo decálogo. Podemos elegir entre estos temas u otros que nos interesen.

• Decálogo para no sufrir durante los exámenes
• Decálogo para viajar sin gastar mucho dinero
• Decálogo para ahorrar en la compra diaria

⚙ ESTRATEGIAS

Antes de empezar a escribir un texto, es útil preparar una lista de ideas que queremos expresar y de palabras clave que vamos a utilizar.

ACTIVIDAD COMPLEMENTARIA en campus.difusion.com

9. ANUNCIOS

GRAMÁTICA

🏠 PREPÁRATE

A. ¿En qué situaciones crees que es común encontrar estos mensajes? ¿Hay algo que te sorprende?

Estamos mejorando las instalaciones. Disculpen las molestias.

POR FAVOR RESPETEN EL DESCANSO DE LOS VECINOS. NO HAGAN RUIDO AL SALIR.

PASE SIN LLAMAR

Espere su turno detrás de la línea

B. Lee de nuevo los mensajes y subraya los verbos en imperativo. ¿En qué persona están?

C. Comparamos en parejas nuestras respuestas a A y B.

D. En pequeños grupos, vamos a pensar en otras situaciones cotidianas en las que también encontramos mensajes en imperativo. Podemos añadir también las **personas** tú (vos) y vosotros/-as.

10. ¿DÓNDE ME TATÚO?

LÉXICO

🏠 PREPÁRATE

A. Lee el texto y completa una tabla como la de abajo.

¿Qué dicen los tatuajes de las personas según la parte del cuerpo donde están?

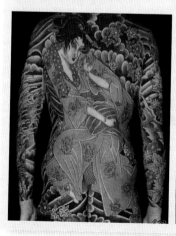

EN TOBILLOS Y PANTORRILLAS: personas equilibradas
Los llevan personas que, dependiendo de la situación, pueden ser desinhibidas o reservadas. Al igual que su tatuaje, ellos deciden cuándo dejarse ver y cuándo no.

EN LAS COSTILLAS: personas reservadas
Es una zona bastante íntima. Normalmente, no es un tatuaje para lucir, sino para expresar algo importante para la persona.

EN LA PARTE BAJA DE LA ESPALDA: el gusto por la seducción
Los tatuajes en esta zona son discretos y puedes taparlos fácilmente, pero al mismo tiempo son sexis si quieres mostrarlos.

EN EL CUELLO Y LAS MANOS: mucha personalidad
Muestran rebeldía y personalidad, sobre todo porque son lugares que no se pueden esconder fácilmente.

EN LA ESPALDA: solo para valientes
Estos tatuajes suelen ser dolorosos, por lo que se asocian a personas fuertes y rudas.

EN EL ROSTRO: carácter inconformista
Un tatuaje en la cara es algo únicamente para rebeldes e inconformistas. No es algo muy común y suele ser típico de personas únicas a las que les gusta llamar la atención.

Partes del cuerpo	Qué dicen de la persona
Los tobillos y las pantorrillas	Personas equilibradas que pueden ser desinhibidas o reservadas dependiendo de la situación.

B. ¿Estás de acuerdo con el contenido del texto? Explica por qué.

C. Comparamos en parejas nuestras respuestas a A y B.

D. Ampliamos la lista de las partes del cuerpo donde son habituales los tatuajes.

E. En pequeños grupos, contestamos a estas preguntas.

• ¿Tienes algún tatuaje o tienes ganas de hacerte uno? ¿Dónde?
• ¿Por qué decidiste hacértelo? ¿Tiene algún significado especial?

• • •

A mí los tatuajes en la parte baja de la espalda no me parecen especialmente sexis…

11. ¿CÓMO SE LLAMA ESTO?

🏠 PREPÁRATE

A. ¿Sabes cómo se llaman estas prendas de ropa? Puedes utilizar el diccionario.

B. Clasifica las palabras en una tabla como esta.

un	una	unos	unas
jersey	....	....	....

C. Comparamos por parejas nuestras respuestas a A y B y completamos la tabla con otras palabras que conocemos.

—*Podemos incluir también zapatillas de deporte,¿no?*
—*Sí, y también...*

⚙️ ESTRATEGIAS

A veces es mucho más fácil retener juntas dos o tres palabras relacionadas que por separado, por ejemplo: los calzoncillos (👨) y las bragas (👩)...

12. ROPA ORIGINAL

🏠 PREPÁRATE

A. Mira las imágenes: ¿qué prendas te gustan?, ¿cuáles no?, ¿por qué?

un sombrero panamá (sombrero de paja típico de Ecuador)

un jersey de rayas de lana peruana

unas abarcas beis (sandalias de piel típicas de Menorca)

una camisa de cuadros

una guayabera de lino (camisa típica de varios países tropicales)

unas botas de piel argentinas

un liquiliqui (traje tradicional de Venezuela y Colombia, compuesto por una chaqueta y unos pantalones de algodón o de lino)

un abrigo liso de paño

una cazadora vaquera con borreguillo

un vestido de flores mexicano

B. Lee la información, completa la tabla y añade más materiales y estampados.

Prendas	Materiales	Estampados
unas botas	....	....
....	....	....
....	....	....

C. ¿Qué prendas tradicionales, originales o típicas hay en tu país?

D. Comparamos en parejas nuestras respuestas a A, B y C.

E. Comentamos nuestros gustos a la hora de vestir: cuáles son nuestras prendas favoritas, cuáles no nos gustan nada o no usamos nunca, qué materiales preferimos...

—*En invierno yo suelo llevar ropa oscura, pero en verano prefiero...*

ACTIVIDAD COMPLEMENTARIA en campus.difusion.com

📌 RECUERDA

- 🔴 marrón
- 🟠 naranja
- 🔴 rojo
- 🟡 amarillo
- ⚪ blanco
- ⚫ negro
- 🔵 azul
- 🟢 verde
- 🩷 rosa
- 🟣 morado

13. ¿QUÉ ME PONGO?

🏠 PREPÁRATE

A. Lee el cómic y haz una lista de los verbos y expresiones necesarios cuando vas a comprar ropa o relacionados con la moda. Después, traduce la lista a tu lengua.

B. Comentamos con otra persona la lista de A.

C. En pequeños grupos, respondemos a las siguientes preguntas.

- ¿Esta situación te parece normal?
- ¿Pides dinero a tus padres para comprar ropa?
- En las fiestas de graduación de tu país, ¿hay que llevar traje o ir muy arreglado?
- ¿Cómo van vestidas normalmente las personas de tu edad en tu país para ir a una boda? ¿Y para ir a un examen?

D. En grupos, elegimos una situación relacionada con la ropa y creamos nuestro propio cómic. Escribimos la historia utilizando los verbos y las expresiones que hemos aprendido en A.

14. LO BUENO, SI BREVE...

🏠 PREPÁRATE

A. Hay algo en estas frases que suena mal, ¿cómo lo solucionarías? Las palabras subrayadas te ayudarán a resolverlo. Consulta la explicación de Recursos lingüísticos y trata de especificar de qué caso se trata.

1. Teresa, ¿qué pantalones te llevas, los pantalones negros o los pantalones azules?

2. ¿Conoces a Luis? Pues resulta que el hermano de Luis es diseñador de moda.

3. Mi coche está en el taller. ¿Podemos ir en tu coche?

4. ¡Qué bonita es tu chaqueta! Tu chaqueta me encanta.

5. Me encanta esta camiseta. Me siento muy cómodo con esta camiseta.

6. ¿Te gusta esta falda? Me compré esta falda ayer en las rebajas.

7. Te voy a dejar un vestido. Me compré este vestido para la boda de Juan.

B. Comparamos nuestras respuestas.

ACTIVIDAD COMPLEMENTARIA en campus.difusion.com 👆

15. TRIBUS URBANAS

A. ¿Qué son las tribus urbanas? En parejas, hacemos una investigación sobre las más populares o típicas de nuestro país.

B. Leemos esta descripción sobre los góticos y analizamos qué tipo de información presenta.

La cultura gótica surge en el Reino Unido a principios de los años 80.

Esta tribu urbana se caracteriza por su estética siniestra. Visten de negro o con ropa oscura, llevan abrigos largos de cuero y les gustan los zapatos y las botas con plataforma. Llevan *piercings* y complementos como pulseras de cuero, cadenas y prendas de rejilla. También usan elementos religiosos como cruces y se tiñen el pelo de colores llamativos.

Sienten especial atracción por la noche, el género de terror y la música conocida como *rock* gótico y el *heavy metal*.

C. Elegimos una tribu urbana y preparamos una pequeña presentación para hacer en clase. Podemos usar fotos, vídeos, testimonios, entrevistas...

• ¿Cuál es su origen?
• ¿Qué gustos y preferencias tienen? ¿En qué destacan?
• ¿Cómo visten?
• ¿Tienen alguna ideología en particular?
• ...

16. MERCADILLO SOSTENIBLE

A. Todos tenemos ropa o complementos que ya no usamos, pero que otros pueden aprovechar. Vamos a elegir tres prendas que estén en buenas condiciones y las vamos a traer a clase.

B. Por turnos, explicamos lo que hemos traído: qué es, dónde lo compramos, por qué no lo usamos más...

Yo he traído este jersey de lana azul. Lo compré en una tienda de mi barrio. Abriga mucho y es muy cómodo, pero me queda un poco grande y no lo he utilizado en todo el año.

C. Paseamos por la clase y elegimos las prendas que más nos gustan. Si varias personas estamos interesadas en la misma prenda, la echamos a suertes.

D. Finalmente, decimos al resto de la clase lo que hemos elegido y explicamos por qué nos gusta.

ACTIVIDAD COMPLEMENTARIA en campus.difusion.com

GRAMÁTICA

EL IMPERATIVO AFIRMATIVO
El imperativo afirmativo tiene cuatro formas, las personas **tú**, **vosotros/-as**, **usted** y **ustedes**.

	COMPRAR	COSER	ESCRIBIR
tú, vos	compra, comprá	cose, cosé	escribe, escribí
vosotros, vosotras	comprad	cosed	escribid
usted	compre	cosa	escriba
ustedes	compren	cosan	escriban

La forma regular para la 2.ª persona (**tú** o **vos**) es igual a la forma del presente para **tú** o **vos**, pero sin la -**s** final.

	presente de indicativo		imperativo
tú	prueb**as**	›	prueb**a**
	empiez**as**	›	empiez**a**
vos	prob**ás**	›	prob**á**
	empez**ás**	›	empez**á**

El imperativo de las personas **usted** y **ustedes** se obtiene añadiendo a la raíz de la segunda persona del singular (tú **piens**-as) las siguientes terminaciones.

	PENSAR	COMER	PROBAR
usted	piens**e**	com**a**	prueb**e**
ustedes	piens**en**	com**an**	prueb**en**

Hay ocho verbos que son irregulares en imperativo y que no se ajustan a las reglas anteriores.

	DECIR	HACER	IR	PONER
tú, vos	di, decí	haz, hacé	ve	pon, poné
vosotros vosotras	decid	haced	id	poned
usted	diga	haga	vaya	ponga
ustedes	digan	hagan	vayan	pongan

	TENER	SALIR	SER	VENIR
tú, vos	ten, tené	sal, salí	sé	ven, vení
vosotros vosotras	tened	salid	sed	venid
usted	tenga	salga	sea	venga
ustedes	tengan	salgan	sean	vengan

La forma **vosotros/-as** se obtiene sustituyendo la -**r** final del infinitivo por una -**d**.

comprar	→	compra**d**
escoger	→	escoge**d**
escribir	→	escribi**d**

🔔 No existen formas irregulares de imperativo afirmativo para las formas de **vosotros/-as**.

EL IMPERATIVO NEGATIVO

El imperativo negativo tiene formas diferentes de las del imperativo afirmativo para las personas **tú** y **vosotros/-as**.

	COMPRAR	**COSER**	**ESCRIBIR**
tú, vos	no compr**es**, no compr**és**	no cos**as**, no cos**ás**	no escrib**as**, no escrib**ás**
vosotros vosotras	no compr**éis**	no cos**áis**	no escrib**áis**
usted	no compr**e**	no cos**a**	no escrib**a**
ustedes	no compr**en**	no cos**an**	no escrib**an**

EL IMPERATIVO CON PRONOMBRES

Con las formas del imperativo afirmativo, los pronombres reflexivos y de OD y OI se colocan detrás del verbo formando una sola palabra.
*Necesito tus pantalones, présta**melos** por favor.*

 El acento permanece en la posición original del verbo, por eso a veces es necesario colocar un acento gráfico.

di	>	dime
compra	>	c**ó**mpratelas

 En la forma de segunda persona del plural de los verbos reflexivos, la **d** desaparece.

comprad	>	compr**aos**
vestid	>	vest**íos**

En la forma negativa, los pronombres ocupan su posición habitual delante del verbo.

Cómpra**melos**	>	No **me los** compres
Prueba**telos**	>	No **te los** pruebes

LOS DEMOSTRATIVOS

En español se utilizan los demostrativos para referise a algo o a alguien, indicando su cercanía o su lejanía respecto a las personas que hablan, tanto en el espacio como en el tiempo.

cerca de quien habla	
masculino singular	**este**
femenino singular	**esta**
masculino plural	**estos**
femenino plural	**estas**

cerca de quien escucha	
masculino singular	**ese**
femenino singular	**esa**
masculino plural	**esos**
femenino plural	**esas**

lejos de ambos	
masculino singular	**ese/aquel**
femenino singular	**esa/aquella**
masculino plural	**esos/aquellos**
femenino plural	**esas/aquellas**

CONSEJOS, ÓRDENES Y SUGERENCIAS
▶ **Dar consejos y recomendar**

Podemos dar consejos y recomendaciones de manera directa a una persona.

te recomiendo + infinitivo
Te recomiendo *llevar traje a la entrevista del lunes.*

O utilizar estructuras impersonales que tienden a generalizar.

lo mejor es + infinitivo
*En rebajas, **lo mejor es** pensárselo dos veces antes de comprar.*

si + presente de indicativo, imperativo/presente

Si necesitas *un traje **cómpralo** en rebajas.*
Si necesitas *un traje, **puedes comprarlo** en rebajas.*

▶ **Dar órdenes**

También podemos dar órdenes de manera directa usando el imperativo o **tener que** + infinitivo.
Ten *clara la imagen que quieres transmitir en una entrevista de trabajo y **cuida** tu aspecto físico.*
Tienes que *cortarte el pelo para la entrevista.*

O mediante estructuras impersonales.

hay que + infinitivo
*Antes de ir a una entrevista, **hay que** investigar un poco sobre la empresa.*

▶ **Hacer sugerencias**

¿por qué no... + presente de indicativo**?**
*¿**Por qué no** te pones una corbata más alegre**?***

LÉXICO

VERBOS RELACIONADOS CON LA ROPA

comprar(se)

ponerse

llevar

probarse

quedar grande/ pequeño/ bien/mal...

RECURSOS LINGÜÍSTICOS

LA ROPA Y EL CUERPO

MATERIALES Y ESTAMPADOS

es de > lana > piel > lino > paño
> nailon > algodón > seda

un jersey / una camiseta de > cuadros > flores
> rayas > lunares
> colores

un jersey / una camiseta con > un dibujo > una frase
> una marca

un jersey / una camiseta > liso/-a > estampado/-a

CARACTERÍSTICAS DEL TEXTO

MECANISMOS DE COHESIÓN

Existen varias maneras para referirse a algo ya mencionado en el texto y así obtener una mayor cohesión.

▶ La omisión (especialmente del sujeto)

Me gusta este tejido: este tejido es como la seda pero más cálido, ¿no?
> *Me gusta este tejido: es como la seda pero más cálido, ¿no?*

▶ Los adjetivos posesivos

Se usan en lugar de **de** + sintagma nominal.
Los materiales tradicionales, como la alpaca o la lana de vicuña, son muy caros, pero el uso de los materiales tradicionales es cada día más frecuente.
> *Los materiales tradicionales, como la alpaca o la lana de vicuña, son muy caros, pero **su** uso es cada día más frecuente.*

▶ Los pronombres posesivos

Como se ha roto el paraguas de Mari Carmen, utilizamos mi paraguas.
> *Como se ha roto el paraguas de Mari Carmen, utilizamos **el mío**.*

Me encantan las camisetas con dibujos de animales.

▶ Los pronombres personales, de OD, de OI y los pronombres tónicos

Los nuevos inquilinos son un chico y una chica muy majos. El chico es vendedor y la chica es informática.
> *Los nuevos inquilinos son un chico y una chica muy majos. **Él** es vendedor y **ella** es informática.*

No puedo llevar mi mochila porque me he dejado mi mochila en casa de Óscar.
> *No puedo llevar mi mochila porque me **la** he dejado en casa de Óscar.*

—¿Has hablado con Julián?
—No, pero he enviado un email a Julián.
> *No, pero **le** he enviado un email.*

Me gustan tus hermanos, siempre me lo paso genial con tus hermanos.
> *Me gustan tus hermanos, siempre me lo paso genial con **ellos**.*

▶ Las formas de relativo

El liquiliqui es un traje de fiesta. En Venezuela y en Colombia usan el liquiliqui en ocasiones especiales.
> *El liquiliqui es un traje de fiesta **que** usan en Venezuela y en Colombia en ocasiones especiales.*

La alpaca es una lana tradicional. Con esta lana tradicional se pueden confeccionar prendas de lujo.
> *La alpaca es una lana tradicional **con la que** se pueden confeccionar prendas de lujo.*

▶ Los artículos (omisión del sustantivo)

—¿Qué camisa te gusta más?
—La camisa verde.
> ***La** verde.*

▶ Los sinónimos, hiperónimos, etc.

Me gusta Buenos Aires por el ambiente que se respira en Buenos Aires.
> *Me gusta Buenos Aires por el ambiente que se respira en **la ciudad**.*

▶ Los demostrativos

Las rebajas en España antes tenían lugar en fechas muy concretas, pero actualmente las fechas de las rebajas se han flexibilizado.
> *Las rebajas en España antes tenían lugar en fechas muy concretas, pero actualmente **estas** se han flexibilizado.*

 En general, usamos los demostrativos solo en textos escritos de cierto nivel formal. En otras ocasiones, lo más frecuente es omitir la información directamente.
Las rebajas en España antes tenían lugar en fechas muy concretas, pero actualmente se han flexibilizado.

⚙ **ESTRATEGIAS** -----------------

Después de terminar la redacción de un texto, léelo en voz alta para detectar más fácilmente eventuales repeticiones innecesarias que se puedan sustituir por otro elemento.

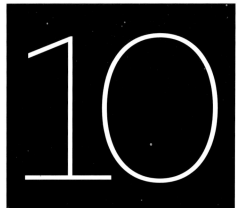

10

COMIDA Y SALUD

CULTURA
- Culturas gastronómicas del mundo hispanohablante

COMUNICACIÓN
- Hablar de costumbres gastronómicas
- Pedir en un restaurante y acordar un menú
- Describir un plato
- Dar instrucciones, aconsejar y sugerir
- Hablar y preguntar sobre preferencias
- Valorar y opinar

GRAMÁTICA
- Dar instrucciones usando el infinitivo, el imperativo y el presente

LÉXICO
- Hablar de platos y recetas
- Medidas y cantidades
- Envoltorios, envases y porciones
- En el restaurante

CARACTERÍSTICAS DEL TEXTO
- Textos que analizan y comentan gráficos

1. IMÁGENES

 PREPÁRATE

A. Lee el texto. ¿Hay algo que te sorprende?

Yo no sabía que...
Es muy curioso; hay...
Me llama la atención el número de...

> En la lista de *Los 50 mejores restaurantes del mundo* de 2016 (*The World's 50 Best Restaurants*) hay catorce del mundo hispano. De hecho, solo entre los siete primeros hay tres a la cabeza: dos españoles y uno peruano.

B. Mira las imágenes y lee las descripciones de platos emblemáticos de estos tres restaurantes. ¿Cuál te gustaría probar? ¿Por qué?

El Celler de Can Roca
Girona (España)

ANARQUÍA 43 minúsculos elementos en un plato: 12 cremas, 7 gelatinas, 7 salsas, 3 granizados, 2 espumas, 2 helados, 3 pastas de frutas y 7 crujientes.

Restaurante Central
Lima (Perú)

SUELO DE MAR
Este plato está compuesto por navajas, melón, pepino y lima.

Mugaritz
San Sebastián
(España)

PIEDRAS COMESTIBLES
Es un clásico del Mugaritz. Son patatas cocidas en arcilla gris con una crema de ajos confitados y yemas de huevo.

C. Consulta la lista completa de los 50 mejores restaurantes del mundo, anota los restaurantes hispanos que hay y el número que ocupan en la lista.

D. ¿Hay algún restaurante de tu país? ¿Lo conoces?

E. Comentamos nuestras respuestas a A, B, C y D.

F. Elegimos uno de estos tres restaurantes u otro de la lista de los 50 mejores del mundo e investigamos sobre él.

- ¿Dónde está?
- ¿Desde cuándo existe?
- ¿Quiénes son los dueños?
- ¿Qué tipo de comida ofrece?
- Otros

G. Presentamos los resultados de nuestra investigación en clase.

2. EN LA RED

🏠 **PREPÁRATE**

A. Lee este texto sobre la salud de los jóvenes de Buenos Aires. ¿Qué dato te parece más preocupante?

B. Reformula los datos que te parecen más interesantes o sorprendentes usando tus propias palabras.

La mayoría de...
(Aproximadamente) la mitad de / un tercio de / una cuarta parte de los jóvenes...
(Aproximadamente) el doble...
(Un poco) más de...
(Un poco) menos de...

C. En pequeños grupos, respondemos a las siguientes preguntas.

• ¿Quién creemos que es el responsable de esta situación?
• ¿Qué se debería hacer, según nuestra opinión?
• ¿Cómo es en nuestro propio país?

Yo creo que los responsables son, sobre todo, los padres / los colegios / las instituciones...
Deberían / se debería / habría que educar / obligar a / enseñar a / facilitar / informar / alimentar...

Encuesta sobre la salud de los jóvenes de Buenos Aires

Una encuesta realizada en Buenos Aires a 7187 alumnos de secundaria muestra que sus hábitos no son, en general, muy saludables.

CÓMO SE VEN

Un 23% dice que tiene algún problema de salud relacionado con su alimentación.

Un 48,1% está preocupado o disconforme con su cuerpo.

Un 24% ha hecho dietas para adelgazar sin indicación médica.

Un 26,8% admite que tiene exceso de peso.

CUÁNTA ACTIVIDAD FÍSICA HACEN

Un 27,7% pasa tres o más horas diarias en internet y un 16,5% el mismo tiempo diario jugando a la consola.

Un 47,9% no realiza deporte fuera de la escuela. Un 33,9% no ha hecho nunca ninguna actividad deportiva además de la escolar.

Un 33,2% no hace deporte porque no le interesa o no le gusta.

CÓMO SE ALIMENTAN

Un 18,3% no desayuna nunca y el 35,6% solo lo hace a veces.

Un 23% siempre come entre comidas. Un 57,8% lo hace a veces.

Un 65,1% toma bebidas gaseosas entre comidas cuatro o más veces por semana.

Un 35,9% no consume frutas ni verduras regularmente y solo un 0,9% las consume en la cantidad recomendada.

Encuesta de alimentación y actividad física (CEREN)

3. VÍDEO

🏠 **PREPÁRATE**

A. Para preparar una horchata de arroz hacen falta siete ingredientes. ¿Cuáles crees que son?

• arroz
• agua
• leche condensada
• vino blanco
• mantequilla
• leche congelada
• azúcar
• sal
• ajo
• canela
• *whisky*
• aroma de vainilla
• pan blanco
• leche

B. Mira el vídeo hasta el minuto 0:50 y confirma 🎥 tus hipótesis sobre los ingredientes.
11

C. Ve de nuevo el fragmento del vídeo y fíjate en 🎥 las cantidades. Completa la lista.
11

Horchata de arroz para .... personas
• 3 vasos de ....
• 15 cubitos de ....
• 1 taza de ....
• 1 cucharadita de ....
• 1 taza bien llena de ....
• 6 cucharadas de ....
• 3 cucharaditas de ....

Horchata de arroz rica y sencilla

VÍDEO DISPONIBLE en campus.difusion.com

La horchata de arroz es una bebida tradicional de México y Centroamérica. Forma parte de las tradicionales aguas frescas mexicanas, que también se preparan de jamaica, tamarindo y otras frutas típicas.

D. Ve el vídeo completo y explica con tus palabras 🎥 cómo se prepara la horchata de arroz. Estos
11 verbos te van a ayudar.

• dejar en remojo
• desechar
• poner
• añadir
• limpiar
• incorporar
• echar
• batir
• preparar

E. Comparamos nuestras respuestas con las de otra persona.   ACTIVIDAD COMPLEMENTARIA en campus.difusion.com

4. LA RESTAURACIÓN PERUANA Y LA ECONOMÍA GASTRONÓMICA

🏠 PREPÁRATE

A. Lee el texto y subraya las palabras "no transparentes", es decir, aquellas palabras nuevas que no consigues descifrar por el contexto o por su similitud con otras lenguas. Después, consúltalas en el diccionario.

B. Ahora busca un título representativo para cada párrafo.

1. ....
2. ....
3. ....

C. Compartimos B con otros compañeros. ¿Estamos de acuerdo en los títulos que han puesto los demás? ¿Por qué?

D. En grupos, elaboramos una infografía con texto e imágenes a partir de este título: "La restauración peruana y su impacto económico".

E. Presentamos nuestra infografía al resto de la clase.

F. Comentamos estas preguntas en grupo.

• ¿Conocemos la gastronomía peruana u otra cocina del mundo hispano? ¿Nos gusta?
• ¿Cuándo la hemos probado?
• ¿Qué platos conocemos?

⚙ ESTRATEGIAS

En general, el léxico que usan los hispanohablantes es común a todos, pero en algunos ámbitos hay más diferencias. Así, la fruta, las verduras y otros alimentos pueden tener nombres diferentes (como en el caso de ají, chile y pimiento). ¡No tienes que aprenderlos todos! Tus interlocutores te enseñarán cómo se dice en su variante y tratarán de entenderte si usas una forma diferente.

ACTIVIDAD COMPLEMENTARIA
en campus.difusion.com👆

TEXTO MAPEADO en campus.difusion.com

LA COCINA PERUANA

[1] Perú tiene una de las más exquisitas, creativas y diversas gastronomías del mundo. Es el resultado de la fusión de la tradición culinaria del antiguo Perú (con sus propias técnicas y potajes) y la influencia de la gastronomía española y las cocinas china, japonesa y subsahariana de sus inmigrantes.
El arroz chaufa es el plato nacional y el estandarte de la cocina peruana es el ceviche (pescado o marisco crudo con zumo de naranja agria o limón, cebolla picada, ají y sal).

[2] Los ingredientes más usados son la papa, el camote, el ají, el tomate, los frutos (hay 650 especies de frutos en Perú, entre las que se encuentran la chirimoya y la lúcuma), el achiote, el pescado (2000 especies), el tarwi y el maíz (con más de 30 ecotipos).

[3] El país es ahora una referencia gastronómica en el mundo. Hay 80 escuelas o institutos y cinco universidades dedicadas a la gastronomía, donde cada año se gradúan 15 000 estudiantes. Según los datos del sector, la gastronomía beneficia directa o indirectamente a 5,5 millones de personas (desde la agricultura y la ganadería hasta los restaurantes, pasando por el transporte). El gasto global en alimentación supone anualmente algo más del 9 % del PIB peruano.

ecured.ou y larepublica.pe

5. GUÍA ALIMENTARIA ARGENTINA

 PREPÁRATE

A. Lee el texto de presentación de las Guías Alimentarias para la Población Argentina. Según tú, ¿la alimentación es una cuestión personal o los Gobiernos deben tener políticas al respecto?

> Las Guías Alimentarias para la Población Argentina son una herramienta fundamental para generar, en los usuarios, comportamientos alimentarios y nutricionales más saludables a través de mensajes prácticos, redactados en un lenguaje sencillo y coloquial.

B. Lee estos seis mensajes de las guías y añade un título a cada uno, como en el mensaje número 1.

MENSAJE 1
Incorporar a diario alimentos de todos los grupos y realizar al menos 30 minutos de actividad física.

1. Realizar 4 comidas al día (desayuno, almuerzo, merienda y cena). Incluir verduras, frutas, legumbres, cereales, leche, yogur o queso, huevos, carnes y aceites.
2. Realizar actividad física moderada continua o fraccionada todos los días para mantener una vida activa.
3. Comer tranquilo, en lo posible acompañado, y moderar el tamaño de las porciones.
4. Elegir alimentos preparados en casa en lugar de procesados.
5. Mantener una vida activa, un peso adecuado y una alimentación saludable previene enfermedades.

MENSAJE 2

1. A lo largo del día, beber al menos 2 litros de líquidos, sin azúcar, preferentemente agua.
2. No esperar a tener sed para hidratarse.
3. Para lavar los alimentos y cocinar, el agua debe ser segura.

MENSAJE 3

1. Consumir al menos medio plato de verduras en el almuerzo, medio plato en la cena y 2 o 3 piezas de fruta por día.
2. Lavar las frutas y verduras con agua segura.
3. Las frutas y verduras de estación son más accesibles y de mejor calidad.
4. El consumo diario de frutas y verduras disminuye el riesgo de padecer obesidad, diabetes, cáncer de colon y enfermedades cardiovasculares.

MENSAJE 4

1. Cocinar sin sal, limitar el agregado en las comidas y evitar el salero en la mesa.
2. Para reemplazar la sal, utilizar condimentos de todo tipo (pimienta, perejil, ají, pimentón, orégano, etc.).
3. Los fiambres, embutidos y otros alimentos procesados (como caldos, sopas y conservas) contienen cantidades elevadas de sodio. Al elegirlos en la compra, leer las etiquetas.
4. Disminuir el consumo de sal previene la hipertensión, enfermedades vasculares y renales, entre otras.

MENSAJE 5

1. Incluir 3 porciones al día de leche, yogur o queso.
2. Al comprar, mirar la fecha de vencimiento y elegirlos al final de la compra para mantener la cadena de frío.
3. Elegir quesos blandos antes que duros y aquellos que tengan menor contenido de grasas y sal.
4. Los alimentos de este grupo son fuente de calcio y necesarios a todas las edades.

MENSAJE 6

1. La porción diaria de carne debe ser del tamaño de la palma de la mano.
2. Incorporar carnes con las siguientes frecuencias: pescado 2 o más veces por semana; otras carnes blancas, 2 veces por semana y carnes rojas, hasta 3 veces por semana.
3. Incluir hasta un huevo por día, especialmente si no se consume la cantidad necesaria de carne.
4. Cocinar las carnes hasta que no queden partes rojas o rosadas en su interior previene las enfermedades transmitidas por alimentos.

TEXTO MAPEADO en campus.difusion.com

C. Completa las siguientes frases con la información del texto que te parece más interesante o novedosa.

• Es bueno...
• Es recomendable...
• Es importante...
• No es bueno...
• No se debe...
• Es mejor (no)...

> Es recomendable reemplazar la sal por condimentos como…

D. De todos estos consejos, escribe cinco cosas que haces y cinco que no haces.

E. ¿Qué tres costumbres crees que podrías cambiar fácilmente?

F. Comparamos nuestras respuestas a A, B y C con las de otra persona.

G. En parejas, leemos los títulos de los mensajes 7, 8, 9 y 10 y desarrollamos el contenido de uno de ellos. Después, comprobamos nuestras respuestas con el contenido original en campus.difusion.com.

MENSAJE 7
Limitar el consumo de bebidas azucaradas y de alimentos con elevado contenido de grasas, azúcar y sal.

MENSAJE 8
Consumir legumbres, cereales preferentemente integrales, papa, batata, choclo o mandioca.

MENSAJE 9
Consumir aceite crudo como condimento, frutas secas o semillas.

MENSAJE 10
El consumo de bebidas alcohólicas debe ser responsable. Los niños, adolescentes y mujeres embarazadas no deben consumirlas.

ACTIVIDAD COMPLEMENTARIA en campus.difusion.com

msal.gob.ar

6. CÓMO PREPARAR LA SOPA CASTELLANA

🏠 PREPÁRATE

A. Busca recetas en español en la red. ¿Qué tiempo verbal se usa? Márcalo.

- ☐ imperativo (**pela, limpia**...)
- ☐ presente de indicativo (**pelamos, limpiamos**...)
- ☐ infinitivo (**pelar, limpiar**...)

B. Lee los ingredientes de la sopa castellana para 4 personas y marca en un color los alimentos y en otro color las cantidades.

- 6 o 7 dientes de ajo
- 4 huevos
- 6 rebanadas de pan de hogaza
- 50 gramos de jamón serrano cortado en taquitos
- 1 litro de caldo de carne
- sal y pimienta
- media cucharadita de pimentón dulce
- 1 o 2 cucharadas soperas de aceite de oliva virgen

D. Comparamos con otra persona nuestras respuestas a A y B.

C. Lee la receta y observa los verbos. ¿En qué tiempo están? Ahora, transfórmala usando el imperativo (persona tú). Y no te olvides de colocar los pronombres en el lugar adecuado.

> Pelamos los ajos y los cortamos en rodajas. Los ponemos en una cazuela con un poco de aceite y los doramos. Después, añadimos el jamón en taquitos y lo freímos. Removemos con una cuchara y añadimos el pan cortado en rebanadas finas.
>
> Lo removemos todo y añadimos una cucharadita de pimentón dulce. Echamos el caldo de carne y lo dejamos hervir durante 10 minutos a fuego medio. Añadimos la sal y la pimienta al gusto y, por último, echamos los huevos y los dejamos hervir en la misma sopa.
>
> Servimos la sopa bien caliente.

7. ¿QUÉ LLEVA EL AJIACO?

A. Observamos las imágenes de estos platos típicos de algunos países hispanoamericanos. Leemos sus nombres y su origen. ¿Los conocemos? ¿Los hemos probado alguna vez? ¿Nos apetece probarlos? Lo comentamos en parejas.

1

Ajiaco (Cuba)

2

Empanadas de pino (Chile)

3

Pabellón criollo (Venezuela)

4

Ropa vieja (Canarias, España)

B. Miramos de nuevo las imágenes y tratamos de responder a las siguientes preguntas sobre cada uno de los platos.

- ¿Qué lleva?
- ¿Es un primer plato / un entrante?
- ¿Es un segundo plato / un plato principal?
- ¿Se come frío o caliente?

Es una sopa / un guiso / una ensalada...
Es un plato de pescado / de carne / de arroz / de pasta...
Lleva pescado/carne/huevos/ arroz/pasta...
Está frito/asado/guisado/ cocido/ hecho al horno...

C. Investigamos en internet y escribimos una pequeña descripción de cada uno de estos platos.

ACTIVIDAD COMPLEMENTARIA
en campus.difusion.com

8. EL ÓVALO DE LA ALIMENTACIÓN

LÉXICO

🏠 PREPÁRATE

A. Lee este texto y responde a las siguientes preguntas con tus propias palabras.

- ¿A qué equivale el óvalo de la alimentación en otras culturas?
- ¿Cuál es su objetivo?
- ¿A quién va dirigido?
- ¿Cuántos elementos forman el óvalo y cómo se organizan?
- ¿Cuál es el elemento común?
- ¿Cómo se lee el óvalo?

Una parte importante de la población no tiene los conocimientos básicos sobre qué es una alimentación sana y saludable. Por este motivo, existen recursos gráficos como la famosa pirámide de la alimentación o el óvalo, propio de la cultura argentina. Su objetivo es promover la salud de la población y prevenir enfermedades relacionadas con la alimentación.

El óvalo propone seis grupos de alimentos que no deben faltar en una alimentación equilibrada. El espacio que ocupa cada grupo refleja en qué proporción debe estar presente en la dieta diaria. La lectura del óvalo es en sentido inverso al de las agujas del reloj, comenzando por el grupo que ocupa mayor espacio y, por lo tanto, el que debe estar más representado en la dieta diaria.

El agua representa la base de la vida y, por eso, aparece de forma independiente englobando todos los alimentos.

B. Observa el óvalo de la alimentación, haz una lista con los alimentos representados en cada grupo y añade alguno más.

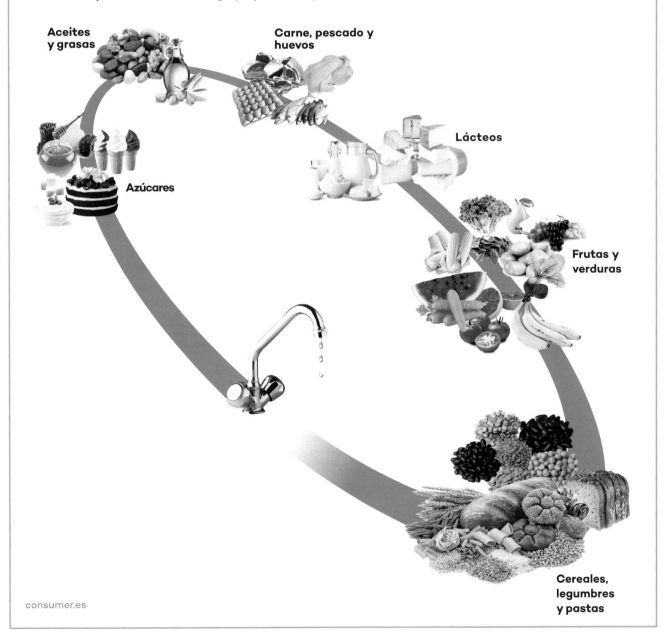

Aceites y grasas

Carne, pescado y huevos

Lácteos

Azúcares

Frutas y verduras

Cereales, legumbres y pastas

C. Comparamos nuestras respuestas a A y B.

D. En pequeños grupos, vamos a preparar una encuesta para descubrir si nuestros compañeros llevan una dieta equilibrada.

9. PESOS, MEDIDAS Y ENVASES

LÉXICO

 PREPÁRATE

A. Lee el texto. ¿Qué requisitos debe cumplir un producto para ser considerado denominación de origen? ¿Existen productos de denominación de origen en tu región?

La denominación de origen es una garantía de calidad y origen aplicada a productos alimenticios.

La calidad y las características de estos productos están relacionadas con el lugar en el que se producen, transforman o elaboran. Las denominaciones de origen distinguen y protegen estos productos de otros similares, especialmente de aquellos que son más industrializados o que usan materias primas de calidad diferente.

B. Observa las imágenes. ¿Conoces estos alimentos? Fíjate en el origen. ¿Puedes localizarlos en un mapa?

C. Completa las descripciones con las siguientes palabras o expresiones.

| un kilo | un litro | una lata | una caja | una barra | una bolsa | una botella | un paquete | 500 gramos |

.... de vinagre de Jerez

.... de jamón ibérico de Guijuelo

.... de pan gallego

.... de sobaos pasiegos

.... de espárragos de Navarra

.... de aceite de oliva virgen de Sierra de Cazorla

.... de queso zamorano

.... de manzanas de Girona

.... de plátanos de Canarias

D. En parejas, compartimos las respuestas de A y comprobamos las de B y C.

10. ACENTOS TÓNICOS

PRONUNCIACIÓN

🔊 Escucha y marca en cada palabra dónde está el acento tónico. Después, compara
24 tus respuestas con las de otros compañeros. ¿Hay algo que te sorprenda?

miligramo	gramo	centigramo	kilogramo
mililitro	litro	centilitro	kilolitro
milimetro	metro	centimetro	kilometro

11. EN UN RESTAURANTE ESPAÑOL

LÉXICO

🏠 PREPÁRATE

A. Lee el menú y busca en internet imágenes de los platos que no conoces.

PRIMEROS
- espárragos con mayonesa
- ensalada de la casa
- canelones de carne
- verduras a la brasa

SEGUNDOS
- cordero al horno
- chuletón de buey con pimientos del piquillo
- merluza a la vasca
- dorada a la brasa con patatas panadera
- arroz con verduras o a la marinera

POSTRES
- fruta de temporada
- tarta casera de manzana
- pastel de chocolate

Pan, bebida y postre o café 12,50 €

B. Mira el menú y elige un primer plato, un segundo y un postre para una dieta equilibrada, para una vegetariana y para una baja en calorías.

C. Lee las siguientes frases y decide cuáles son del camarero y cuáles del cliente. Después, reconstruye el diálogo. Los colores te ayudarán a organizarlo por bloques: primero y segundo plato, postre y la cuenta.

Lechuga, queso de cabra y frutos secos. | La cuenta, por favor.

Fruta de temporada, tarta casera de manzana y pastel de chocolate.

¿Qué hay de postre? | Una copa de vino, por favor.

La dorada a la brasa con patatas panadera. | Hola, buenas tardes.

¿Qué lleva la ensalada? | ¿Y para beber? | A usted. | Aquí tiene.

Si es casera, sin duda la tarta de manzana. | ¿Y de segundo?

¿Qué va a tomar de primero? | Muy buenas. | Muchas gracias.

¿Va a tomar postre o café? | Pues la ensalada.

D. Comentamos en parejas las respuestas a A, B y C.

E. Escribimos un menú típico de nuestro país y creamos un diálogo parecido. Lo representamos frente al resto de la clase.

12. ANALIZAR Y COMENTAR DATOS

CARACTERÍSTICAS DEL TEXTO

🏠 PREPÁRATE

A. ¿Qué exporta tu país mayoritariamente? Lee el texto. ¿Cuáles son los productos de exportación que se mencionan?

El portal de noticias Global Post ha creado unos mapas que ilustran las principales exportaciones de cada país de acuerdo con su valor en el mercado internacional.
El petróleo, los minerales y los componentes electrónicos son fundamentales para la economía de numerosos países. Pero, ¿sabías que para otras naciones las fresas, el cemento y el caucho son los productos más exportados?
Aquí puedes consultar el mapa de América Central y el Caribe. Encontrarás el resto de los mapas en campus.difusion.com.

C. Compartimos nuestras respuestas con las de otra persona. ¿Nos sorprende algo?

ACTIVIDAD COMPLEMENTARIA
en campus.difusion.com

B. Observa los mapas en campus.difusion.com y escribe los datos que te parezcan más relevantes. ¿Qué has descubierto?

En el mapa se observa que...
El mapa muestra que...
Los productos de exportación más importantes de ... son...
Panamá/Venezuela son países exportadores de...

Los productos de exportación más importantes de Puerto Rico son los productos químicos.

América Central y el Caribe

Industria textil / ropa
Petróleo
Comida / bebida

LANGOSTA
PETRÓLEO
ROPA Y CALZADO
ROPA
AZÚCAR
PRODUCTOS QUÍMICOS
AZÚCAR
AZÚCAR Y RON
PETRÓLEO
PLÁTANOS
NUEZ MOSCADA
CAFÉ
ROPA
MELAZA
CAFÉ
CAFÉ
PLÁTANOS
AZÚCAR
PETRÓLEO
PETRÓLEO
PETRÓLEO

13. FIESTA HISPANA

A. En grupos, vamos a preparar un menú típicamente hispano para celebrar una fiesta de la clase. Aquí tenemos algunas ideas de platos. Investigamos su origen, su importancia en la cultura de su país, qué ingredientes llevan, etc.

sopa paraguaya | arepas | tamales

pollo al chilindrón | asado argentino | polvorosas

tamal de cazuela | mondonguito | alfajores

chairo paceño | sancocho | pulpo con cachelos

tres leches | torta de queso criollo | tortilla guisada

arroz con leche | locro | almogrote | cuñapé

B. Confeccionamos nuestro menú: elegimos varios entrantes, varios platos principales y postres. Podemos hacerlo en función de los hábitos alimentarios de la clase (un menú vegano o vegetariano, un menú apto para celíacos...).

C. Presentamos el menú al resto de la clase. Podemos acompañar nuestra presentación de fotos o vídeos.

14. ¡PERO ESTO QUÉ ES!

 PREPÁRATE

A. Lee el texto sobre la paella de Jamie Oliver y explica lo ocurrido con tus propias palabras. ¿Cuál es el conflicto?

Lo hacía con su mejor intención, pero en España hay una norma no escrita: la paella no se toca. Después de esta aventura culinaria, seguro que el famoso cocinero británico Jamie Oliver se lo pensará dos veces antes de reinterpretar la gastronomía española. "Hay pocas cosas en la comida española mejores que la paella. Mi versión combina muslos de pollo y chorizo", proponía Oliver.

La respuesta no se hizo esperar. Horrorizados, los tuiteros se lanzaron a por el chef con uñas y dientes. "Eso no es paella, eso es arroz con cosas", le reprochan.

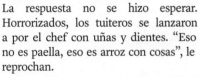

B. En parejas, vamos a interpretar un plato de la cocina hispana, por ejemplo, fusionándolo con la cocina de nuestro país: a partir de un plato original podemos proponer una nueva forma de prepararlo con los ingredientes más típicos de nuestra cocina, etc.

C. Presentamos nuestra reinterpretación del plato hispano al resto de la clase.

RECURSOS LINGÜÍSTICOS

GRAMÁTICA

DAR INSTRUCCIONES

En textos que sirven para dar instrucciones, como por ejemplo las recetas, podemos usar diversos recursos.

▶ **Infinitivo**
Típico de documentos impersonales como los manuales de intrucciones y las recetas.
Apagar y *desconectar* el aparato antes de cambiar los accesorios.
Pelar, *cortar* y *freír* los ajos en aceite muy caliente.

▶ **Imperativo**
Da las órdenes de manera directa. Es típico de señalizaciones, carteles y también de manuales de instrucciones y recetas. Es muy frecuente el uso de la persona **usted**.
Espere su turno.
Respete el descanso de los vecinos.
No toque la cuchilla de picar después de enchufar la batidora.
Pele, *corte* y *fría* los ajos en aceite muy caliente.

▶ **Presente**
Es la forma que muestra más proximidad y es típico de registros orales y documentos informales. Se puede usar en 2.ª persona del singular o en 1.ª del plural.
Preparamos el material antes de empezar la clase y *distribuimos* a los estudiantes en grupos de tres.
Pelamos, *cortamos* y *freímos* los ajos en aceite muy caliente.
Lavas las frutas, **las pelas** y **las cortas** en trocitos.

LÉXICO

HABLAR DE PLATOS Y RECETAS

▶ **¿Qué es el ajiaco?**

Es	una sopa / una ensalada / un guiso...
Es un plato de	carne/pescado/arroz/pasta...
Es	un entrante / un primer plato / un plato principal / un segundo plato / un postre / una bebida...

▶ **¿Qué lleva el gazpacho?**

Lleva	ajo/pimiento/tomate/aceite/sal...

▶ **¿Con qué se come el guacamole?**

Con	nachos/pan...
Se sirve con / va con	patatas/arroz/pasta/verduras/ensalada/nachos/tortillas...

▶ **¿Cómo está hecho el pescado?**

Está	frito / al horno / a la plancha / a la brasa / cocido / al vapor / guisado...

MEDIDAS Y CANTIDADES

1 l (litro) de leche
1/2 l (litro) de agua
500 ml (quinientos mililitros) de agua
2 kg (kilos) de harina
300 g (trescientos gramos) de azúcar
una cucharada (grande) de aceite
una cucharadita de sal
una taza de arroz
una docena de huevos
una pizca de pimienta

ENVOLTORIOS, ENVASES Y PORCIONES

**una barra
de pan**

**una rebanada
de pan**

**una bolsa de
manzanas**

**un paquete
de arroz**

**una caja de
galletas**

**una lata de
atún/cerveza...**

**una botella de
agua/vino/aceite...**

**un cartón de
leche**

**un bote de
pimientos**

**un trozo de
queso**

**lonchas de
jamón**

**una raja de melón/
sandía...**

un gajo de naranja

**rodajas de
chorizo/
patata...**

EN EL RESTAURANTE

la llegada

camarero/-a	Buenos días/tardes/noches. Adelante. Acompáñenme. Pasen por aquí. Pueden sentarse en la mesa del fondo.
cliente/-a	Buenos días/tardes/noches. ¿Tiene mesa para dos? Tenemos una reserva a nombre de...

la comida

camarero/-a	¿Van a tomar el menú del día? ¿Qué les apetece / van a tomar de primero? ¿Y de segundo? La ensalada de la casa lleva... Hoy les recomiendo... La carne / el pescado va con una guarnición de verduras. ¿Cómo les gusta la carne?
cliente/-a	¿Me puede traer la carta, por favor? ¿Qué lleva la ensalada de la casa? ¿Qué es el salmorejo? ¿Con qué va acompañado el pescado al horno? El pescado, muy/poco hecho, por favor. La carne, al punto, por favor.

la bebida

camarero/-a	¿Y de/para beber, qué les traigo/apetece? ¿Agua con gas o sin gas? ¿Vino de la casa o les traigo la carta?
cliente/-a	Para mí, vino de la casa, por favor. Para mí, agua natural / del tiempo / fría... Una copa/botella de vino tinto/blanco/rosado, por favor.

los postres

camarero/-a	¿Va a tomar postre o café? ¿De postre, qué les traigo/apetece? De postre, tenemos...
cliente/-a	Yo, nada, gracias. Un cortado / café solo / café con leche... ¿Qué hay/tienen de postre? ¿La tarta de chocolate es casera? ¿De qué es el helado?

pagar

camarero/-a	¿(Va a pagar) en efectivo o con tarjeta? Ahora mismo (se la traigo). Muchas gracias.
cliente/-a	La cuenta, por favor. ¿Nos trae la cuenta, por favor? Muchas gracias.

CARACTERÍSTICAS DEL TEXTO

TEXTOS QUE ANALIZAN Y COMENTAN GRÁFICOS

Del gráfico **se desprende que**...
El gráfico **muestra/destaca**...
En el gráfico **se observa que**...
Según el gráfico/mapa, las importaciones **han disminuido / han aumentado / se han estancado / se han disparado**...

PROYECTOS

PROYECTO EN GRUPO

Vamos a entrevistar a estudiantes de intercambio en nuestra universidad, los vamos a presentar a la clase y vamos a hacer una estadística sobre su procedencia y sus motivos para estudiar en vuestra ciudad. Aspectos a tener en cuenta:

- Vamos a hacer la entrevista individualmente, fuera de clase.
- Los entrevistados pueden ser de cualquier país, no solamente hispanohablantes.
- Podemos hacer fotos de los entrevistados, para mostrárselas a las personas de la clase.
- Podemos usar el inglés u otra lengua para hacer la entrevista, pero la presentación tiene que ser en español.

A. En grupos, comentamos si conocemos a estudiantes de intercambio.

— *Yo conozco a una chica sueca de mi clase de Administración.*

B. Hacemos una lista de los puntos que debe incluir nuestra entrevista. Luego, redactamos las preguntas que vamos a hacer.

— *Pues los datos personales, ¿no? Nombre, edad, nacionalidad...*

C. En clase, después de hacer individualmente las entrevistas, presentamos a los entrevistados en nuestros grupos.

— *Esta es Li. Es china y está de erasmus este semestre en mi facultad. Estudia Bioquímica...*

D. Cada grupo presenta a los estudiantes que ha entrevistado.

— *Nosotros tenemos dos chicos ingleses, una chica sueca y otra china. Todos están de Erasmus este semestre. Scott es de Londres...*

E. Hacemos una estadística para saber de dónde son la mayoría de los estudiantes y cuáles son sus principales motivos para estudiar en nuestra universidad o ciudad.

MOTIVOS PARA ESTUDIAR EN NUESTRA CIUDAD

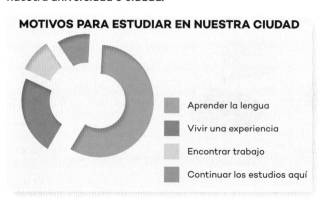

- Aprender la lengua
- Vivir una experiencia
- Encontrar trabajo
- Continuar los estudios aquí

PROYECTO INDIVIDUAL

> Vas a solicitar una beca para hacer un curso de español de dos semanas en una ciudad española.

A. Rellena el formulario con tus datos personales.

Fundación para la Difusión de la Lengua y la Cultura Española
Calle Dos de Mayo, 16 / Pasaje de la Marquesina, 19 / Valladolid 47004. España / Tel. +34 983 362 478

Puedes enviarnos tu solicitud de beca completando el siguiente formulario. Es obligatoria una redacción explicando por qué crees que eres merecedor de la beca.

Solicitud *Scholarship*

Nombre:

e-mail:

Teléfono:

País:

Título del mensaje:

Mensaje:

Restablecer   Enviar

B. Redacta un mensaje. Antes de escribir el texto, haz un guion.

• Breve descripción personal: nombre, ciudad de origen, edad, lenguas...
• Estudios y habilidades
• Carácter y cualidades personales
• Motivos para hacer un curso de lengua en España

C. Puedes comparar tu solicitud con la de otras personas y mejorarla si es necesario.

PROYECTO EN GRUPO

Vamos a investigar cuáles son los problemas y las necesidades de las viviendas de los estudiantes y vamos a pensar posibles soluciones.

A. Completamos individualmente este cuestionario sobre nuestra vivienda.

1. ¿Con quién vives?
- [ ] Solo/-a
- [ ] Con otros/-as compañeros/-as
- [ ] Con la familia
- [ ] Con mi pareja
- [ ] Otros:

2. ¿En qué tipo de vivienda?
- [ ] En una residencia universitaria
- [ ] En una residencia dentro del campus
- [ ] En un apartamento
- [ ] En una casa
- [ ] Otros:

3. ¿Tienes habitación propia?
- [ ] Sí, duermo solo/-a
- [ ] No, duermo con otra persona
- [ ] No, duermo con más personas
- [ ] Otros:

4. Valoración del precio de tu vivienda.
- [ ] No es nada cara.
- [ ] No es muy cara.
- [ ] Es muy cara.
- [ ] Es demasiado cara.

5. ¿Dónde está ubicada la vivienda?
- [ ] En el campus
- [ ] Cerca del campus
- [ ] Lejos del campus
- [ ] Muy lejos del campus
- [ ] Otros:

6. Transporte. ¿Cómo vas a clase?
- [ ] A pie
- [ ] En bicicleta
- [ ] En autobús
- [ ] En metro o en tren
- [ ] En coche particular
- [ ] Otros:

7. Nivel de satisfacción general.
- [ ] Me encanta donde vivo.
- [ ] Me gusta donde vivo.
- [ ] No me gusta mucho donde vivo.
- [ ] No me gusta nada donde vivo.

B. Entrevistamos a otras personas de la clase o del campus con este cuestionario. Luego, tomamos nota de las necesidades y problemas más relevantes.

Muchas personas del campus viven muy lejos y en zonas mal comunicadas. Necesitamos más frecuencia de autobuses.

Todos los estudiantes de primer año viven en la residencia del campus. Las habitaciones son muy pequeñas...

C. En pequeños grupos comentamos nuestras conclusiones de B. ¿Cuáles son las necesidades y problemas más importantes relacionados con la vivienda?

— *Muchos estudiantes viven en apartamentos pero están muy lejos del campus.*
— *Sí, y pagan mucho dinero.*

D. Una persona de cada grupo presenta al resto de la clase las conclusiones. Discutimos y buscamos soluciones. Tomamos notas para el Proyecto individual.

— *Vivimos en apartamentos que son muy caros, están muy lejos y no tienen buenos servicios. Por ejemplo, no hay calefacción. Necesitamos nuevos apartamentos cerca de la universidad, subvencionados...*

PROYECTO INDIVIDUAL

Vas a escribir un informe para un blog universitario sobre la calidad de la vivienda en tu campus. Usa las notas que has tomado en el Proyecto en grupo.

A. Decide qué estructura va a tener tu informe.

Recuerda que debes hablar de:
- los problemas de los estudiantes (y a qué porcentaje de estudiantes afectan)
- posibles soluciones

B. Redacta tu informe y publícalo en un blog.

Todos / la mayoría de / la mitad de los estudiantes...
Muchos/pocos estudiantes...
El ochenta/cincuenta/veinte por ciento de los estudiantes...

PROYECTO EN GRUPO

Vamos a diseñar un alojamiento para estudiantes, en la ciudad donde estudiamos o en un lugar turístico al que vamos de vacaciones.

A. Comentamos en grupos qué cosas nos gustan más del lugar donde vivimos.

— *Yo tengo una terraza. Me encanta porque, cuando hace buen tiempo, puedo desayunar tomando el sol.*
— *Pues a mí sobre todo me gusta el barrio donde vivo, tengo un montón de tiendas y bares cerca.*

B. Buscamos en internet páginas de residencias y apartamentos para estudiantes o de alojamientos turísticos: ¿qué servicios ofrecen?

— *Yo he encontrado una residencia con piscina, me gusta mucho.*
— *Pues aquí hay otra donde te limpian la habitación, tampoco está mal...*

C. Teniendo en cuenta lo que hemos comentado en A y B, decidimos ahora cómo va a ser nuestro alojamiento.

• ¿A quién va destinado?
• ¿Dónde está?
• ¿Qué servicios ofrece?
• ¿Cómo se llama?
• ¿Qué precios tiene?
• ¿Qué requisitos hay que reunir para ser admitido?
• ¿Qué otra información nos parece importante?

D. Realizamos un cartel para presentar nuestro proyecto.

E. Después de las presentaciones, damos nuestra opinión a los demás grupos: ¿Qué nos parecen los alojamientos? ¿Nos gustan sus carteles? ¿Tenemos ideas para mejorarlos?

ACTIVIDAD COMPLEMENTARIA
en campus.difusion.com

PROYECTO INDIVIDUAL

Vamos a realizar un videocurrículum, en el que vamos a presentar de forma atractiva nuestra experiencia profesional y nuestras principales competencias.

A. Busca en la red algunos ejemplos de videocurrículums y toma nota de los aspectos positivos y negativos (errores que hay que evitar) de cada uno de ellos.

Positivos	Negativos
Tiene una estructura clara.	Hay mala iluminación, se ve mal la cara...
Es diferente, atractivo.	...

B. Ahora diseña tu propio videocurrículum. Piensa en qué quieres contar y en cómo vas a conseguir que sea original e interesante.

No olvides hablar de:
• tus competencias
• tus conocimientos
• tus experiencias

C. Graba tu vídeo. Luego, puedes enseñárselo a otra persona de la clase y pedirle su opinión.

PROYECTO EN GRUPO

Vamos a exponer las diferencias entre la juventud antes (cuando nuestros abuelos eran jóvenes) y ahora. Para ello, vamos a entrevistar a personas de nuestra familia o a conocidos.

A. En grupos, hacemos una lluvia de ideas de los temas sobre los que nos gustaría investigar.

—*Las relaciones sentimentales, los estudios…*

B. Lo comentamos con el resto de la clase y hacemos una lista común de posibles temas.

— las relaciones sentimentales
— los estudios
— el trabajo
— el ocio
— las relaciones familiares
— las inquietudes políticas
— …

C. Elegimos un tema por grupo y redactamos una lista de preguntas que podemos hacer a nuestros abuelos u otras personas conocidas.

D. Fuera de clase, cada uno entrevista a una o dos personas. Después, comentamos con nuestro grupo las respuestas que hemos obtenido.

E. Preparamos una presentación para exponer las principales conclusiones de nuestro estudio.

F. Hacemos la presentación a las otras personas de la clase.

— *Nosotros hemos investigado cómo eran las relaciones sentimentales en la época de nuestros abuelos y en qué eran distintas de las de ahora. Hemos entrevistado a diez personas: al abuelo de Karen, a la abuela de Kirsten…*

PROYECTO INDIVIDUAL

Vas a escribir una historia de amor desastrosa. Puede ser una historia vivida (por ti o por alguien que conoces) o inventada.

A. Decide qué historia vas a contar.

Algunas técnicas de creación:
• Mezclar historias (de novelas o películas, etc.).
• Transformar una historia (cambiando los personajes, el espacio, el final, etc.).
• Pensar qué puede pasar en situaciones hipotéticas: ¿Y si…?
• Inventar una historia a partir de un titular de una noticia.

B. Prepara un borrador.

• Personajes
• Ambientación (espacio y tiempo)
• Narrador
• Argumento
• Estructura: planteamiento, nudo y desenlace

C. Redacta el texto y revísalo, teniendo en cuenta los siguientes criterios.

El contenido:
• ¿Hay planteamiento, nudo y desenlace?
• ¿Se entiende lo que ocurrió y por qué la historia fue desastrosa?
• ¿Se capta la atención del lector? ¿Se consigue que tenga ganas de saber lo que ocurrió?
• ¿Se entiende bien la relación entre los acontecimientos?

La forma:
• ¿Se emplean correctamente los tiempos del pasado?
• ¿Se usan distintos mecanismos para evitar repetir palabras?
• ¿El léxico es variado y preciso?

PROYECTO EN GRUPO

Vamos a hacer una guía de lugares de nuestra ciudad que nos gustan para comprar ropa o para comer.

A. Individualmente, pensamos en un lugar que nos gusta para comprar ropa y en otro, para comer. Lo comentamos en grupo y explicamos por qué nos gustan.

—*Para comer, el Kansui. ¿Lo conocéis?*
—*Yo no.*
—*Yo tampoco.*
—*Es un restaurante japonés muy pequeñito en el que solo hacen ramen. Me gusta porque los platos están muy buenos y son abundantes y baratos...*

B. En los mismos grupos, hacemos una lista de lugares y la compartimos en clase (la podemos colgar en una red social o blog de la clase). Leemos y comentamos las listas de los demás. ¿Se repiten algunos lugares?

—*Ah, sí, ¡el Kansui es muy bueno! Pero no hay que ir los sábados, porque está llenísimo...*

C. Nos repartimos los lugares. Cada persona se encarga de escribir uno de los textos de la guía. Si hay lugares repetidos, pensamos en alternativas.

- Cómo se llama
- Dónde está
- Qué ofrece
- Cuáles son sus puntos fuertes y sus puntos débiles
- Consejos y recomendaciones

D. Creamos dos grupos: en uno, revisamos los textos de lugares para comer y en el otro, los de lugares para comprar ropa. Los corregimos, los unificamos y los ordenamos. Si no entendemos algo, hacemos preguntas al autor del texto.

—*¿Qué es el ramen shio? ¿Y por qué dices que es recomendable compartirlo? No entendemos por qué.*
—*Es un tipo de ramen. Y recomiendo compartirlo porque las raciones son muy grandes.*

E. Leemos la guía y la comentamos.

PROYECTO INDIVIDUAL

Vas a buscar un estudio interesante y vas a escribir un texto en el que presentarás los resultados principales.

A. Vas a buscar un estudio relacionado con los temas de las unidades 9 y 10. Puede ser un estudio realizado en tu país.

- Las compras *online*
- Industria textil: marcas más vendidas...
- Lugares en los que se fabrica la ropa que compramos
- Evolución de la moda
- La gastronomía en el mundo
- Alimentos buenos y malos: falsos mitos
- Dietas para cuidar la salud y el medioambiente
- Alimentos más consumidos
- ...

B. Toma nota de los datos principales del estudio y selecciona los gráficos que te parecen más interesantes.

C. Redacta un texto para presentar los principales resultados del estudio y comentar los gráficos que has seleccionado.

ESCRIBIR CORREOS ELECTRÓNICOS

A. Leemos estos correos electrónicos de una estudiante de intercambio en México. ¿A quién van dirigidos?

- ☐ A una profesora
- ☐ A un profesor
- ☐ A un compañero de curso

Para:	nsanchez@uam.mx
De:	jennifer.schwarz@uam.mx
Asunto:	literatura complementaria

Estimado Sr. Sánchez:

Soy una de las alumnas de intercambio en su clase de Antropología Social este semestre. Me interesa mucho el tema de esta unidad, pero todavía es un poco difícil comprender los textos en español. ¿Tiene alguna lista de autores en inglés o alemán? Eso puede ser útil para entender mejor las discusiones en clase.

Gracias de antemano por su ayuda.

Un saludo cordial,
Jennifer Schwarz

2 ● ● ●

Para: megonzalez@uam.mx

De: jennifer.schwarz@uam.mx

Asunto: la clase esta semana

Querida María Elena:

Esta semana no puedo ir al curso de español, porque necesito hacer unos trámites para mi beca en la secretaría de alumnos. Voy a revisar los contenidos en la plataforma y a hacer los ejercicios por mi cuenta.

Nos vemos la próxima semana.

Saludos,
Jennifer

3 ● ● ●

Para: rodrigo.lopez@esmail.com

De: jennifer.schwarz@uam.mx

Asunto: tiempo para mí?

Hola, Rodri, qué tal todo?? Tienes tiempo esta semana para tomar un café y hacer unas dos horas de tándem? Necesito practicar para mi examen oral. Además, el sábado vamos a hacer una fiesta en casa por el cumple de Juan Carlos, quieres venir?

Por cierto, sabes algo de Lupita?? Quiero invitarla también.

Espero tu respuesta.

Besos,
Jenny

B. ¿Cuál es la finalidad del mensaje en cada correo?

☐ Pedir bibliografía
☐ Invitar a alguien
☐ Informar sobre una ausencia

C. Comentamos en grupos las siguientes cuestiones.

- ¿En qué correo electrónico se usa una forma de tratamiento formal? ¿Qué palabras nos dan esa información? Márcalas.
- ¿Recordamos qué pasa con los signos de interrogación (¿?) en español? Corregimos el correo electrónico número 3.
- ¿Qué fórmulas se usan para saludar y despedirse? ¿Corresponden a las fórmulas que se usan en nuestra lengua materna?

LA DESCRIPCIÓN OBJETIVA Y SUBJETIVA

A. Leemos el texto. Luego, pensamos en textos que escribimos en los que encontramos descripciones. ¿Son objetivas o subjetivas?

— *En las páginas de venta online describo los objetos que vendo. Son descripciones objetivas.*
— *¿Seguro que no son un poco subjetivas?*

¿QUÉ SIGNIFICA DESCRIBIR?

Según el diccionario de la Real Academia Española, describir es "representar o detallar el aspecto de alguien o algo por medio del lenguaje". Esta representación de personas o cosas puede ser más o menos objetiva. De hecho, hay muy pocas descripciones completamente objetivas: en la mayoría hay elementos subjetivos.

LA DESCRIPCIÓN OBJETIVA

Las descripciones que aparecen en definiciones de un diccionario, instrucciones de productos o en textos exclusivamente informativos son los ejemplos más claros de descripción objetiva. En este tipo de descripciones, normalmente no hay valoraciones ni comentarios personales. La intención es constatar un hecho.

> **inmigrante:** *persona que llega a un país extranjero para radicarse en él.*

> **frontera:** *línea convencional que marca los límites de un estado. Hay fronteras naturales (ríos, mares, lagos, montañas...) y fronteras artificiales: carreteras, muros, etc.*

DESCRIPCIÓN SUBJETIVA

En los textos literarios, artículos de opinión o textos publicitarios aparecen descripciones subjetivas. En esas descripciones hay valoraciones, puntos de vista personales u opiniones, porque la intención no es constatar un hecho, sino denunciar, criticar, elogiar, defender una idea, convencer, etc. Una de las características de la descripción subjetiva es el uso de adjetivos.

> *Es un inmigrante alegre, decidido, lleno de vida.*

B. Individualmente, observamos y describimos esta fotografía sobre el conflicto de la inmigración en la frontera entre Estados Unidos y México.

C. Estos son titulares que intentan representar lo que se ve en la imagen de B. ¿Cómo lo hacen? ¿Cuáles son más subjetivos? ¿Y cuáles más objetivos? ¿Por qué?

1. Grupos de estadounidenses protestan contra la llegada de inmigrantes en la frontera mexicana
2. ¿Dónde está mi casa?
3. Otro ejemplo de solidaridad en la frontera
4. Nuevas manifestaciones por las llegadas masivas de indocumentados
5. Defendemos nuestro país. Defendemos nuestros valores.
6. Lugares donde continúa el conflicto de la inmigración ilegal

D. Proponemos dos nuevos titulares para la fotografía: uno más objetivo y otro mucho más subjetivo.

E. Buscamos fotos relacionadas con la inmigración y las describimos. Luego, leemos las descripciones de las demás personas y comentamos su grado de subjetividad.

ACTIVIDAD COMPLEMENTARIA en campus.difusion.com

REALIZAR UN CARTEL

🏠 **PREPÁRATE**

A. Los elementos visuales y los esquemas son muy importantes durante los estudios: ¿para qué los utilizas normalmente?

- Para resumir los contenidos más importantes de una clase
- Para resumir las ideas de un texto
- Para preparar una presentación oral
- Como apoyo para hacer una presentación oral
- ...

• • •

📝

Para acompañar una presentación oral uso imágenes.

B. En este texto se mencionan algunos aspectos que deben tenerse en cuenta para realizar un cartel. ¿Cuáles son en tu opinión las ideas más importantes? Márcalas.

C. En pequeños grupos, comentamos nuestras respuestas a A y B.

D. Observamos ahora este cartel: ¿Nos parece una buena representación visual? ¿Encontramos en él todos los elementos que se indican en el texto? ¿Cómo creemos que podría mejorar?

El texto de un cartel

→ Resumir la información: limitarse a lo más importante.
→ No usar frases complicadas.
→ No usar abreviaturas.
→ Escribir con letra clara.
→ Hacer bloques con informaciones relacionadas.
→ Utilizar solo palabras que todos entendemos bien.
→ No escribir demasiado.

E. En pequeños grupos, intentamos mejorar el cartel de D. Hacemos una propuesta y luego la mostramos a las demás personas. Si queremos, podemos usar alguna herramienta digital para hacer el cartel.

VER PARA ENTENDER: CONSEJOS PARA REALIZAR UN CARTEL

Utilizar un cartel como apoyo durante una presentación oral puede ayudar al público a entender nuestras explicaciones, pero, al mismo tiempo, realizarlo nos servirá a nosotros para organizar nuestras ideas y recordar mejor la información. Además, gracias al póster, no necesitaremos llevar otros papeles o notas.

¿Qué debemos tener en cuenta para realizar un cartel? Estos son los aspectos más importantes.

EL TEXTO

En primer lugar, debemos pensar qué queremos incluir en el cartel: ¿cuál va a ser el título? ¿Hay varias ideas importantes? ¿Queremos ofrecer algunas cifras? Para buscar la información esencial podemos hacernos preguntas como ¿quién?, ¿cuándo?, ¿dónde?, etc.
Si queremos asegurarnos de que el público va a entender bien la presentación, es mejor no incluir demasiada información en el cartel. Puede bastar con elegir palabras clave.

LA ESTRUCTURA

A continuación, decidiremos cómo organizar la información: ¿en qué orden la presentaremos? ¿Hay aspectos más importantes que otros? ¿Se pueden agrupar algunos datos? ¿Cómo vamos a distribuir el contenido en el espacio disponible?

LOS ELEMENTOS CONECTORES

¿Qué símbolos vamos a utilizar para marcar las relaciones entre distintos tipos de información?

LAS IMÁGENES

¿Vamos a incluir gráficos, fotos, símbolos...? ¿Vamos a hacer dibujos? Las imágenes pueden despertar el interés del público y ayudarlo a recordar la idea.

EL COLOR

Hace más atractivos nuestros carteles y nos ayuda a resaltar la información más importante. También es útil para hacer más fácilmente reconocible la estructura.

Una vez tomadas estas decisiones, ya podemos empezar a realizar nuestro cartel. Un último consejo: la letra tiene que ser clara. Si no nos sentimos seguros, podemos empezar escribiendo con lápiz. Con el tiempo y un poco de práctica, todo se puede aprender: ¿manos a la obra?

REVISAR UN TEXTO

PREPÁRATE

A. Busca un texto que hayas escrito en español y revísalo. ¿Qué cosas cambiarías? ¿Por qué?

B. Lee el texto sobre la revisión. ¿Te has fijado en todas esas cosas a la hora de revisar tu texto? ¿Qué aspectos no has tenido en cuenta?

C. Revisamos el texto de otra persona de la clase teniendo en cuenta lo que hemos aprendido sobre la revisión.

LA REVISIÓN

La revisión comporta la comprobación de que todos los conocimientos y todas las habilidades y aptitudes que intervienen en la tarea de la escritura han sido atendidos de la manera más exitosa posible. Por lo tanto, hay que asegurarse de que se ha seleccionado la estrategia idónea en el momento de planificar el texto, de seleccionar su contenido, de elegir la estructura más apropiada, así como el estilo y el léxico adecuados. Asimismo, hay que comprobar que se han seguido las normas relacionadas con la corrección gramatical, con los signos de puntuación y con la ortotipografía del texto. Y, en el caso de incluir ideas de otros autores, es importante dejar constancia de su procedencia, siguiendo los procedimientos de cita consensuados.

Cuestiones más relevantes que deben ser tenidas en cuenta en el momento de hacer la revisión:

I. ESTRATEGIA Y RECEPTOR. CUESTIONES DE PLANIFICACIÓN
- ¿Ha dejado pasar un tiempo desde que terminó el texto?
- ¿Ha tenido en cuenta la situación comunicativa en la que se produce el texto?
- ¿Ha tomado en consideración a quién va dirigido el texto y lo que quiere conseguir con él?

II. EL CONTENIDO
- ¿La primera oración centra el tema y capta la atención del lector?
- ¿Ha proporcionado la información suficiente para que el lector pueda entender el texto?
- ¿Ha comprobado que no existe una forma más breve de expresar alguna de las ideas del texto?
- ¿Todo lo que dice es pertinente?
- ¿Ha empleado el registro adecuado?
- ¿Ha evitado utilizar formulaciones ambiguas?
- ¿Ha conectado bien las ideas?
- ¿Ha conseguido que la organización de la información sea la más adecuada para el objetivo perseguido?
- ¿Ha incluido los ejemplos necesarios para las exlicaciones?

III. LA ESTRUCTURA DEL TEXTO
- ¿El texto está organizado en introducción, cuerpo y conclusión?
- ¿La distribución de la información en párrafos es la adecuada? ¿La extensión de los párrafos es la adecuada?
- ¿Ha empleado los conectores necesarios? ¿Los ha utilizado correctamente?

IV. EL ESTILO DEL TEXTO
- Revise la longitud de las oraciones: que no sean demasiado breves o excesivamente largas.
- Asegúrese de que no hay errores de concordancia o de conexión.
- ¿Ha dejado oraciones incompletas?

V. EL LÉXICO DEL TEXTO
- ¿Ha comprobado que no se repiten palabras, sobre todo si están próximas en el texto?
- ¿Ha seleccionado en todo momento el vocabulario más preciso?
- ¿Ha evitado las palabras baúl (como "cosa")?

VI. CUESTIONES DE PUNTUACIÓN, ORTOGRAFÍA, ORTOTIPOGRAFÍA Y GRAMÁTICA NORMATIVA
- ¿Ha comprobado que sigue las normas ortográficas?
- ¿Se emplean correctamente los signos de puntuación?

VII. CITAR NO ES PLAGIAR
- ¿Se citan correctamente los autores cuyas ideas se reproducen en el texto?

Adaptado de "La revisión", Mar Garachana, en *Manual de escritura académica y profesional, estrategias discursivas* (Vol. II), Barcelona (2015).

ANALIZAR Y COMENTAR UN GRÁFICO

A. Miramos los gráficos 1 y 2 y contestamos a las preguntas.

- ¿Qué tipos de gráficos son? ¿Qué otros tipos de gráficos conocemos?
- ¿De qué elementos están formados y qué indican? (colores, años, etc.)
- Si hay cifras, ¿son porcentajes o cifras absolutas?
- ¿Cuál es el periodo representado?
- ¿Qué datos destacamos de cada uno de ellos?
- ¿Qué sabemos de la situación económica en España en los periodos representados en los gráficos? Teniendo en cuenta eso, ¿qué conclusiones principales podemos sacar?

B. Leemos los textos en los que se comentan los gráficos. ¿Qué datos o tendencias destacan? ¿Qué información aportan sobre el contexto económico de España?

C. Buscamos en los textos palabras o estructuras típicas de los comentarios de gráficos.

Para destacar datos o tendencias:
El dato / la subida... más relevante/destacable... es...
Llama la atención...
Cabe destacar...

Para hablar de tendencias:
El gasto/consumo... sube / aumenta / se dispara...
El gasto/consumo... cae/baja/disminuye...
La subida / el aumento / el ascenso del gasto/ consumo...
La caída / la bajada / la disminución / el descenso del gasto/consumo...

Para hablar de cifras:
30 años / 300 euros... de media
Está / se sitúa por encima/debajo de la media...
Caer/subir... un 30 %...
El 30% de la gente / los habitantes...
Concretamente un 30 % / 54 años / 500 euros...
Francia encabeza / las mujeres encabezan el gasto/consumo...
Le sigue Francia/ le siguen las mujeres con un 60 %...

Para hablar de periodos:
Entre los años 2000 y 2008...
Del año 200 al 2008...

Para valorar:
Resulta / es interesante/sorprendente...

Para sacar conslusiones:
Parece / puede deducirse..., por tanto, que...

1

T. 6	GASTO EN PRENDAS DE VESTIR EN ESPAÑA							
FUENTE: ELABORACIÓN PROPIA REALIZADA A PARTIR DE DATOS PROCEDENTES DE EUROMONITOR INTERNACIONAL								
	UNIDAD	2009	2010	2011	2012	2013	2014	VARIACIÓN 2009-2014
Total País	€ Millones	26 779	26 022	25 011	24 041	23 483	23 643	-11,7 %
Prendas Mujer	€ Millones	13 075	12 716	12 239	11 791	11 534	11 679	-10,7 %
Prendas Hombre	€ Millones	7933	7688	7308	6951	6742	6751	-14,9 %
Prendas Niño	€ Millones	5771	5619	5465	5300	5208	5213	-9,7 %
Prendas Mujer	% Gasto	48,8 %	48,9 %	48,9 %	49,0 %	49,1 %	49,4 %	1,2 %
Prendas Hombre	% Gasto	29,6 %	29,5 %	29,2 %	28,9 %	28,7 %	28,6 %	-3,6 %
Prendas Niño	% Gasto	21,5 %	21,6 %	21,8 %	22,0 %	22,2 %	22,0 %	2,3 %
Gasto por Habitante	€	579 €	560 €	536 €	514 €	503 €	508 €	-12,4 %
Gasto medio por Mujer	€	653 €	631 €	605 €	581 €	569 €	577 €	-11,6 %
Gasto medio por Hombre	€	410 €	396 €	376 €	357 €	348 €	351 €	-14,4 %
Gasto medio por Niño	€	608 €	583 €	563 €	543 €	535 €	534 €	-12,1 %

¿Cuánto se gastan las familias en España en artículos textiles? ¿Cómo está afectando la actual situación económica al gasto en este tipo de artículos? En España, el gasto en prendas de vestir es de 23 643 millones de euros. El gasto más relevante es el llevado a cabo en prendas de vestir para mujeres, con 11 679 millones de euros, es decir el 49 % del gasto realizado en el país en productos textiles para vestir. Le siguen prendas de vestir para hombre, con 6751 millones, y prendas para niños, con 5213 millones de euros. Resulta interesante el hecho de que haya caído el gasto en todo tipo de prendas de vestir en España entre los años 2009 y 2014, con un descenso general del 12 %, del 11 % en el caso de prendas para mujeres, del 15 % para hombres y del 10 % para niños. Parece, por tanto, que las familias españolas están reduciendo su consumo en prendas de vestir en todo tipo de artículos.

El sector del textil y el gasto en prendas de vestir en España, 2015 (finanzas.com)

2

ASÍ ES EL PRESUPUESTO PARA LA ROPA DE LOS HOGARES ESPAÑOLES
Gasto en textil por habitante en el año 2015 y variación respecto al año anterior.

	Gasto anual 2015	Variación 2014-2015
Navarra	755 €	25,4 %
País Vasco	744 €	20,4 %
Asturias	712 €	38,3 %
Galicia	694 €	35,0 %
La Rioja	683 €	48,8 %
Cantabria	680 €	26,4 %
Cataluña	669 €	23,0 %
Baleares	653 €	24,9 %
Madrid	608 €	11,8 %
Castilla y León	592 €	35,2 %
Murcia	589 €	30,0 %
Aragón	585 €	22,4 %
Comunidad Valenciana	569 €	32,3 %
Andalucía	566 €	18,4 %
Extremadura	547 €	15,2 %
Castilla-La Mancha	535 €	28,6 %
Canarias	493 €	21,7 %
Total Nacional	612 €	23,1 %

El textil es un mercado potente en España. En 2015 la recuperación económica se tradujo también en un mayor gasto en prendas de vestir que se disparó un 23 %, según recoge el último informe del sector realizado por EAE Business School. Concretamente, cada español destinó, de media, 612 euros el año pasado para renovar su vestuario. Eso sí, la factura textil varía mucho entre una comunidad y otra. Los ciudadanos de Navarra fueron los que más dinero se dejaron en su indumentaria, concretamente, 755 euros. Entre los más "presumidos" aparecen también los del País Vasco (744 euros), Asturias (712 euros), Galicia (694 euros) y La Rioja (683 euros). Por contra, por debajo de la media se situaron los de Canarias (493 euros), Castilla-La Mancha (535 euros), Extremadura (547 euros), Andalucía (566 euros) y Comunidad Valenciana (569 euros).

expansion.com

Fotografías

José Castro

excepto: unidad 0 p. 14 lechatnoir/istockphoto.com, Skouatroulio/istockphoto.com, Ekaterinabelova/Dreamstime.com, tankbmb/istockphoto.com, Osmany Torres Martín/istockphoto.com, p. 15 es.wikipedia.org, es.wikipedia.org, es.wikipedia.org, subdivx.com, informativos.net, en.wikipedia.org, p.16 Jahmaican/Dreamstime.com, Zoom-zoom/Dreamstime.com, casadellibro.com, es.wikipedia.org, elvocerous.com, huffingtonpost.es, Convisum/Dreamstime.com, Adam Borkowski/Dreamstime.com, Snumr/Dreamstime.com, Pathastings/Dreamstime.com, p.1 7 Aifos/istockphoto.com, Fudio/istockphoto.com, Milacroft/Dreamstime.com, javarman3/istockphoto.com, powerofforever/istockphoto.com, MarquesPhotography/istockphoto.com, Li Kang Long/Dreamstime.com, casadellibro.com, marinaescribe.com, micaoticabiblioteca.wordpress.com, thecorsaironline.com, eurochannel.com, sensacine.com, p. 18 LUNAMARINA/istockphoto.com; unidad 1 p. 20 publico.es, eglycolinamarinprimera.blogspot.com.es, larepublica.ec, glamour.com, onu.org.pe, gregoriomartinez.mx, p. 21 Sam74100/Dreamstime.com, Andres Rodriguez/Dreamstime.com, Jóvenes indígenas (CDI Mx), p. 22 mehaceruido.com, franco-graffiti.com, casaetc.cl, buenamusica.com, independent.co.uk, unmultimedia.org, p.24 patriotledger.com, p. 25 Konstantin Chagin/Dreamstime.com, p. 26 Igor Mojzes/Dreamstime.com, p. 28 www.viajesyfotos.net, gettyimages.es, p. 29 Rawpixelimages/Dreamstime.com; unidad 2 p. 32 commons.wikimedia.org, sandracisneros.com, muzul.com, p. 33 ¿Por qué es importante saber más de un idioma? (PQS), p. 34 Tyler Olson/Dreamstime.com, p. 35 Jenifer P24 2009/Flickr, Difusión, p. 36 Gstockstudio1/Dreamstime.com, p. 37 Diego Vito Cervo/Dreamstime.com, p. 38 mtv.com/music, p. 39 Westend61/gettyimages.es, PeopleImages/gettyimages.es, p. 42 blogylana.com; unidad 3 p. 45 Klemen Misic/Dreamstime.com, Alberto Gonzalez Rovira/Dreamstime.com, Maxriesgo/Dreamstime.com, Nathan Dappen/Dreamstime.com, Teh Soon Huat/Dreamstime.com, Ginasanders/Dreamstime.com, Pedro Antonio Salaverría Calahorra/Dreamstime.com, Gan Hui/Dreamstime.com, Vdvtut/Dreamstime.com, Juan Antonio Barros Moreno/Dreamstime.com, Patricio Hidalgo/Dreamstime.com, Anthony Aneese Totah Jr/Dreamstime.com, Auris/Dreamstime.com, Celso Pupo Rodrigues/Dreamstime.com, Luvvstudio/Dreamstime.com, Necesito España (Canal de Tvspotblog1), p. 46 Checco/Dreamstime.com, entre-mujeres.webnode.es, Rafael Benari/Dreamstime.com, iStock/anyaberkut, Dreamstime/Michael Poe , iStock/hogs, elmulticine.com, p. 47 Andrew Marginean/Dreamstime.com, Difusión, p. 49 Robert Lerich/Dreamstime.com, p. 50 getemoji.com, p. 51 Jakub Krechowicz/Dreamstime.com, Kiosea39/Dreamstime.com, p. 52 Kadettmann/Dreamstime.com, Cidepix/Dreamstime.com, Erik Reis/Dreamstime.com, p. 54 all-that-is-interesting.com, p. 57 Stefano Lunardi/Dreamstime.com; unidad 4

p. 58 photo980x880.mnstatic.com, turismo-blog.ubp.edu.ar, suenamexico.com.jpg, cdn.traveler.es, p. 59 viajamosacancun.wordpress.com, RedHonduras.com, diaadia.com.pa, misionvenezuela.org, tarapacaenelmundo.cl, bolivia.com, greatperu.com, p. 60 es.wikipedia.org, encrypted, tbn0.gstatic.com, guias-viajar.com, martainfante.com, puente-colgante.com, torredeherculesacoruna.com, encrypted-tbn3.gstatic.com, p. 61 deviajeporaragon.com, 4Gress.jpg, p. 65 es.wikipedia.org, youtube.com, palaumusica.cat, antoniomanuel.org, 69 Cealbiero/Dreamstime.com, Alfonsodetomas/Dreamstime.com, google.es, p. 69 aringa.net, dreamatico.com, conozcasucanton.com, wikipedia.org, sobrecroacia.com objetivocantabria.eldiariomontanes.es, fondoswiki.com, Andreviegas/Dreamstime.com, 7-themes.com, expedia.com.ar, beraton.es, viajejet.com; unidad 5 p. 71 Un currículum: Ana Gómez (Ana Gómez), p. 72 Andres Rodriguez/Dreamstime.com, p. 73 Elultimodeseo/Dreamstime.com, Rohappy/Istockphoto, sturti/Istockphoto, Piksel/Dreamstime.com, p. 74 thegoodmooc.com, p. 77 istockphoto.com/llhedgehogll, p. 78 economia.elpais.com; unidad 6 p. 82 sos48.com, elcaleidoscopiodelucy.blogspot.com.es, es.wikipedia.org, p. 83 panamacity.travel, vueling.com, trayectorio.com, primiciadiario.com, p. 84-85, todoincluidolarevista.com, viajero-turismo.com, pablovalenzuela.cl, turismoasturias.es, Andrés Nieto Porras _ Flickr, marcapaisuruguay.gub.uy, p. 86 Yearly_M© gstockstudio/Fotolia, p. 88 Expo Gourmet Magazine.jpg, sonrisasdebombay.org, elegantealaparquediscreta.com, p. 89 turismoextremadura.com, p. 90 Las migraciones del mundo (afpes); unidad 7 p. 93 vistelacalle.com, vogue.es, Igor Terekhov/Dreamstime.com, Adolescentes, 2015 (ING DIRECT España), p. 94 Julief514/Dreamstime.com, p. 95 aldeasinfantiles.es, greenglass.com.ar, p. 96 rincondelvago.com, nationalgeographic.com, entre88teclas.es, p. 98 Studio KIVI/Fotolia, ajr_images/Fotolia, p. 99 Archivo histórico provincial de Lugo, leer.es, dejamevivir.blog, elpais.com, abc.es, p. 100 Artem Varnitsin/Dreamstime.com, Clara Serfaty, p. 101 Eva-Katalin/Istockphoto.com, stock.adobe.com/Jacob Lund, Barabas Attila| Fotolia, pathdoc/Fotolia, sianc/Fotolia, ratmaner/Fotolia, p. 102 cubanet.org, SobreHistoria.com, caribbeannewsdigital.com; unidad 8 p. 104 upsocl.com, recreoviral.com, viajemostomandofotos.blogspot.com.es, elblogverde.com, es.warhammer40k.wikia.com, Art4stock/Dreamstime.com, p. 105 YO TB TQ (Dani Montes), p. 107 Grafphotogpaher/Dreamstime.com, Aleksey Boldin/Dreamstime, p. 108 Markus Mainka/Fotolia, p. 109 diariotag.com, p. 110 Cara Neil_Flickr, TommL/Istockphoto.com, p. 111 eCartelera, p. 112 Yearly_MMichaelJBerlin/Fotolia, Yearly_M/Fotolia, p. 113 teksomolika/Istockphoto.com; unidad 9 p. 118 gotham-magazine.com, thefamouspeople.com, portobellostreet.es, p. 119 La moda también es yoga (Trucos de Yoga), p. 121 Melinda Fawver |Dreamstime.com, El lenguaje gestual

(Llorenç Conejo), p. 122 Alfonsodetomas/Dreamstime.com, p. 123 boneltattoos.com, p. 124 Kadrof/Megapixl.com, Albert Smirnov/Dreamstime.com, Gemenacom/Dreamstime.com, Carolina K. Smith M.d./Dreamstime.com, Toxawww/Dreamstime.com, artistasleoneses.es, Karina Bakalyan/Dreamstime.com, Broker/Dreamstime.com, Monika Adamczyk/Dreamstime.com, Belliot/Megapixl.com, Johnfoto/Dreamstime.com, primarkcatalogo.com, Tasosk/Dreamstime.com, Monika3stepsahead/Dreamstime.com, Figarro/Megapixl.com, Marilyn Gould/Dreamstime.com, Alexmax/Megapixl.com, Juan Moyano/Dreamstime.com, hernandezfoto.zenfolio.com, Pinterest.com, esha.es, abarcademenorca.com, closket.com, almacendosleones.com, sweatersnorteños.com, primarkcatalogo.com, amazon.es, monicahats.com, p. 126 Kati1313 |, Dreamstime.com, p. 127 Andrey Popov/Dreamstime.com, Anatoliy Samara/Dreamstime.com, Radu Razvan Gheorghe/Dreamstime.com, Rohappy/Dreamstime.com, Photoeuphoria/Dreamstime.com, p. 129 Picsfive/Dreamstime.com; unidad 10 p. 130 cellercanroca.com, espaciossecretos.com, luciagaray.blogspot.com.es, p. 131 Jason Stitt/Dreamstime.com, Hasan Can Balcioglu/Dreamstime.com, Skypixel/Dreamstime.com, Monika Adamczyk/Dreamstime.com, Horchata de arroz rica y sencilla (Tasty Recetas), p. 132 Ppy2010ha/Dreamstime.com, Mircea Dobre/Dreamstime.com, Ildipapp/Dreamstime.com, Ppy2010ha/Dreamstime.com, freecreatives.com, p. 134 juliaysusrecetas.com, cubanos.guru, ma-cuisine-latine.jimdo.com, conmuchogustomario.es, lapalmerarosa.com, Pakhnyushchyy/Dreamstime.com, p. 135 seocompr.com, familiascondiabetes.org, oswalcandela.com, pan-aleman.com, pixabay.com, dbodas.net, pngimg.com, remedios10.net, pixabay.com, dietistasnutricionistas.es, beaysusmundos.blogspot.com, actiweb.es, barcelonaquiropractic.es, es.123rf.com, lasperlasdemar.com, verdimed.es, comesanovivemejor.org, transportesargentinos.com, gastronomiarecetas2014.blogspot.com.es, casadecarneseloi.capaodoleao.com.br, fama.redcarne.com, granjapisofirme.com deliciousgofres.wordpress.com, navazaragraria.es, alphafoods.com.mx, gabitos.com, consejosdelconejo.com, emaze.com, pngimg.com, pastelesdlulu.com, p. 136 c-ferrer.com, elgranjamon.es, panificadoramediterranea.com, calidadgourmet.com, dorigenformatgeria.com, olivaoliva.com, efectofruta.com, Design56/Dreamstime.com, calidadgourmet.com, p. 137 Martinmark/Dreamstime.com, p. 138 www.playgroundmag.net, Dragoneye/Dreamstime.com, p. 139 pandepueblo.es, Canadapanda/Dreamstime.com, Nationkp/Dreamstime.com, dia.es, heb.com.mx, informabtl.com, emaze.com, foro3d.com, avanteselecta.com, aceitel.com, abastus.com, libbys.es, de.123rf.com, ¡eligetuiberico.es, hsnstore.com, naranjayaguacatebio.es, universonatural.social, carnes-online.com

Ilustraciones

Roger Pibernat

excepto: unidad 1 p. 23 muyinteresante.es, p.28 Joan Sanz, p. 30 Erengoksel/Dreamstime.com; unidad 2 p. 33 nuestravidahoy.com, p. 39 aztecanoticias.com.mx; unidad 3 p. 46 todocoleccion.net, p. 56 Cidepix/Dreamstime.com; unidad 4 p. 58 David Revilla, p. 61 laclasedeptdemontse.wordpress.com, p. 62 freevectormaps.com, Pedro Ponciano, p. 63 banderas-mundo.es, p. 64 uam.

es, p. 69 Cealbiero/Dreamstime.com, Alfonsodetomas/Dreamstime.com, google.es; unidad 5 p. 70 geospatialtraininges.com, p. 71 es.pinterest.com, p. 81 istockphoto.com/29mokara; unidad 6 p. 83 es.pinterest.com, p. 88 sonrisasdebombay.org, aymy.org, p. 96 cmagazine.es, p. 97 jrmora.com, recreoviral.com; unidad 8 p. 104 Pakmor/Fotolia, bbc.com, p. 105 Eva Vázquez, p. 112 flaticon.com, p. 114 emaze.com; unidad

9 p. 119 elpais.com, p. 123 pzgfpe.ipnodns.ru, p. 128 David Revilla, p. 129 Yodke67/Dreamstime.com; unidad 10 p. 136 cadizturismo.com, elgranjamon.es, xunta.gal, casaolmo.com, carniceriasjfernandez-bosco.com, jaenoroverde.com, imd.sevilla.org, sidradeasturias.es, origenespana.es, p. 137 Serban Bogdan/Dreamstime.com